Usuelle Wortverbindungen in der Wirtschaftssprache im Deutschen
und ihre Entsprechungen im Türkischen

Europäische Hochschulschriften

Publications Universitaires Européennes
European University Studies

Reihe XXI
Linguistik

Série XXI   Series XXI
Linguistique
Linguistics

Bd./Vol. 328

PETER LANG

Frankfurt am Main · Berlin · Bern · Bruxelles · New York · Oxford · Wien

Ayfer Aktaş

Usuelle Wortverbindungen in der Wirtschaftssprache im Deutschen und ihre Entsprechungen im Türkischen

PETER LANG
Internationaler Verlag der Wissenschaften

Bibliografische Information der Deutschen Nationalbibliothek
Die Deutsche Nationalbibliothek verzeichnet diese Publikation
in der Deutschen Nationalbibliografie; detaillierte bibliografische
Daten sind im Internet über <http://www.d-nb.de> abrufbar.

Gedruckt auf alterungsbeständigem,
säurefreiem Papier.

ISSN 0721-3352
ISBN 978-3-631-57038-8

© Peter Lang GmbH
Internationaler Verlag der Wissenschaften
Frankfurt am Main 2008
Alle Rechte vorbehalten.

Printed in Germany 1 2 3 4 5   7

www.peterlang.de

Meinem Vater zum Gedenken

Vorwort

Für das Zustandekommen des vorliegenden Buches bin ich mehreren Personen zu Dank verpflichtet. In fachlicher und wissenschaftlicher Hinsicht gilt mein herzlichster und innigster Dank Frau Dr. Kathrin Steyer vom Institut für Deutsche Sprache (IDS) für ihre Hilfsbereitschaft und ihre ständige Unterstützung sowie für Ihre Hinweise und Berichtigungen zu dieser Arbeit.

Frau Prof. Dr. Inken Keim danke ich für ihre fachlichen und freundschaftlichen Gespräche, ihre Einladungen zum IDS und ihre Gastfreundschaft in Mannheim.

Herzlichen Dank möchte ich auch Frau Prof. Dr. Beate Henn-Memmesheimer, der Leiterin der Lehreinheit Germanistische Linguistik der Universität Mannheim und Herrn Prof. Dr. Ludwig M. Eichinger, dem Leiter des Instituts für Deutsche Sprache, für Ihre Einladungen im Rahmen des GIP-Vertrages sowie Herrn Prof. Dr. Stefan Engelberg, dem Leiter der Lexik-Abteilung des IDS, aussprechen. Ferner möchte ich auch Herrn Joachim Franz und Frau Silke Flörchinger für ihre Hilfen danken. Dem DAAD danke ich für das Forschungsstipendium.

Frau Prof. Dr. Güler Mungan danke ich für ihre wissenschaftlichen Richtlinien und Empfehlungen, die für mich immer als Wegweiser dienen werden.

Herzlichen Dank möchte ich ferner meinen Abteilungsleitern Herrn Prof. Dr. Acar Sevim und Herrn Dr. Hakan Çil aussprechen. Meinem Kollegen Herrn Dr. Erdal Şahin danke ich für die fachlichen Gespräche.

Für ihre ständige Unterstützung möchte ich jedoch besonders meiner Freundin Frau Nilüfer Keçecioğlu, meiner ehemaligen Kollegin Frau Türkan Neşe Tirkeş, meiner Kollegin Frau Dr. Leyla Coşan sowie meiner Mutter, meinen Schwestern Aysel und Nursel danken, die niemals daran gezweifelt haben, dass diese Arbeit zustande kommen wird.

Mein innigster Dank gilt jedoch meinem Ehemann Mustafa sowie meinen Söhnen Orhan und Ersin für ihre jahrelange Unterstützung, ihre Geduld und ihr liebevolles Verständnis.

Ayfer Aktaş

Inhaltsverzeichnis

Tabellenverzeichnis 13

1. Einführung in die Thematik

1.1 Einleitung..15
1.1.1 Problemstellung 16
1.2 Phraseologie...20
1.2.1 Hauptmerkmale der Phraseologismen 21
1.2.2 Klassifikationen der Phraseologismen.............................23
1.2.3 Kontrastive Phraseologieforschung 25
1.2.4 Deutsch-Türkische Phraseologieforschung 27
1.2.5 Fachsprachliche Phraseologie..29
1.2.5.1 Fachsprachenforschung.................................29
1.2.5.2 Untersuchungen in der fachsprachlichen Phraseologie 31
1.3 Zur Notwendigkeit einer ausgebauten deutsch-türkischen
     Wirtschaftssprache..34
1.4 Zur Terminologievielfalt und die in dieser Arbeit verwendete
     Terminologie 36
1.4.1 Phraseologismen 36
1.4.2 Usuelle Wortverbindungen 38
1.4.3 Kollokationen..40
1.5 Ziele und Methodik der Arbeit 41

2. Kontrastive Analyse von Äquivalenzphänomenen auf der Basis des
    Wörterbuch-Inventars

2.1 Äquivalenztypen und morphologisch-syntaktische Klassifikation 45
2.1.1 Wortverbindungen mit vollständiger Äquivalenz.............49
2.1.1.1 Inventar der Wortverbindungen mit vollständiger Äquivalenz 50

2.1.1.2 Morphologisch-syntaktische Klassifikation der
Wortverbindungen im Deutschen 56

2.1.1.3 Morphologisch-syntaktische Klassifikation der
Wortverbindungen im Türkischen 60

2.1.1.4 Auswertung der deutsch-türkischen Ergebnisse 64

2.1.2 Wortverbindungen mit partieller Äquivalenz (Teiläquivalenz)..........66

2.1.2.1 Wortverbindungen mit partieller Äquivalenz – Typ I 67

2.1.2.1.1 Inventar der Wortverbindungen mit partieller
Äquivalenz – Typ I 68

2.1.2.1.2 Morphologisch-syntaktische Klassifikation der 81

2.1.2.1.3 Morphologisch-syntaktische Klassifikation der
Wortverbindungen im Türkischen 86

2.1.2.1.4 Auswertung der deutsch-türkischen Ergebnisse 91

2.1.2.2 Wortverbindungen mit partieller Äquivalenz – Typ II 92

2.1.2.2.1 Inventar der Wortverbindungen mit partieller
Äquivalenz –Typ II 93

2.1.2.2.2 Morphologisch-syntaktische Klassifikation der
Wortverbindungen im Deutschen 103

2.1.2.2.3 Morphologisch-syntaktische Klassifikation der
Wortverbindungen im Türkischen 107

2.1.2.2.4 Auswertung der deutsch-türkischen Ergebnisse 112

2.1.2.3 Wortverbindungen mit partieller Äquivalenz – Typ III..............113

2.1.2.3.1 Inventar der Wortverbindungen mit partieller
Äquivalenz –Typ III..114

2.1.2.3.2 Morphologisch-syntaktische Klassifikation der
Wortverbindungen im Deutschen 115

2.1.2.3.3 Morphologisch-syntaktische Klassifikation der
Wortverbindungen im Türkischen 117

2.1.2.3.4 Auswertung der deutsch-türkischen Ergebnisse 120

2.1.3 Wortverbindungen ohne phraseologisches Äquivalent in
der türkischen Sprache (Nulläquivalenz) 121

2.1.3.1   Inventar der Wortverbindungen ohne phraseologisches
          Äquivalent in der türkischen Sprache................................122

2.1.3.2   Morphologisch-syntaktische Klassifikation der
          Wortverbindungen im Deutschen.................................130

2.1.3.3   Morphologisch-syntaktische Klassifikation im Türkischen.......134

2.1.3.4   Auswertung der deutsch-türkischen Ergebnisse.......................139

2.1.4   Scheinbare Äquivalenz (Pseudo-Äquivalenz)...............................141

2.2   Auswertung der Untersuchungsergebnisse des 2. Kapitels................142

2.2.1   Auswertung der Ergebnisse der Äqivalenztypen..........................142

2.2.2   Auswertung der morphologisch-syntaktischen Klassifikation.......144

3.   Korpusbasierte Vergleichsanalysen

3.1   Frequenzverhalten analysierter deutscher Wortverbindungen.............148

3.1.1   Auswertung der Frequenzanalyse..................................180

3.2   Kontextuelle Analyse durch KWIC-Übersichten und
          Volltextstellen.................................181

3.3   Kookkurrenzen zum Nomen *Kapital* im
          deutsch-türkischen Vergleich.................................187

3.3.1   Abfrage für das Türkische in der Wortschatz-Datenbank..............195

3.4   Auswertung des 3. Teils.................................207

4.   Zusammenfassung und Schlussfolgerungen

4.1   Auswertung der Äquivalenztypen und morphologisch-
          syntaktischen Klassifikation.....................................209

4.1.1   Auswertung und Ergebnisse der Äquivalenztypen..........................209

4.1.2   Auswertung und Ergebnisse der morphologisch-
          syntaktischen Klassifikation.................................210

4.2   Auswertung der korpusbasierten Vergleichsanalysen......................212

4.3   Schlussfolgerungen.................................215

Literaturverzeichnis 219

Anhang 235

11

Tabellenverzeichnis

Tabelle 1:   Das Ergebnis der substantivischen usuellen
              Wortverbindungen im Deutschen und im Türkischen......................65
Tabelle 2:   Das Ergebnis der verbalen usuellen Wortverbindungen
              im Deutschen und im Türkischen......................................65
Tabelle 3:   Das Ergebnis der substantivischen und verbalen usuellen
              Wortverbindungen im Deutschen und im Türkischen....................66
Tabelle 4:   Das Ergebnis der substantivischen usuellen
              Wortverbindungen im Deutschen und im Türkischen....................91
Tabelle 5:   Das Ergebnis der verbalen usuellen Wortverbindungen
              im Deutschen und im Türkischen......................................92
Tabelle 6:   Das Ergebnis der substantivischen und verbalen usuellen
              Wortverbindungen im Deutschen und im Türkischen....................92
Tabelle 7:   Das Ergebnis der substantivischen Wortverbindungen im
              Deutschen und im Türkischen..112
Tabelle 8:   Das Ergebnis der verbalen Wortverbindungen im
              Deutschen und im Türkischen..113
Tabelle 9:   Das Ergebnis der substantivischen und verbalen
              Wortverbindungen im Deutschen und im Türkischen...................113
Tabelle 10:   Das Ergebnis der substantivischen Wortverbindungen im
              Deutschen und im Türkischen..120
Tabelle 11:   Das Ergebnis der verbalen Wortverbindungen im
              Deutschen und im Türkischen..121
Tabelle 12:   Das Ergebnis der substantivischen und verbalen
              Wortverbindungen im Deutschen und im Türkischen...................121
Tabelle 13:   Das Ergebnis der substantivischen Wortverbindungen im
              Deutschen und im Türkischen..139
Tabelle 14:   Das Ergebnis der verbalen Wortverbindungen im
              Deutschen und im Türkischen..140
Tabelle 15:   Das Ergebnis der substantivischen und verbalen
              Wortverbindungen im Deutschen und im Türkischen...................141
Tabelle 16:   Äquivalenzytpen und quantitative Verteilung.......................143
Tabelle 17:   Zusammengefasste Äquivalenzytpen und quantitative
              Verteilung...143
Tabelle 18a: Gesamtdarstellung der Ergebnisse der substantivischen
              und verbalen Wortverbindungen im Deutschen und
              Türkischen...144
Tabelle 18b: Prozentuale Gesamtdarstellung der Ergebnisse der
              substantivischen und verbalen usuellen
              Wortverbindungen im Deutschen und Türkischen.......................145

Tabelle 19a: Gesamtdarstellung der Ergebnisse der substantivischen
Wortverbindungen im Deutschen und im Türkischen 145
Tabelle 19b: Gesamtdarstellung der Ergebnisse der substantivischen
Wortverbindungen im Deutschen und im Türkischen in
Prozenten 146
Tabelle 20a: Gesamtdarstellung der Ergebnisse der verbalen
Wortverbindungen im Deutschen und im Türkischen 147
Tabelle 20b: Gesamtdarstellung der Ergebnisse der verbalen
Wortverbindungen im Deutschen und im Türkischen in
Prozenten 147
Tabelle 21: Zahlenangaben zur Frequenzanalyse 175
Tabelle 22: Angaben zu den Wortarten der primären
Kookkurrenzpartner für Kapital 191
Tabelle 23: Angaben zu den Wortarten der primären
Kookkurrenzpartner für sermaye 200
Tabelle 24: Angaben zu den Wortarten der primären
Kookkurrenzpartner für Kapital und sermaye 205
Tabelle 25: Prozentuale Angaben zu den Wortarten der primären
Kookkurrenzpartner für Kapital und sermaye 205
Tabelle 26: Äquivalenzytpen und quantitative Verteilung 209
Tabelle 27: Gesamtdarstellung der Ergebnisse der morphologisch-
syntaktischen Klassifikation im Deutschenund
Türkischen 210
Tabelle 28: Gesamtdarstellung der Ergebnisse der substantivischen
Wortverbindungen im Deutschen und im Türkischen 211
Tabelle 29: Gesamtdarstellung der Ergebnisse der verbalen
Wortverbindungen im Deutschen und im Türkischen 212
Tabelle 30: Zusammenfassende Angaben zur Frequenzanalyse 213
Tabelle 31: Zusammenfassende Angaben zu den Wortarten der
primären Kookkurrenzpartner für Kapital und sermaye 215

1. Einführung in die Thematik

„Wer vergleicht, sieht mehr und anderes; es fällt
ihm mehr auf und es fällt ihm mehr ein"
(Bausch/Gauger 1971, S. VIII).

1.1 Einleitung

„Wortverbindungen sind wichtige Bausteine der menschlichen Kommunikation.
Bei diesen Mehrworteinheiten handelt es sich nicht um beliebige Verbindungen
zweier oder mehrerer Wörter miteinander, sondern um Kombinationen, die in
einer Sprechergemeinschaft weit verbreitet und sehr üblich sind. Solche Kombinationen umfassen nicht nur typische Vertreter der Idiomatik wie *über den Löffel
balbieren, sich über Wasser halten* oder *dicker Hund*, sondern auch auf den ersten
Blick unauffällige, semantisch durchsichtige Fügungen wie *es braucht, das Was
und Wie* oder *nicht wirklich*, die einen hohen Grad an Formelhaftigkeit aufweisen.
Die Relevanz der Wortkombinatorik wird besonders beim Fremdsprachenlernen
und Übersetzen deutlich" (Steyer 2004d: www.ids-mannheim.de/pub/laufend/
jahrbuch/jb2003.html).

Gerade bei Wortverbindungen wird immer wieder deutlich gemacht, dass Erscheinungen, die aus muttersprachlicher Sicht manchmal für nicht wichtig gehal-
ten werden, sich erst aus fremdsprachlicher Perspektive als auffällige und interes-
sante Phänomene des sprachlichen Gebrauchs erweisen. Diese Außenperspektive
schärft den Blick auf die eigene Sprache vieler muttersprachlicher Linguisten
(Steyer 2004a: Vorwort). Für ein „kulturell angemessenes Kommunizieren"
(Stubbs 1997: 153) ist das Wissen um typische Wortverknüpfungen unabdingbar
(Brunner/Steyer 2007: 1). Da die Sprache dynamisch ist, sind besonders phraseologische bzw. idiomatische Wortverbindungen immer im Forschungsinteresse und
Blickwinkel der Auslandslinguisten zu beobachten. Denn wie Hausmann auf der
39. IDS-Jahrestagung sehr treffend formulierte: „Der Blick auf das Deutsche von
außen hilft, die ‚betriebsblinde Unschuld' der Muttersprachler zu überwinden"
(Hausmann 2004: 322).

1.1.1 Problemstellung

Wortverbindungen wie *jmdn. einen Korb geben* ‚jmds Heiratsantrag ablehnen bzw. jmdn. abweisen', *Öl ins Feuer gießen* ‚einen Streit noch verschärfen bzw. jmds. Erregung verstärken' und *sich die Haare raufen* ‚völlig verzweifelt sein' haben Folgendes gemeinsam: Erstens bestehen sie aus mehr als einem Wort, zweitens wurden diese Wörter nicht für einen einzigen Kommunikationsakt miteinander kombiniert, sondern es handelt sich um Wörter, die Deutschsprechende genau in dieser Kombination kennen (Burger 2007: 11 f.). Bei den Phraseologismen lässt sich die Gesamtbedeutung im Allgemeinen nicht aus den lexikalischen Einzelbedeutungen ableiten (Kahramantürk 2001: 60). Ausdrücke mit diesen Eigenschaften werden als ‚Phraseologismen' bezeichnet. Äquivalente Ausdrücke zu ‚Phraseologismen' sind ‚feste Wortverbindungen' und ‚phraseologische Wortverbindungen'. „Für einige der Ausdrücke verfügen wir über geläufige alltagssprachliche Kategoriebezeichnungen: *Öl ins Feuer gießen* würden wir als ‚Redensart' bezeichnen, *Verschiebe nicht auf morgen, was du heute kannst \besorgen* als ‚Sprichwort'. Für andere, z. B. *hin und her*, fehlen uns entsprechende alltägliche Kategorisierungen" (Burger 2007: 12). Neben den Gemeinsamkeiten weisen die Ausdrücke jedoch sehr viele Unterschiede auf. Diese sind u. A. folgende: Sie sind unterschiedlich lang wie z. B. *Guten Appetit* (zwei Wörter), *Was du heute kannst besorgen, verschiebe nicht auf morgen* (zehn Wörter). Sie haben unterschiedliche syntaktische Funktion wie z. B. *Gelegenheit macht Diebe* ist ein vollkommener Satz, *das Rote Kreuz* dagegen nur eine Nominalphrase, *hin und her* wiederum ist ein Adverbiale (Burger 2007: 12 f.). Diese Kombinationen werden in der Sprachwissenschaft u. A. in der Phraseologie behandelt. Die Phraseologieforschung ist eine Disziplin, die besonders im deutschsprachigen Raum in den letzten 30 Jahren einen Aufschwung erlebt hat, aber auf fachsprachlicher Ebene gibt es jedoch mit dem Sprachenpaar deutsch-türkisch kaum Forschungen.

Auf Grund der Tatsache, dass jede Kulturgemeinschaft unterschiedlich ist, ist dieser Unterschied, im deutsch-türkischen Vergleich, hauptsächlich in der Verschiedenheit ihrer Sprachen, Religionen und der Kulturgeschichten zu beobachten. Diese Unterscheidung zeigt sich auch in den phraseologischen Wortverbindungen. Im Bereich der Phraseologie entstehen demzufolge besonders häufig Übersetzungsprobleme und so kommt dem Begriff ‚Äquivalenz' eine besondere Bedeutung zu. In dieser schwierigen Lage bieten wortwörtliche Entsprechungen eine Hilfestellung und eine Erleichterung an, aber phraseologische Entsprechungen zeigen gewisse semantische Abweichungen (Kahramantürk 2001: 60 f.).

Denn gerade bei den phraseologischen Wortverbindungen entstehen bei der Verständigung große Probleme. Immer wieder wird von vielen Sprachwissenschaftlern auf die Schwierigkeiten bei dem Erlernen der deutschen phraseologischen

Einheiten aufmerksam gemacht (vgl. Földes 1996: 86). Lediglich Phraseologismen, die in beiden Sprachen lexikalisch und semantisch identisch sind, bereiten den Fremdsprachlern keine großen Schwierigkeiten. Besonders große Probleme bestehen jedoch bei der Verständigung in der fachsprachlichen Phraseologie.

Besonders die Untersuchungen in der Auslandsgermanistik haben dabei „entscheidend zur Dynamik der Phraseologieforschung beigetragen, da sie durch ihr natürliches Engagement in der Fremdsprachendidaktik mit den Schwierigkeiten vertraut ist, die eine einigermaßen idiomatische Sprachbeherrschung in der Zielsprache bereitet" (Palm 1997: XI).

Für Muttersprachler mögen phraseologische Wortverbindungen und deren Verständigung keine großen Probleme darstellen, da sie ja über ein gewisses Vorwissen und das Sprachgefühl verfügen. Sie haben solche Kombinationsmodi im Zuge des Spracherwerbs mitgelernt und können Wortverbindungen in der Regel ohne Probleme aktualisieren und auch neue Wortverbindungen decodieren. Den Fremdsprachenlernern fehlt diese idiomatische Sprachbiografie. Deshalb müssen sie übliche Wortverbindungen lernen (Steyer 2004b: 91f.). So bekommen Personen, deren Muttersprache nicht das Deutsche ist, diesbezüglich mitunter große Schwierigkeiten. Denn phraseologische Wortverbindungen sind für Muttersprachler Ausdrucksvarianten, mittels derer sie ihren Äußerungen emotionale Ausdruckskraft, Expressivitätssteigerung und individuelle Wertungen verleihen. Sie gehören zum gemeinsamen Kulturbesitz eines Volkes bzw. der jeweiligen Sprachgemeinschaft. Die Phraseologie als Subsystem der Sprache berührt sozusagen den Wesenskern einer Sprache, und bildet somit den Geist der jeweiligen Sprache (Földes 1996: 86).

Für Fremdsprachler sind die Phraseologismen immer ‚ein Dorn im Auge', was die Erlernung der deutschen Sprache in ihrer Anwendung erschwert (Kahramantürk 2001: 60). Da jedoch die Idiomatik die hohe Schule der Sprachfertigkeit ist und ihre praktische und theoretische Bewältigung aus diesem Grunde unerlässlich ist, wird inzwischen seitens der Fremdsprachendidaktik nicht nur „die Beherrschung eines phraseologischen Minimums, sondern die eines phraseologischen Optimums offen angestrebt" (Palm 1997: XI).

„Die merkwürdige und komplizierte Erscheinung, daß Einheiten des lexikalischen Systems, Wörter oder wissenschaftlicher Lexeme genannt, sich zu mehr oder weniger festen Wortgruppen, sog. Wortgruppenlexemen oder eben Phraseologismen, vereinen können, deren Bedeutung sich nicht aus der Bedeutung der in sie eingehenden Wortkomponenten erschließen läßt, sondern an die neu entstandene Gesamtheit gebunden ist, ist d a s Problem der Übersetzungstheorie und -praxis, denn es ist für den Fremdsprachler nicht leicht, diese Wortgruppenlexeme oder

Phraseologismen im Text zu erkennen, geschweige sie in eine andere Sprache zu übersetzen, da es für viele Sprachenpaare noch an zuverlässigen phraseologischen Wörterbüchern fehlt" (Palm 1997: XI).

Die Phraseologie bietet den Sprachbenutzern ungezählte Möglichkeiten für kreative Kombinatorik, die dann zu einer phraseologischen Vielfalt führen; z.B. kann man mit dem deutschen Substantiv *Hand*, mit dem es schon zahlreiche Untersuchungen gibt, eine Vielzahl von Phraseologismen bilden (vgl. Duden 2002: 317 ff.): *jmds. rechte Hand sein* ‚jmds. vertrauter und wichtigster Mitarbeiter'; *keine Hand rühren* ‚jmdm. nicht helfen, nicht beispringen, obwohl man sieht, dass er sich abmühen muss'; *eine Hand wäscht die andere* ‚ein Dienst zieht natürlicherweise einen Gegendienst nach sich'; *aus privater Hand* ‚von einer Privatperson'; *sich in der Hand haben* ‚sich unter Kontrolle haben, sich beherrschen können'; *mit fester/starker Hand* ‚mit Entschlossenheit und Durchsetzungskraft'; *etw. zur Hand haben* ‚etw. bereit zu seiner Verfügung haben' u.a.

Die gleiche Vielfalt ist auch bei der türkischen Entsprechung *el* zu sehen (Aksoy 1988: 748 ff.): *el altından* ‚heimlich, ohne, dass jemand es weiß oder sieht'; *eli açık* ‚großzügig bzw. freigebig sein Geld ausgeben'; *eli sıkı* ‚geizig sein und nicht so leicht Geld ausgeben können'; *elden çıkarmak* ‚verkaufen'; *el açmak* ‚betteln'; *el atmak* ‚helfen oder etw. neu beginnen'; *ele ele vermek* ‚etw. gemeinsam machen' u.a. Diese phraseologische Vielfalt führt gleichzeitig zu einer semantischen Vielfalt. Wie aus den obigen Beispielen ersichtlich ist, werden sowohl in Wortgruppen in Verbindung mit dem deutschen Substantiv *Hand* als auch in Wortgruppen in Verbindung mit dem türkischen Substantiv *el* sehr unterschiedliche semantische Inhalte aktiviert, sodass bei Übersetzungen hinsichtlich der Bedeutung und Verständlichkeit erhebliche Probleme entstehen. Somit setzt an dieser Überlegung die Aufgabe der eigenen Untersuchung an, nämlich: die spezifische Möglichkeit der Gruppierung des semantischen Inhalts und die Frage nach dem aktuellen Bestand in zweisprachigen Wörterbüchern. Denn, da die meisten zweisprachigen Printwörterbücher den aktuellen Stand der Sprache nicht wiedergeben, sucht man sehr oft vergebens nach den jeweiligen Entsprechungen in der Zielsprache, sodass vieles in Bezug auf den aktuellen Sprachgebrauch überprüft werden muss.

Die deutschen phraseologischen Wortverbindungen wurden in kontrastiver und lexikalischer Hinsicht sehr häufig Untersuchungsgegenstand verschiedener wissenschaftlicher Arbeiten, jedoch meist im Rahmen der Somatismen oder Zoosemismen (vgl. Földes 1997). Es sind aber sehr ausführliche, wenn auch gering, semantische Untersuchungen über die Phraseologismen in der deutschen Wirtschaftssprache vorgenommen worden, die sich jedoch z.T. entweder in ihrem Korpus oder in ihrer Zielsetzung grundsätzlich voneinander und vom Ziel der vorliegenden Arbeit unterscheiden (vgl. Duhme 1991; Delplanque-Tchamittchian 1995; Delplanque 1997; Schneider 1998; Gréciano 1999; Gläser 2007 u.a.). Denn fachspezifische Phraseologismen werden auch in der Wirtschaftssprache verwendet.

Es ist bekannt, dass die Programme der Auslandsgermanistik häufig anders gestaltet sind als die der Inlandsgermanistik. So gibt es in vielen türkischen Germanistikabteilungen des Öfteren Seminare wie Wirtschaftsdeutsch und Wirtschaftskommunikation, denn die meisten Germanistik-Absolventen in der Türkei arbeiten in Firmen, die mit Deutschland wirtschaftliche Beziehungen haben, sodass sich mit der Zeit die gesellschaftlichen Anforderungen an das Fach Germanistik geändert haben. Die fachübergreifenden Lehrveranstaltungen wie Wirtschaftsdeutsch werden in die Germanistikstudiengänge eingeführt, nicht etwa um die Studenten zu Betriebswirten oder Ökonomen auszubilden, sondern nach wie vor zu Germanisten, jedoch zu Germanisten mit Sach- und Fachwissen (Yuan 2004: 52).

Und gerade in diesen Seminaren bereiten die deutschen fachsprachlichen Phraseologismen den türkischen Studierenden große Probleme. Als Hilfestellung werden in solchen Fällen meistens zweisprachige Wörterbücher benutzt. Immer wieder wird jedoch dabei festgestellt, dass das gesuchte Wort nicht im Wörterbuch eingetragen ist. Diese Unvollständigkeit ist nach Rossenbeck der am häufigsten genannte Mangel (Rossenbeck 1991: 34). Mit dem Sprachenpaar Deutsch-Türkisch gibt es bis heute in Bezug auf die phraseologisch-wirtschaftssprachliche Ebene keine Forschungen.

Eines der Ausgangspunkte der vorliegenden Arbeit war diese Feststellung. Diese unbefriedigende Situation zu verbessern, ist eine Zielsetzung der vorliegenden Arbeit. Es sollen dabei vor allem folgenden Fragen nachgegangen werden: Wie weit ist der aktuelle Bestand in zweisprachigen Wörterbüchern angegeben? Sind die festen Wortverbindungen wirklich fest und müssen diese festen Verbindungen immer idiomatisch sein? Sind diese festen Wortverbindungen auch wirklich spezifisch in der Wirtschaftssprache? Wenn ja, wie ist der Bestand der in den Print-Wörterbüchern angegebenen festen Wortverbindungen im aktuellen Sprachgebrauch? Wie ist der aktuelle Häufigkeitsgrad dieser Wortverbindungen in elektronischen Korpora? Und schließlich, wie ist der Äquivalenzgrad und somit der semantische Inhalt der deutschen festen Wortverbindungen zu ihren türkischen Entsprechungen zu beschreiben (vgl. Aktaş 2004; 2006; 2007a)?

Im Folgenden soll ein kurzer Forschungsüberblick der Phraseologie gegeben werden, wobei allerdings nur Untersuchungen und Beiträge zur Germanistik berücksichtigt wurden.

19

1.2 Phraseologie

Feste Wortverbindungen, die u.a. als ‚Phraseologismen', ‚Idiome', ‚Redewendungen' und ‚feste Fügungen' wie z.b. *im Geld schwimmen, abwarten und Tee trinken* bezeichnet wurden, standen bisher mit einer unüberschaubaren Fülle an Arbeiten im Mittelpunkt der linguistischen Disziplin „Phraseologie" (vgl. Steyer 2000: 103). In den dreißiger und vierziger Jahren entwickelte sich die Phraseologie als neue Forschungsrichtung zum ersten Mal in der ehemaligen Sowjetunion. Zuerst begann die Phraseologie als Teildisziplin der Lexikologie, entwickelt sich jedoch mit der Zeit zu einer autonomen Forschungsdisziplin. Die Forschungen in der Sowjetunion wurden stark von der ersten wissenschaftlichen Auseinandersetzung mit der Phraseologie, der schon im Jahre 1909 erschienenen Arbeit „Traité de Stilistique Française" von Bally, beeinflusst. Die hervorragenden Leistungen von Bally „sind jedoch in Mittel- und Westeuropa ohne unmittelbare Nachfolge geblieben und erst in der Phraseologieforschung der Sowjetunion gründlich bearbeitet worden. Bally geht davon aus, daß das Wesen des Phraseologismus in seiner besonderen semantischen Natur liege". Er unterscheidet zwischen den festen Wortgruppen ohne Idiomatizität (séries phraséologiques) und den festen Wortgruppen mit Idiomatizität (unités phraséologiques). Die von Bally aufgeworfenen Fragen werden heute noch diskutiert (Palm 1997: 106).

Obwohl die Phraseologieforschung eine Disziplin ist, die in den letzten 30 Jahren einen Aufschwung erlebt hat, sind phraseologische Untersuchungen für viele Einzelsprachen, vor allem der nicht-indoeuropäischen Familien, Mangelware, sofern es überhaupt einschlägige Arbeiten gibt. „Dementsprechend ist es gegenwärtig auch nur in sehr beschränktem Ausmaße möglich, den Einfluss der Sprachstruktur auf die Phraseologie kontrastiv zu untersuchen", so äußern sich die Herausgeber der 2007 erschienenen HSK-Phraseologie-Bänder im Vorwort über den Stand der kontrastiven Phraseologieforschung (Burger/Dobrovol'skij/Kühn/ Norrick 2007: 8 f.).

Nach Palm hat man sich in den letzten Jahren besonders auf zwei Themenbereiche konzentriert, erstens die kontrastive Phraseologie, die zwei oder mehrere Sprachen miteinander vergleicht, und zweitens dem Komplex „Phraseologie und Lexikografie", in dem einsprachige allgemeine und phraseologische Wörterbücher sowie Übersetzungswörterbücher Gegenstand der wissenschaftlichen Beobachtungen sind (Palm 1997: 113). Diese beiden Themenbereiche sind auch Gegenstand der vorliegenden Arbeit.

1.2.1 Hauptmerkmale der Phraseologismen

Phraseologismen sind in den meisten Untersuchungen zur Phraseologie im Allgemeinen durch vier Merkmale gekennzeichnet: Idiomatizität, Stabilität, Lexikalität, Reproduzierbarkeit (Lenk 2006: 1).

a) Idiomatizität

Die Bedeutung eines Phraseologismus lässt sich nicht aus den Bedeutungen seiner Konstituenten erklären, das heißt, in der klassischen Betrachtungsweise haben die Phraseologismen eine übertragene Bedeutung wie z. B. *dunkle Geschäfte, faule Schulden, Geld waschen.*

b) Stabilität

Bei der Stabilität geht es um die syntaktische Eigenschaft der Phraseologismen. Laut Fleischer (1997: 36) hängt es mit der Idiomatizität zusammen, dass dem Austausch der phraseologischen Komponenten in der Regel weit engere Grenzen gesetzt sind als in einer freien syntaktischen Wortverbindung. Da sie als sprachliche Ganzheiten eine relativ stabile syntaktische Struktur haben, ist in vielen Fällen ein solcher Austausch überhaupt nicht möglich. „Die Gesamtbedeutung des Phraseologismus ist an die Kombination einzelner konkreter lexikalischer Elemente gebunden und hat in dieser Hinsicht keinen Modellcharakter wie z. B. bei folgenden Beispielen (Fleischer 1997: 36):

1) Gustav *hat* bei seinem Vater *ein Motorrad im Schuppen.*

2) *Gustav *hat* bei seinem Vater *einen Kiesel im Schrank.*

Das Verb *haben* ist in Satz 1), aber nicht in Satz 2) austauschbar.

1) Gustav *stellt* bei seinem Vater ein *Auto* in die *Garage.*

2) *Gustav *wirft* bei seinem Vater einen *Stein* ins *Brett.*

In Satz 1) lassen sich die Substantive *Auto* und *Garage* ersetzen, ohne dass für die übrigen Bestandteile des Satzes semantische Konsequenzen eintreten. In Satz 2) bestehen derartige Möglichkeiten für die Substantive *Stein* und *Brett* des Phraseologismus nicht.

c) Lexikalität

Die Phraseologismen bilden gegenüber dem freien Syntagma eine neue semantische Einheit, sodass ihre Konstituenten ihre Selbständigkeit teilweise oder ganz verlieren können wie z.B. *bis über beide Ohren Schulden haben, an der Quelle kaufen*; *offenstehende Rechnung*.

d) Reproduzierbarkeit

Phraseologismen sind relativ feste Bestandteile des Sprachsystems und werden in der sprachlichen Handlung nicht neu gebildet, sondern als ganze Einheiten von schon vorhandenem Material reproduziert wie z.B bei dem oben angegebenen Phraseologismus *bis über beide Ohren Schulden haben*.

Bei der kontrastiven Arbeit von Itoh sind die Reproduzierbarkeit und Lexikalität unter einer Rubrik als ‚Reproduzierbarkeit oder Lexikalisiertheit' zusammengefasst, mit der Begründung, dass beide eine lexikalische Eigenschaft des Phraseologismus sind und dass ein Phraseologismus schon eine feste Einheit ist und wie eine lexikalische Einheit im Lexikon funktioniert.

„Wenn man einen Phraseologismus benutzt, ist dieser nicht wie eine freie Wortverbindung nach einem bestimmten Modell frei durch lexikalische Einheiten produzierbar, sondern wird als fertige lexikalische Einheit reproduziert". Eins sollte jedoch dabei nicht vergessen werden: Phraseologismen sind zwar eine semantische Einheit und haben deshalb eine Bedeutung als Ganzes, verhalten sich jedoch, laut Itoh, morphologisch und syntaktisch gesehen wie Wortgruppen (Itoh 2005: 17).

Auch Fleischer (1997: 30 ff.) fasst die Reproduzierbarkeit und Lexikalität, die er ‘Lexikalische Einheit' nennt, zusammen, sodass in seiner Arbeit drei Merkmale zu sehen sind: Stabilität, Idiomatizität, Lexikalische Einheit.

„Der Begriff ‚Idiomatizität' wird in der Forschung unterschiedlich weit interpretiert. In einer weiten Konzeption umfasst er einerseits die strukturellen Anomalien, die einen Aspekt der ‚Festigkeit' ausmachen, andererseits die spezifisch semantischen Besonderheiten, die viele Phraseologismen von freien Wortverbindungen abheben. In einer engeren Fassung meint man nur die semantischen Aspekte. Auch die semantischen Besonderheiten kann man als eine Art von ‚Anomalie' auffassen, so dass Idiomatizität im weiteren Sinne immer irgendeine Ausprägung von Anomalie erfordern würde" (Burger 2007: 31). Burger verwendet den Begriff Idiomatizität im Allgemeinen in dem engeren Sinn von „semantischer Idiomatizität". Es gibt, laut Burger, unterschiedliche Relationen zwischen der phraseologischen Bedeutung und der freien Bedeutung der Komponenten bzw. der ganzen Wortverbindung. „Wenn überhaupt eine Diskrepanz zwischen der phraseologischen Bedeutung und der wörtlichen Bedeutung des ganzen Ausdrucks besteht, dann ist der Ausdruck idiomatisch im semantischen Sinn. Je stärker die Diskrepanz zwischen diesen beiden Bedeutungsebenen ist, umso stärker idiomatisch ist der Phraseologismus. Semantische Idiomatizität ist also eine graduelle Eigenschaft von Phraseologismen" (Burger 2007: 31).

1.2.2 Klassifikationen der Phraseologismen

Die Klassifizierungsaspekte der Phraseologismen sowie damit im Zusammenhang die Problematik von besonderen strukturellen Typen haben stets das Interesse phraseologischer Forschungen auf sich gezogen (Burger/Buhofer/Sialm 1982: 20 ff.; Fleischer 1997: 110). Diesbezüglich stellt Palm fest, dass Klassifikationsvorschläge zum phraseologischen Material in den meisten allgemeinen Arbeiten eine entscheidende Rolle spielen (Palm 1997: 107; Földes 2007: 424). Denn den Ausgangspunkt für die Aufbereitung des phraseologischen Materials bildet in jeder Untersuchung die Klassifizierung der Phraseologismen. Da das Interesse zur Phraseologieforschung in den letzten Jahren erheblich gestiegen ist, wurden im Laufe der Zeit zahlreiche Versuche unternommen, das jeweils vorhandene phraseologische Material zu klassifizieren. Es soll jedoch nicht auf die einzelnen Arbeiten näher eingegangen werden.

Die festen Wortverbindungen bzw. Phraseologismen einer Sprache können nach unterschiedlichen Kriterien klassifiziert werden. Eine Möglichkeit ist, sie in so genannte phraseologische Wortklassen einzuteilen, d.h. in substantivische, adjektivische, verbale usw. Phraseologismen. Im Zentrum des Interesses stehen in vielen phraseologischen Untersuchungen über die geschriebene Sprache die verbalen Phraseologismen, da sie wenigstens den größten Anteil in deutschen Texten ausmachen, ist dies auch begründet (Skog-Södersved 2007: 269; vgl. Başar 2000: 147). „So zeigt z.B. eine Aufzählung von Gustafsson/Piirainen (1985, 126), dass verbale Phraseologismen die größte Gruppe in Zeitungstexten (ohne Anzeigen) ausmachen. Dies heißt jedoch nicht, dass sie in den einzelnen Textsorten immer am häufigsten belegt werden könnten, [...]. Die verbalen Phraseologismen sind aber nicht nur häufig vorkommend, sondern sie weisen außerdem morphosyntaktisch und semantisch die reichste und differenzierteste Binnengliederung auf (Burger 2001, 34), was wahrscheinlich zu ihrem häufigen Vorkommen beiträgt" (Skog-Södersved 2007: 269).

Nach Földes sind Typen und Arten der Klassifikationen von Kriterien der Gegenstandsbestimmung und deren Untersuchungszielen abhängig (Földes 2007: 424). Der phraseologische Sprachschatz ist dementsprechend unter zahlreichen Gesichtspunkten typisiert worden. Da die einzelnen phraseologischen Wesensmerkmale an den Dimensionen der Typologisierung unterschiedlich beteiligt sind, resümiert Korhonen wie folgt: „Zu den phraseologischen Merkmalen, die für besonders viele Klassifikationsversuche den Ausgangspunkt bilden, gehören die Polylexikalität und die Idiomatizität. Dagegen wurde das Kriterium der Stabilität wesentlich seltener bei der Klassifizierung des phraseologischen Materials angewendet" (Korhonen 2002: 402).

Diesbezüglich sind in der Fachliteratur überwiegend Klassifikationen morphosyntaktischer, semantischer und pragmatischer Prägung. Grundsätzlich gründen sich Typologien entweder auf ein gemeinsames Ordnungsprinzip für alle Einheiten, d.h. man geht auf ein Kriterium ein oder auf eine Merkmalsmatrix, das bedeutet, dass man zwei oder mehrere Kriterien einsetzt (Földes 2007: 424). In immer mehr Arbeiten überwiegen jedoch Mischklassifikationen, die gleichzeitig morphosyntaktische und semantische Kriterien verwenden (Korhonen 2002: 402; Földes 2007: 424; Burger 2007: 53). Das Verbinden mehrerer Kriterien, das schon bei Häusermann (1977) und Burger/Buhofer/Sialm (1982) Verwendung fand, hat dabei zwei Aspekte:

1. Es werden mehrere Kriterien, wie syntaktische, semantische und pragmatische, gleichzeitig für die Erstellung der konkreten Untersuchungskategorien angesetzt.

2. Es werden auch Kriterien gebraucht, die quer zu den sonst verwendeten Kriterien laufen (Burger 2007: 53).

Bei der Klassifikation in Fleischers Arbeit ist eine morphologisch-syntaktische Einteilung der Phraseologismen zu sehen (Fleischer 1997: 139 ff.):

1) Substantivische Phraseologismen

2) Adjektivische Phraseologismen

3) Adverbiale Phraseologismen

4) Verbale Phraseologismen

Wichtige Klassifikationsvorschläge sind unter kontrastivem Gesichtspunkt entwickelt worden, bei denen folgerichtig das entscheidende Kriterium für die Gruppierung der verglichenen Wendungen der jeweilige Äquivalenzgrad ist (Földes 2007: 424; Korhonen 2002: 402).

1.2.3 Kontrastive Phraseologieforschung

Die kontrastive Forschung ist ein äußerst aktueller und interessanter Bereich der Phraseologieforschung. Denn kontrastive Arbeiten zur Phraseologie bestätigen, was jeder, der außer seiner Muttersprache auch eine andere Sprache beherrscht, selbst feststellen kann: In ihren phraseologischen Ausdrucksmitteln weisen zwar Sprachen mehr oder weniger große Ähnlichkeiten auf, aber die Erlernung dieser festen Wortverbindungen fällt jedem Fremdsprachler sehr schwer.

Das Interesse für die Untersuchung kultureller Unterschiede wuchs im Allgemeinen in den 70er Jahren. Im Rahmen der Phraseologieforschung ist jedoch besonders seit den 80er Jahren Interesse für die kontrastive Betrachtungsweise[1] und für die kulturellen Unterschiede beim Gebrauch von Phraseologismen zu betrachten. Diesbezüglich werden in zahlreichen kontrastiven Arbeiten erhebliche Unterschiede erkennbar, sodass, nach Vesalainen, kulturelle Aspekte intensiver untersucht werden sollten (Vesalainen 2007: 299). So ist in den vergangenen Jahren das Interesse an den wissenschaftlichen kontrastiven Untersuchungen stark gewachsen.

Seit Anfang der 80er Jahre finden internationale Tagungen zur Phraseologie[2] statt. Bei diesen Konferenzen liegt das Hauptgewicht auf der germanistischen Phraseologieforschung, wobei in den letzten Jahren auf die kontrastive Forschungen sehr viel Wert gelegt wurde. Nach Angaben von Palm waren folgende Sprachen bereits an kontrastiven Phraseologie-Projekten beteiligt: Deutsch-Englisch (Gläser), Deutsch-Schwedisch (Skog-Södersved, Palm/Odeldahl, Stedje), Deutsch-Französisch (Gréciano), Deutsch-Spanisch (Wotjak), Deutsch-Russisch (Kammer), Deutsch-Polnisch (Predota, Kühnert, Rechtsiegel), Deutsch-Ungarisch (Földes, Hessky), Deutsch-Finnisch (Korhonen, Piitulainen, Hyvärinen); ferner die slawischen Sprachen Tschechisch, Slowakisch (Ďurčo), Serbokroatisch und Bulgarisch sowie die nicht-europäischen Sprachen Arabisch, Chinesisch und Japanisch im Vergleich mit dem Deutschen (Palm 1997: 113). Mit Bedauern ist festzustellen, dass die türkische Sprache an diesen kontrastiven Forschungsprojekten bis heute noch nicht beteiligt war.

Die Forschung im Bereich der kontrastiven Phraseologie erklärt sich aus der Tatsache, dass die Völker und Nationen immer näher zusammenrücken und die internationalen Kontakte immer unentbehrlicher werden (vgl. Dobrovol'skij/Piirainen 2002). Erst durch dieses Zusammenrücken erfahren viele, dass sie eigentlich doch nicht so "fremd zum Fremden" stehen und auch umgekehrt, dass "der Fremde

---

1 Zur Entwicklung der kontrastiven Phraseologie vgl. Korhonen (1993).
2 EUROPHRAS

nicht so fremd" ist. Gerade deswegen richtet sich das Augenmerk der Wissenschaftler auf die kontrastiven Untersuchungen (Korhonen 1993: 97; Taniş 2001: 338). Nach Wotjak verfolgen die interkulturellen Vergleiche auch das Ziel, Informationen über Land und Leute zu gewinnen, indem der Frage nachgegangen wird, welche Traditionen, Lebensweisen u. Ä. mit Phraseologismen transportiert werden (Wotjak 1992: 106). So ist auch die Zahl der kontrastiven phraseologischen Arbeiten innerhalb der letzten Jahre stark gewachsen.

Es wird zwar häufig behauptet, dass gerade bei Phraseologismen die Kultur des jeweiligen Volkes eine große Rolle spielt, aber einerseits bestehen zwischen Phraseologismen verschiedener Sprachen lexikalisch, syntaktisch und semantisch viele Unterschiede, andererseits findet man auch viele Gemeinsamkeiten. Genauso wie Itoh für das Japanische feststellt, kann auch für das Türkische gesagt werden, dass man zwischen deutschen und türkischen Phraseologismen, „die in sprachtypologisch, aber auch sprachgeschichtlich ganz unterschiedlich entwicklelten Sprachen gespeichert sind", auf lexikalischer, syntaktischer und semantischer Ebene zahlreiche Entsprechungen finden kann (Itoh 2005: 20 f.).

Im Allgemeinen kann man in der Phraseologie zwei hauptsächliche Arten des Sprachvergleichs unterscheiden (Földes 1996: 11 f.):

1. den diachronischen (bzw. kontrastiv-historischen) und

2. den synchronischen (bzw. kontrastiv-synchronen) Vergleich.

Die vergleichende Phraseologie in diachronischer Hinsicht ist nicht im Interesse dieser Arbeit, deshalb wird an dieser Stelle auf dieses Thema nicht näher eingegangen, aber wie sich auch Itoh äußert: „Das Ziel der kontrastiven Phraseologieforschung ist es nicht nur Phraseologismen in verschiedenen Ebenen zu vergleichen und zwischen den jeweiligen Sprachen bestehende Entsprechungen und Unterschiede festzustellen, sondern darüber hinaus hinter den Entsprechungen stehende Gemeinsamkeiten, d.h. so genannte phraseologische Universalien, zu ermitteln" (Itoh 2005: 10).

Die Suche nach den sogenannten phraseologischen Universalien und häufig auftauchende Übersetzungsprobleme führen viele Arbeiten im Bereich der kontrastiven Phraseologieforschung zur Beschäftigung mit dem Äquivalenzgrad der Phraseologismen. Daher stellt der Äquivalenz-Begriff in der kontrastiven Untersuchung das Kernstück des Vergleichs dar. Obwohl wörtliche Entsprechungen sehr oft eine Hilfestellung und Erleichterung anbieten, zeigen die phraseologischen Entsprechungen gewisse semantische Abweichungen oder Konnotationen (Földes 1996: 117 ff.).

1.2.4 Deutsch-Türkische Phraseologieforschung

In der bisherigen kontrastiven Phraseologieforschung in Deutschland wurden meist Phraseologismen der europäischen Sprachen, die sprachtypologisch und kulturhistorisch in sehr enger Beziehung zueinander stehen, als Untersuchungsgegenstände gewählt. Phraseologismen nichtindoeuropäischer Sprachen, wie z. B. das Türkische und das Japanische, sind weniger behandelt worden (vgl. Itoh 2005: 19).

In der Türkei gibt es zwar im Bereich der Germanistik kontrastive phraseologische Untersuchungen mit dem Sprachenpaar Deutsch-Türkisch, diese sind jedoch vorwiegend unveröffentlichte Dissertationen wie z. B. die von Akar (1982): „Gegenüberstellung der deutschen und türkischen Redensarten", Taşan (1988): „Zur Frequenz und Distribution einiger Tierbezeichnungen in den Deutschen Englischen, Französischen und Türkischen Sprichwörtern, Redewendungen, Redensarten und Ausdrücken", Sağlam (1995): „Deutsche und türkische Sprichwörter und Redensarten, deren Akzeptabilität umstritten sind", Başar (2000): „Theorie und Praxis eines onomasiologischen Phraseologiewörterbuchs Deutsch-Türkisch" u.a. Oder es sind unveröffentlichte Magisterarbeiten wie z.B. die Arbeiten von Başar (1994): „Vergleich deutscher und türkischer Phraseologismen", Nehir (1995): „Vergleichende Idiomatik. Deutsch-Türkisch. Deutsche und Türkische Redewendungen mit Tiernamen und ihre jeweilige Wiedergabe", Yolasığmazoğlu (1997): „Türkçe'de ve Almanca'da köpek kavramına dayanan atasözleri ve deyimlerin anlambilimsel açıdan karşılaştırılması" (Semantische Vergleichung der hundbezogenen Sprichwörter und Redewendungen im Deutschen und im Türkischen) u.a.

Ferner sind auch die zweisprachigen Wörterbücher „Pons. Wörterbuch der idiomatischen Redensarten. Deutsch-Türkisch. Türkisch-Deutsch" von Tekinay (1984), „1000 Idiome und ihre Anwendung - beispielhaft dargestellt. Deutsch-Türkisch. Türkisch-Deutsch" von Akar (2000), „Almanca-Türkçe, Deyimler ve Özel Anlatım Birimleri Sözlüğü" von Barlas (1998) und „Türkische Redewendungen - mit deutschen Entsprechungen" von Yurtbaşı (2000) zu nennen.

Neben den oben genannten Arbeiten gibt es zahlreiche Aufsätze in kontrastiver Hinsicht zur Phraseologieforschung mit dem Sprachenpaar Deutsch-Türkisch wie z. B. Akar (1987, 1990, 1991, 1995), Balcı (1993), Toklu (1988, 1994, 1998a, 1998b), Sağlam (2001), Taniş (2001), Kahramantürk (2001), Aktaş (2007a), Coşan (2007) u.a.

Unter den oben angegeben Arbeiten soll die Untersuchung von Başar: „Theorie und Praxis eines onomasiologischen Phraseologiewörterbuchs Deutsch-Türkisch" etwas näher betrachtet werden (Başar 2000: 140 ff.). Denn diese Arbeit unterscheidet sich von den anderen Untersuchungen dadurch, dass es in dieser Studie

27

um die Aufstellung des Konzepts eines onomasiologischen Phraseologiewörterbuchs des Deutschen und des Türkischen geht. Als Datenbasis sollte für das Deutsche der „Duden. Redewendungen. Band 11" dienen, für das Türkische das phraseologische Wörterbuch „Deyimler Sözlüğü" von Ömer Asım Aksoy. Um den aktuellen Bestand im Mündlichen und Schriftlichen erfassen zu können, wurden durch die Vorlesungs- und Prüfungsergebnisse von Studierenden sowie durch die direkte Observationsmethode des aktuellen Sprachgebrauchs im deutschen Sprachraum in der Zeit vom September 1998 bis Januar 1999 phraseologische Einheiten ermittelt (Başar 2000: 145 f.). Die Zielgruppe dieses Wörterbuchs sollten in erster Linie Fremdsprachenlerner und –lehrer sowie Studierende an deutschsprachigen Abteilungen und Übersetzer sein. Die Anordnung der Lemmata im Wörterbuch sollte nicht wie in den meisten phraseologischen Wörterbüchern nach dem Alfabet, sondern auf onomasiologischer und kontrastiver Basis nach dem jeweiligen Begriffsbild erstellt werden. Zur Erleichterung der Suche sollte jedoch ein alfabetisches Register im Anhang erstellt werden. Die Systematisierung des phraseologischen Bestands sollte nach der onomasiologischen Gliederung von Dornseiff[3] erfolgen. Die Einteilung sollte in folgenden Hauptgruppen erfolgen:

1. Menschlich-Körperliches
2. Zeitliche und räumliche Verhältnisse
3. Menschliche Eigenschaften
4. Denken
5. Sprache
6. Wollen/Handlungsabsicht
7. Handeln
8. Soziale Verhältnisse
9. Wirtschaft

Diese Hauptgruppen sollten dann wiederum in Subgruppen bzw. Sinngruppen aufgeführt werden. Von den deutschen Phraseologismen ausgehend sollten die türkischen Entsprechungen mit ihren Voll-, Teil- und Nulläquivalenzen im Wörterbuch markiert werden. Laut Başar sind die „aufgeführten Erkenntnisse und die Tatsache, dass eine zweisprachige phraseologiespezifische Untersuchung unter dem lexikographischen Aspekt Semasiologie versus Onomasiologie für das Sprachenpaar Deutsch-Türkisch auf diesem Terrain noch nicht existiert" die Grundlage für ihr Konzept (Başar 2000: 262).

---

3 vgl. Dornseiff, F. (1954): Der deutsche Wortschatz nach Sachgruppen.

Leider konnte dieses Konzept bis heute noch nicht verwirklicht werden, was als Defizit in der deutsch-türkischen Phraseologieforschung anzusehen ist.

Aus den oben genannten Arbeiten sollte auch die Arbeit von Sağlam (1995) „Deutsche und türkische Sprichwörter und Redensarten, deren semantische Akzeptabilität umstritten ist" genannt werden, denn diese Untersuchung behandelt zwar Sprichwörter und Redensarten zugleich, ist aber ebenfalls interessant zu erwähnen, weil in dieser Arbeit 15 Romane aus der türkischen Literatur des 20. Jahrhunderts auf das Vorkommen von Phraseologismen und Sprichwörtern untersucht wurde. Das Ziel dieser Arbeit war es zum Ersten einen Sprichwörter- und Redensartenkorpus herzustellen und zum Zweiten diejenigen Sprichwörter und Redensarten im Korpus festzustellen, deren semantische Akzeptabilität umstritten ist. Ein weiterer interessanter Punkt ist die empirische Untersuchung in dieser Arbeit. Es wurden Interviews mit türkischen Studenten, die einerseits in Deutschland und andererseits in der Türkei in verschiedenen Studiengängen studierten, durchgeführt, indem man sie befragte, inwieweit sie die ihnen vorgelegten Sprichwörter und Redensarten definieren können und wie oft sie diese benutzen, sodass die Häufigkeit der Benutzung analysiert werden konnte. Es stellte sich heraus, dass die vom Autor festgelegten Sprichwörter und Redensarten in den analysierten 15 Romanen, bis auf die Redensart *eksik etek* (wörtl. fehlender Rock) und das Sprichwort *dayak cennetten çıkmıştır* (wörtl. die Prügel stammt aus dem Paradies), überhaupt nicht vorkamen. Bei den Probanden war die Mehrzahl mit dem Sinn der angegebenen Beispiele nicht einverstanden und einer beträchtlichen Zahl waren die Redensarten und Sprichwörter nicht einmal bekannt (Sağlam 1995: V, 123).

1.2.5 Fachsprachliche Phraseologie

1.2.5.1 Fachsprachenforschung

Der Sprachvergleich spielt auch in der Fachsprachenforschung eine sehr wichtige Rolle. Nach Hoffmann wird wohl nirgendwo in der Sprachwissenschaft soviel verglichen wie in der Fachsprachenforschung und es bestehen auf dem noch recht jungen Gebiet der Fachsprachenlinguistik noch sehr viele Forschungslücken und Defizite (Hoffmann 1991: 133f.). Zunächst sollte man einen Blick darauf richten, was als Fachsprache definiert wird.

Die bekannteste Definition von Fachsprache stammt von Hoffmann, die viele andere Definitionen subsummiert: „Fachsprache – das ist die Gesamtheit aller sprachlichen Mittel, die in einem fachlich begrenzbaren Kommunikationsbereich verwendet werden, um die Verständigung zwischen den in diesem Bereich tätigen Menschen zu gewährleisten" (Hoffmann 1984: 53).

Gläser definiert Fachsprache folgendermaßen: „Fachsprache, die traditionelle Bezeichnung für fachbezogenen Sprachgebrauch, hat einen systemlinguistischen und einen pragmalinguistischen Aspekt. Durch ihre enge Beziehung zur Allgemeinsprache hat sie lediglich den Status eines Subsystems und nur relative Selbständigkeit. Ebenso ist die Kommunikationsgemeinschaft der Fachleute einer bestimmten Disziplin stets ein fester Bestandteil der Sprachgemeinschaft. Das Verhältnis zwischen Allgemein- und Fachsprache wird in der modernen Angewandten Linguistik nicht mehr als Opposition, Antinomie oder Polarität aufgefasst [...]. Funktional richten sich Fachtexte nach den Anforderungen der Fachexperten, angehenden Fachleute sowie interessierten Nichtfachleute einer breiten Öffentlichkeit" (Gläser 2007: 482).

Laut Hoffmann ist in der Fachsprachenlinguistik ein strenges Methodenbewusstsein erkennbar, sodass umfangreiche Untersuchungen oft mit Überlegungen zur Brauchbarkeit von Methoden eingeleitet werden, die in anderen Disziplinen, nicht nur in der Sprachwissenschaft, entwickelt oder bei früheren fachsprachlichen Untersuchungen erprobt worden sind, und mit einer Evaluierung der in den eigenen Arbeiten verwendeten abgeschlossen. Hoffmann betont, dass zwei Arten von Methoden in der Fachsprachenforschung mit besonderem Erfolg verwendet worden sind: statistische und konfrontative (Hoffmann 1991: 133). Die vorliegende Arbeit beschäftigt sich mit der zweiten Methode. Denn kontrastive Untersuchungen in Hinsicht auf Fachsprachen wurden in der Türkei besonders auf der Ebene der juristischen Fachsprache durchgeführt, jedoch nicht im Bereich der wirtschaftssprachlichen Phraseologie. Auf fachsprachlicher Basis im Bereich Wirtschaft sind jedoch die Arbeiten von Ülken (2002) und Tröndle (2007) zu nennen, die jedoch beide unveröffentlichte Dissertationen sind. Ferner sind im Bereich der deutsch-türkischen Fachsprachenforschung die zweibändigen Wörterbücher von Kıygı „Wörterbücher der Rechts- und Wirtschaftssprache (1999)" und „Wirtschaftswörterbuch (1995)" sowie das Wörterbuch von Coşkun „Mesleki Terimler Sözlüğü (1998)" zu nennen.

Wenn wir uns die Fachliteratur auf dem Markt ansehen, ist zu beobachten, dass viele Lehrbücher ein Glossar mit komplexen Fachausdrücken in englischer, französischer und spanischer Übersetzung enthalten, wobei die Bedürfnisse in der türkischen Sprache bzw. in türkischer Übersetzung nicht genügend befriedigt sind.

Dass Sprache und Wirtschaft in sehr engem Zusammenhang zueinander stehen, wurde mehrfach sowohl von Sprachwissenschaftlern als auch von Wirtschaftswissenschaftlern betont. Vor dem Hintergrund der „enger und vor allem komplexer werdenden Handelsbeziehungen und dem Ausbau der theoretischen und angewandten Wirtschaftswissenschaften" etablierte sich schon zu Anfang des 20. Jahrhunderts eine eigenständige Wirtschaftslinguistik, die zuerst hauptsächlich auf die Aus- und Weiterbildung von Fachleuten ausgerichtet war (Picht 1988: 336; Steinhauer 2000: 203).

Auf der einen Seite hat die Fachsprache der Wirtschaft einen Bezug auf die Befriedigung der gesellschaftlichen Bedürfnisse an Produkten und Dienstleistungen, auf der anderen Seite stehen Berufsaussichten und Sprachfertigkeit in engem Zusammenhang zueinander. Das wissen alle, die sich mit den Umsetz- und Anwendungsmöglichkeiten von universitärer Ausbildung befassen. In den Geisteswissenschaften bleibt die Sprache die Voraussetzung für die Literatur, aber die Sprachwissenschaft ist anwendungsorientierter als Literatur- und Kulturwissenschaft. Wie notwendig jedoch Fachsprachen zur Vermittlung von Fachkenntnissen sind, zeigen Theorie und Praxis in allen Fachgebieten (Gréciano 1999: 131).

1.2.5.2 Untersuchungen in der fachsprachlichen Phraseologie

„Zur Entstehung der fachsprachlichen Phraseologie haben lexikographische und terminologische Ansätze beigetragen. Die ersten Ansätze zur fachsprachlichen Phraseologie in Deutschland kamen aus der Terminologietheorie von Wüster (1931) und Warner (1966). Ein ernsthaftes Interesse der Terminologieforschung für die fachsprachliche Phraseologie beginnt aber erst mit Picht (1987). [...] Auch die lexikographischen Arbeiten von Wagner (1986) und Rossenbeck (1989), in denen auf die Notwendigkeit kontextueller und kombinatorischer Information in Fachlexika hingewiesen wird, haben zur Entstehung der fachsprachlichen Phraseologie beigetragen (vgl. Heid/Freibott 1991:84). Der Anstoß zur fachsprachlichen Phraseologieforschung kam aus der Fachsprachendidaktik und aus dem fachsprachlichen Übersetzungsunterricht" (Cedillo 2004: 43).

Auch Gläser deutet darauf hin, dass phraseologische Untersuchungen, die sich auf die Fachsprachen beziehen, sich nicht im konzeptuellen und methodischen Rahmen der allgemeinsprachlichen Phraseologieforschung entwickelten, sondern ihre Wurzeln zunächst in Randbezirken der Terminologieforschung, der Translatologie, der Fachsprachenlinguistik und in der Angewandten Sprachwissenschaft sowie im fachbezogenen Fremdsprachenunterricht hatten, sodass es bis in die 1980er Jahre zwischen beiden phraseologischen Interessengebieten kaum Berührungspunkte gab (Gläser 2007: 483). Gréciano macht darauf aufmerksam, dass in den 90er Jahren so die Wendungen von Fachsprachen, die inzwischen Fachphraseologie genannt wird, ganz natürlich zum Thema vieler europäischer Kolloquien geworden ist (Gréciano 1999: 131).

In der fachsprachligen Phraseologie spielen kontrastive Untersuchungen eine besonders wichtige Rolle. Fleischer hat schon früh die Textsortenabhängigkeit des Gebrauchs von Phraseologismen in Fachtexten und den Bedarf an Untersuchungen unterschiedlicher Korpora unterstrichen. Nicht nur das Vorkommen und die Funktion von Phraseologismen in Fachtexten sind interessant, sondern auch, inwiefern diese sich intersprachlich unterscheiden (Fleischer 1997: 52; Skog-Södersved 2007: 270).

1991 erscheinen zwei Arbeiten zur fachsprachlichen Phraseologie. Höppnerová untersucht in ihrer Arbeit die „Phraseologismen in der Fachsprache der Außenwirtschaft", u.a. in den Textsorten und Fachzeitschriften sowie in der Handelskorrespondenz, wobei Höppnerová feststellt, dass das Vorkommen der Phraseologismen am niedrigsten ist, und relativ „durchsichtige" allgemeinverständliche substantivische Termini die größte Gruppe bilden (Kunkel-Razum 2007: 313).

Einen Vorstoß in Richtung terminologischer Phraseologismen unternimmt Duhme in seiner 1991 erschienenen einsprachigen Arbeit „Phraseologie der deutschen Wirtschaftssprache", die noch heute zu den meist beachteten Studien zählt. Da die vorliegende Arbeit die festen Wortverbindungen und zugleich die Wirtschaftssprache, wenn auch im deutsch-türkischen Vergleich, thematisiert, soll im Folgenden ein kurzer Überblick über Duhmes Studie „Phraseologie der deutschen Wirtschaftssprache" gegeben werden.

Im Gegensatz zu Gläser, betont Duhme, dass die deutsche Wirtschaftssprache eigene Phraseologismen hervorbringt, die jedoch unabhängig von denen der Allgemeinsprache sind. Duhmes Korpus besteht insgesamt aus 2300 Phraseologismen, davon sind ca. 400 rein wirtschaftsspezifisch, die er Fachzeitschriften wie Capital, Wirtschaftswoche und Handelsblatt sowie wirtschaftswissenschaftlichen Fachtexten entnommen hat (Duhme 1991: 13). Die sogenannten "Einwortphraseologismen" werden in Duhmes Arbeit ebenfalls berücksichtigt. Diese Einwortphraseologismen werden in vielen Arbeiten noch umstritten, wobei in neueren Untersuchungen diese zu den festen Wortverbindungen und Phraseologismen gerechnet werden. Delplanque-Tchamitchian nimmt zu diesem Thema folgenderweise Stellung: „Die Miteinbeziehung der Komposita in die Phraseologismen wird heute als berechtigt betrachtet, denn „Komposita mit fachspezifischem Bezug, wie z.B. *Markttransparenz, Devisenmarkt, Steuerbelastung* [...] sind ihrer Teilbarkeit, ihrer hohen Frequenz und ihrer text- und fachkonstitutiven Rolle in der Wirtschaftssprache wegen unbedingt in die fachphraseologische Untersuchung zu integrieren" (Delplanque-Tchamitchian 1995: 41). Auch Burger befürwortet anhand der Sprache des Wirtschaftsteils der Presse die Berücksichtigung der Mehrwort-termini in der Phraseologie (Burger 2007: 164f.). Denn, typisch für Wirtschafts-texte sind neben den oben genannten Mehrworttermini teil-idiomatische Phraseo-logismen und terminologisch-idiomatische Komposita (Skog-Södersved 2007: 269). Die Einwortphraseologismen werden zwar in Duhmes Arbeit berücksichtigt, allerdings unter der Voraussetzung, dass folgende Definitionskriterien vorhanden sind (Duhme 1991: 67):

1. Die Einwortphraseologismen sind Komposita. Mindestens eine Komponente muss einen erkennbaren idiomatischen Charakter aufweisen, dieser wiederum muss eine denotativ übertragene Bedeutung hervorrufen. Dabei ist es unwichtig, ob sich die Konstruktion der Komposita auf Phraseologismen oder auf bedeu-tungsäquivalente Wortgruppen zurückführen lässt.

2. Daraus kann gefolgert werden, dass die von Fleischer eingeführte Kategorie der parallelen Benennung aufgehoben wird zu Gunsten einer neuen Subkategorie der Phraseologismen, die als Einwortphraseologismen definiert werden.

Nach Gläser ist auch Duhme „weitgehend dem Forschungskonzept Fleischers verpflichtet. Sein Textkorpus besteht aber nicht nur aus Zeitungstexten, die wirt-schaftsbezogene Themen behandeln, sondern auch aus einem vierbändigen Kom-pendium der Wirtschaftstheorie und Wirtschaftspolitik von 1980. Der Verfasser stellt als Ergebnis fest, dass in Texten der wissenschaftlichen Literatur Phraseolo-gismen weitaus schwächer vertreten sind als in journalistischen Texten, zumal auch in seinem Materialkorpus von 2300 Phraseologismen nur rd. 400 Belege als wirtschaftsspezifisch gelten können, die übrigen der Allgemeinsprache" (Gläser 2007: 482-505).

Im Bereich der Fachsprache der Wirtschaft haben neben Duhmes Arbeit das „Wirtschaftsenglisch-Wörterbuch" von van Bernem (1994) den Nachweis er-bracht, dass der ökonomische Wortschatz im Allgemeinen sowie das phraseologi-sche Inventar im Besonderen eine Schichtung nach Sprachgebrauchsebenen, die sich auch in einzelnen Textsorten ausprägen, aufweisen. „Diese Stratifikation reicht von stilistisch neutralen terminologischen Phraseologismen bis zu salopp oder gar grob umgangssprachlichen Ausdrücken mit starken expressiven Konno-tationen" (Gläser 2007: 500).

Wie Gläser betont, sind in der Fachsprache der Wirtschaft **terminologische Phra-seologismen** der fachinternen Kommunikation stets stilistisch neutral. Folgende phraseologische Äquivalente stammen aus dem Wörterbuch von van Bernem, indem ein verbreitetes Bildungsmuster die Nominalgruppe, die aus einem attribu-tiven Adjektiv und einem Substantiv besteht (Gläser 2007: 500): *amtliche Wäh-*

rungsreserven - official reserves, lizensfreie Einfuhr - imports on general licence.
Ein anderes häufiges Muster besteht aus einem Substantiv und einer Präpositio-
nalphrase *Abbau von Sozialleistungen - social dumping, Abschreibung auf Wert-*
minderung - depreciation on wear and tear.

Die folgenden Beispiele aus dem Wörterbuch von van Bernem lassen sich der
Stilebene der Umgangssprache zuordnen, wobei auch das deutsche Äquivalent
diese Konnotation hat: *messy job - Drecksarbeit, filthy lucre - schmutziges Ge-*
schäft.

Ferner verteilen sich auch die verbalen Phraseologismen in der englischen und
deutschen Wirtschaftssprache auf die neutrale und die umgangssprachliche Stilebene. Folgende Beispiele, die wiederum den Funktionsverbgefügen und Kollokationen nahestehen, können als terminologische Phraseologismen gelten: *Bilanz*
ziehen - balancing, ein Produkt bewerben - to advertise a product (Gläser 2007:
500).

In Anlehnung an Häcki-Buhofer/Burger deutet Palm ebenfalls auf die sprachliche
Ebene hin. Sie ist der Ansicht, dass Wirtschaftstexte zwar von einer hohen Zahl
von fachspezifischen Phraseologismen durchsetzt sind wie *Konkurs anmelden,*
eine Dividende ausschütten u.a., andererseits gibt es jedoch in diesen Wirtschafts-
texten auch sehr viele Phraseologismen aus der Allgemeinsprache wie *jmds. rech-*
te Hand sein, in Schulden stecken u.a. (Palm 1997: 88).

Gréciano ist jedoch der Auffassung, dass die fachsprachliche Phraseologie sich
wesentlich von der gemeinsprachlichen Phraseologie unterscheidet und im Vergleich zu dieser noch „in Kinderschuhen" steckt (Gréciano 1995: 183).

1.3   Zur Notwendigkeit einer ausgebauten deutsch-türkischen Wirt-
schaftssprache

Es ist bekannt, dass die Türkei und Deutschland schon seit Jahrhunderten feste
Beziehungen sowohl auf kulturpolitischer als auch auf wirtschaftlicher Basis pfle-
gen (vgl. Aktaş 2007c, 2007d). Da Deutschland seit langem der wichtigste Wirtschaftspartner der Türkei ist und etwa 2,5 Mill. Türken in Deutschland leben, hat
die deutsche Sprache angesichts der politischen, wirtschaftlichen und kulturellen
Zusammenarbeit immer einen besonderen Stellenwert in der Türkei.

Wenn wir einen kurzen Blick auf die Entwicklung deutscher unternehmerischer
Tätigkeit in der Türkei werfen, sehen wir, dass die Investionstätigkeit in der Tür-

kei in der Mitte des 19. Jahrhundert liegt. Schon im Jahre 1857 gründete die Firma Siemens ihre erste Niederlassung in der Türkei, dieser folgten 1919 die Firma Henkel und 1925 die Firma AEG (Landau 2002: 200). Bereits seit 1932 nimmt Deutschland den ersten Platz im türkischen Außenhandel ein (Kappert 1996: 24). Deutschland ist der wichtigste Wirtschaftspartner der Türkei und der wichtigste ausländische Investor in der Türkei. 20% aller türkischen Exporte werden mit Deutschland abgewickelt und 15% der Importe werden aus Deutschland bezogen. Unter den Touristen sind es die Deutschen, die am meisten in die Türkei reisen. Es kommen jährlich etwa 3,5 Mio deutsche Touristen in die Türkei. Somit ist Deutschland auch im Fremdenverkehr der wichtigste Partner für die Türkei. Seit 1994 gibt es eine deutsch-türkische Industrie- und Handelskammer in Istanbul, die aber schon seit 1984 ein offizielles Delegiertenbüro in Istanbul führte. Diese ist zur Zeit die bisher erste und immer noch einzige bilaterale Kammer.

Wie eng die wirtschaftlichen Beziehungen zwischen beiden Ländern sind, zeigt u.a. auch, dass nur im Jahre 2002 für über 40.000 türkische Geschäftsleute langfristige Sichtvermerke ausgestellt wurden, so dass sie des Öfteren geschäftlich im deutschen Raum sich befanden. Heute haben über 2500 deutsche Firmen wie Mercedes-Benz, MAN, Mannesmann, Siemens, Bosch, BASF, Höchst, Bayer, Lufthansa u.a., mit vielen zehntausend Arbeitsplätzen, Niederlassungen in der Türkei. Auf allen Betriebsebenen werden nahezu ausschließlich türkische Arbeitnehmer beschäftigt. Auch die Leitung deutscher Unternehmen in der Türkei wird zunehmend von türkischen Staatsangehörigen gestellt. Dies gilt auch für manche Großunternehmen. Laut Angaben von Landau haben ca. 60% der deutschen Unternehmen in der Türkei eine rein türkische, ca. 20% eine deutsch-türkische Geschäftsleitung (Landau 2002: 205). Unter 7.909 Firmen mit ausländischem Kapital der EU-Länder kommt Deutschland mit 2533 Firmen an erster Stelle. Davon wurde die Hälfte in den letzten Jahren gegründet (ODA 2007: 6, 18). Das Interesse von deutschen Firmen am Türkei-Geschäft ist im Zuge der EU-Annäherung deutlich gestiegen. Andererseits ist bekannt, dass etwa 2,5 Mill. Türken in Deutschland leben und im Gegenzug zu den deutschen Investoren in der Türkei, gibt es rund 60.000 türkischstämmige Unternehmer in Deutschland, die ca. 370.000 Arbeitskräfte beschäftigen (Bağoğlu 2007: 9).

Parallel zu den wirtschaftlichen und kulturpolitischen Beziehungen beider Länder hat seit ca. 150 Jahren die deutsche Sprache im türkischen Bildungswesen immer einen besonderen Stellenwert in der Türkei gehabt (vgl. Genç 2003; Aktaş 2007c: 320). Angesichts dieser Situation ist die Nachfrage nach Wirtschaftsdeutsch und Wirtschaftskommunikation an den Germanistikabteilungen sehr hoch, denn auf Grund ihrer guten Deutschkenntnisse werden sehr viele Absolventen der Germanistik- und Deutschdidaktik-Abteilungen in diesen Firmen eingestellt (vgl. Aktaş 2007a, 2007b, 2007c, 2007d). Um diese Nachfrage zu befriedigen, mussten sich die Lehrenden neuen Aufgaben stellen. Denn kein Germanist oder Deutsch-Didaktiker ist als Wirtschaftsdeutsch-Experte ausgebildet. Das für dieses Fach benötigte Fachwissen wird meistens aus eigenem Interesse von den Lehrenden selbst erarbeitet. Ein großes Defizit in diesem Bereich sind die fehlenden deutsch-türkischen Materialien für die türkischen Lehrenden sowie für die türkischen Germanistik-Studenten, sodass viele kontrastive Arbeiten noch auf diesem Gebiet zu bewältigen sind (vgl. Aktaş 2007b). Denn die deutsch-türkischen Geschäftsbeziehungen setzen eine ausgebaute deutsch-türkische Wirtschaftssprache mit ihren fachsprachlichen Forschungen voraus.

1.4 Zur Terminologievielfalt und die in dieser Arbeit verwendete Terminologie

1.4.1 Phraseologismen

Hinsichtlich der Terminologie der phraseologischen Einheiten ist zu bemerken, dass sie sehr vielfältig und somit stark uneinheitlich ist. Auf dieses Problem gehen viele Sprachwissenschaftler in ihren Abhandlungen ein (Pilz 1981: 25 ff.; Duhme 1991: 18 ff.; Fleischer 1997: 2 ff.; Palm 1997: 1 ff.; Hessky/Ettinger 1997: XX; Burger 1998: 54 f.; Itoh 2005: 7 ff).

Schon 1981 weist Pilz darauf hin, dass „ein terminologisches Chaos vor allem durch die deutschsprachigen Veröffentlichungen entstanden ist. Die englischsprachige Literatur stiftet mit einem einzigen Terminus Verwirrung: *idiom* [...], die deutschsprachige mit einer Fülle verschiedener Termini. [...] In der romanisch- und russischsprachigen Literatur kann man hinsichtlich der Prägung von Oberbegriffen vergleichsweise eine terminologische Abstinenz feststellen. Allerdings wächst die Zahl der Termini ins Unüberschaubare, [...]". In der russischen Literatur dagegen würde sich der Begriff „Phraseologismus" immer mehr durchsetzen (Pilz 1981: 26). Wegen diesem terminologischen Chaos betont Palm, dass in der Phraseologie wohl als einziges bisher feststeht, dass noch nichts feststeht (Palm 1997: 16).

Denn nach Pilz gibt es schon in den achtziger Jahren über tausend Termini, im internationalen Vergleich vielleicht sogar Tausende (Pilz 1981: 27 f.). Die meisten Ausdrücke, die in der Phraseologieforschung verwendet werden, gehen auf das griechisch-lateinische Wort „phrasis" und das griechische Wort „idioma" zurück. „Phrasis" hat die Bedeutung „rednerischer Ausdruck" und der Begriff „Phrase" wurde im 17. Jahrhundert aus dem Französischen mit der pejorativen Nebenbedeutung „nichtssagende, inhaltsleere Redensart" entlehnt. Nach Angaben von

Palm wird Phraseologismus in älteren Fremdwörterbüchern als „inhaltsleere Schönrednerei und Neigung dazu" erklärt, wobei es in neueren dagegen als „feste Wortverbindung oder Redewendung" zu sehen ist. Der früheste Beleg für den Ausdruck „Phraseologie" geht auf das Werk „Teutsche Orthographey und Phraseologey" von J.R. Sattler aus dem Jahre 1607 zurück (Palm 1997: 104).

Palm deutet darauf hin, dass das griechische Wort „idioma" eine ‚Eigentümlichkeit bzw. Besonderheit' bezeichnet und erst seit Ende des 17. Jahrhunderts als ‚eigentümliche Mundart' im Deutschen erschienen ist. Der Ausdruck ‚Idiomatizität' ist erst jedoch in den fünfziger Jahren aus dem russischen „idiomaticnost" und dem englischen „idiomatticity" aufgetaucht. Phraseologie bezeichnet heute ganz allgemein (Palm 1997: 104):

a) die Gesamtheit der Phraseologismen einer Sprache

b) das Teilgebiet der Sprachwissenschaft, das die Phraseologismen untersucht.

Der Terminus „Phraseologismus" als Bezeichnung für die sprachlichen Erscheinungen der Phraseologie wird am häufigsten verwendet und wurde aus der sowjetischen Forschung in die der ehemaligen DDR übernommen (Palm 1997: 104).

Bei Pilz ist der Terminus „Phraseolexem" zu verzeichnen, mit dem er ihn vom Wort abgrenzt, da er eine Wortgruppe meint, die aus mindestens zwei getrennt geschriebenen Wörtern bestehen muss. Als Phraseolexem wird jede Wortgruppe bezeichnet, die als lexikosemantische Einheit verwendet wird, aus mehr als einem Wort besteht und nicht länger als ein Satz ist (Pilz 1981: 20; Palm 1997: 104).

Obwohl der Duden, Band 11, eine der wichtigsten Quellen zur Phraseologieforschung ist, ist der Begriff „Phraseologie" im Titel nicht verzeichnet. Es geht es um „Redewendungen" und dieser Duden wird als „Wörterbuch der Idiomatik" bezeichnet (vgl. Duden 2002).

In seiner umfangreichen Arbeit zur Phraseologie der Wirtschaftssprache weist Duhme darauf hin, dass phraseologische Termini Konstruktionen sind, die einen fachspezifischen Bezug aufweisen, jedoch nicht unbedingt idiomatisch sein müssen. Denn auch in seinem Untersuchungskorpus erscheinen häufig Beispiele, die nicht als idiomatische Wendungen auftreten, jedoch als feste Wortverbindungen in der Wirtschaftssprache syntaktisch stabil und lexikalisiert sind, sodass diese phraseologischen Einheiten terminologisch auch als „feste Wortverbindungen" angesehen werden können (Duhme 1991: 121).

Trotz der immer noch bestehenden Terminologievielfalt kann man beim gegenwärtigen Forschungsgegenstand der Phraseologie als die am weitesten verbreitete

Definition der Phraseologismen auf die von Burger/Buhofer/Sialm zurückgreifen und diese wird im Allgemeinen akzeptiert: „Phraseologisch ist eine Verbindung von zwei oder mehr Wörtern dann, wenn (1) die Wörter eine durch die syntaktischen und semantischen Regularitäten der Verknüpfung nicht voll erklärbare Einheit bilden, und wenn (2) die Wortverbindung in der Sprachgemeinschaft, ähnlich wie ein Lexem, gebräuchlich ist. Die beiden Kriterien stehen in einem einseitigen Bedingungsverhältnis: wenn (1) zutrifft, dann auch (2), aber nicht umgekehrt" (Burger/Buhofer/Sialm 1982: 1). Nach Palm deutet eine solche terminologische Vielfalt auf besondere Analyse- und somit Benennungsprobleme hin (Palm 1997: 2).

1.4.2 Usuelle Wortverbindungen

Mit der Entwicklung der Korpuslinguistik kommt ein ganz neuer Blickwinkel in den Bereich der Phraseologie. Vor dem Hintergrund einer streng korpusanalytischen Vorgehensweise schlägt Steyer den neuen Terminus ‚usuelle Wortverbindungen' vor. „Wir unterscheiden in diesem Modell zunächst grundsätzlich zwischen okkasionellen und usuellen Kookkurrenzen (usuellen Wortverbindungen). **Okkasionelle Kookurrenzen** stellen temporäre Wortverbindungen dar, die sich erst im Sprachproduktionsprozess konstituieren und denen kein über die aktuelle Situation hinausgehender Einheitsstatus zugeschrieben werden kann. **Usuelle Wortverbindungen** - und nur die sind für Informationssystem einschlägig - sind über das Einzelwort hinausgehende sprachliche Erscheinungen, die als komplexere Einheiten reproduziert werden können und deren Elemente einen höheren Wahrscheinlichkeitsgrad des Miteinandervorkommens besitzen, als das bei okkasionellen Wortverbindungen der Fall ist. Diese Charakterisierung sagt zunächst weder etwas über die sprachebenenabhängige Determiniertheit (also primär syntaktischer, semantischer oder pragmatischer Natur) noch über eine möglicherweise vorhandene idiomatische Komponente aus. Usueller Status ist für uns **nicht** - und hier unterscheiden wir uns von den meisten bisherigen Ansätzen - an das Kriterium der Idiomatizität gebunden.[4] Usuell sind für uns alle jene Wortkombinationen, die eine historisch gewachsene Gebrauchsnorm repräsentieren, also Standardverwendungen darstellen und in diesem Sinne **typisch** sind (vgl. dazu Schmidt u.a. 1991, 1995). Nicht die Abweichung sondern die Norm ist für uns also das entscheidende Kriterium. Wortverbindungen sind in unserem Verständnis dann typisch, wenn sie auf Grund des usuellen Gebrauchs einen inneren Bindungsgrad der Komponenten aufweisen, der diese nicht beliebig austauschbar macht. Usueller Gebrauch ergibt sich für uns aus der statistischen Signifikanz der

---

4   Auch Hausmanns Beispiele für Kollokationen (in Abgrenzung zu freien Ko-Kreationen) weisen immer eine gewisse idiomatische Komponente auf, obwohl er dies nicht als explizites Kriterium ansetzt.

Wortverbindung" bzw. aus der frequenten Belegung dieser Kookkurrenz im Korpus.[5] „Mit der Bestimmung des usuellen Status im Sinne einer **Gebrauchsnorm** ist es möglich, sich aus dem Korsett der tradierten Grenzziehungen zu befreien. Auf diese Weise können sprachliche Erscheinungen wie Kollokationen einerseits und Phraseologismen andererseits in ein einheitliches Modell integriert werden", obwohl sie nach unserer Auffassung qualitativ verschiedene Phänomene abbilden, wie noch zu zeigen sein wird.[6] „Das Konzept der usuellen Wortverbindungen ermöglicht auch die Einbeziehung jener typischen Wortkombinationen, die an keinerlei Idiomatik oder regelgeleitete semantische Verbindbarkeit gebunden sind, dennoch aber unverzichtbare Bausteine der Sprachproduktion und -rezeption darstellen" (Steyer 2000: 108 f.). Zu den 'usuellen Wortverbindungen' gehören deshalb:

- Kollokationen
- Phraseologismen
- weitere usuelle, nichtphraseologische Wortverbindungen (vgl. Steyer 2000).

In Bezug auf ‚usuelle Wortverbindungen' wird Idiomatizität nach Steyer[7] also als ungeeignet für die Festlegung des Objektbereichs angesehen. Feilkes (1996, 2004) Konzept der idiomatischen Prägung wird als zentrale Instanz aufgenommen und ‚idiomatisch' bedeutet im Sinne einer konventionalisierten Gebrauchsnorm (vgl. Stubbs 1997).

Wie schon betont, sind nach Burger ‚feste Wortverbindungen' und ‚phraseologische Wortverbindungen' äquivalente Ausdrücke zu ‚Phraseologismen' (Burger 2007: 11 f.). Ich schließe mich teilweise Burger an und übernehme seine Termini sowie Steyers eingeführten Terminus 'usuelle Wortverbindungen' vor allem in

---

5 Statistische Signifikanz bedeutet der Grad der lexikalischen Kohäsion zwischen zwei Lexemen.

6 In der Phraseologie ist eine gewisse Unentschlossenheit bei der Einordnung der Kollokationen zu verzeichnen. Zumeist werden sie trotz Einschränkungen dann doch den 'Phraseologismen' zugeordnet. Fleischer versteht sie vor allem als Nominationsstereotype, wobei er in der 2. Auflage der 'Phraseologie' auch qualitative Unterschiede zwischen beiden Konzepten heraushebt: Während er Kollokation als strukturell restringierte Verbindungen der Ebene der langue zurechnet, lassen sich seiner Auffassung nach Nominationsstereotype nicht darauf reduzieren, da sie ihren stereotypen Charakter oft auch als Erscheinung der parole durch häufigen Gebrauch erhalten (1997, S. 252). Andere ordnen Kollokationen - basierend auf Fleischers Zentrum-Peripherie-Modell - als ‚Periphere Phraseologische Einheiten' ein (vgl. u.a. Wotjak 1994, S. 651ff.; Irsula Pena 1994, S. 27ff.). Inzwischen herrscht in der Phraseologie mehr und mehr Konsens darüber , den Terminus 'Kollokation' für all jene Phraseologismen zu verwenden, die nicht oder nur schwach idiomatisch sind.

7 Steyer verwirft zwar nicht ganz die Erscheinung der Idiomatizität, aber sie hält sie nur nicht geeignet dafür, **ob** eine Phrase eine usuelle Wortverbindung ist oder nicht. A posteriori kann jedoch ermittelt werden, inwieweit eine Wortverbindung idiomatisch ist oder nicht.

Hinblick auf ein weites Konzept fester Wortverbindungen, das nicht durch das Kriterium der Idiomatizität erklärt wird (Steyer 2000: 109). Demzufolge werden in der vorliegenden Arbeit ‚usuelle Wortverbindungen', ‚feste Wortverbindungen', ‚phraseologische Wortverbindungen', ‚phraseologische Einheiten' und ‚Phraseologismen' als äquivalente Ausdrücke benutzt.

1.4.3 Kollokationen

Kollokationen gehören auch zu den festen Wortverbindungen, allerdings standen bisher vor allem jene festen Wortverbindungen im Mittelpunkt des Interesses, die u.a. als Phraseologismen, Idiome, Redewendungen oder feste Fügungen bezeichnet wurden (z.b. *unter der Hand verkaufen*). Die Kollokationsforschung ist im Vergleich zur Phraseologieforschung eine junge Disziplin. Was sind Kollokationen? Wie unterschiedlich und problematisch die Ansätze und Definitionen zum Thema Kollokation sind, ist im folgenden Zitat von Heringer zu sehen: „Was genau Kollokationen sind, möchte ich nicht definieren müssen" (Heringer 1999: 109). Nach Hausmann (2004: 309 f.) ist Kollokation die phraseologische Kombination von z.b.:

Bett und *machen* (Basis + Kollokator)
Tisch und *decken* ("   )
Zähne und *putzen* ("   )

Beide jeweils beteiligten Wörter sind Kollokatoren der Kollokation. Die Komponenten sind natürlich nicht gleichrangig. Die Substantive *Bett, Tisch* und *Zähne* sind in diesem Fall die Basen, die Verben *machen, decken* und *putzen* dagegen die Kollokatoren. Gerade für Fremdsprachler ist es nicht immer leicht, diese Kollokatoren parat zu haben (Hausmann 2004: 311).

Was für eine wichtige Rolle die Kollokatoren in der Sprache spielen und wie unterschiedlich autonom die Wörter sind, formuliert Hausmann für das Beispiel *Tisch decken* folgendermaßen: „Der Tisch braucht das Decken nicht, um Tisch zu sein. Der Kollokator *decken* aber braucht dringend Basen, um überhaupt etwas zu sein: *Dach decken, Stute decken, Unkosten decken, Nachfrage decken*, [...] *Tisch decken*". Die Frage: Was heißt decken in einer Fremdsprache? ist gar nicht zulässig, die Frage: Was heißt Tisch in einer Fremdsprache? ist zulässig (Hausmann 2004: 312).

Im Anschluss an Gläser (1990) und Feilke (1996) benutzt Burger für den ganzen Bereich der nicht- bzw. schwach-idiomatisierten Phraseologismen den Terminus Kollokation und diese Kollokationen sind nach Burger neben Idiomen und Teil-Idiomen Unterbegriffe der nominativen Phraseologismen (Burger 2007: 38).

Wortverbindungen werden in der Printlexikografie des Deutschen umfangreich behandelt. Sie fanden sowohl in den großen einsprachigen Wörterbüchern als auch in Spezialwörterbüchern ihren Platz. „Nach wie vor fehlt für das Deutsche jedoch eine systematische Erfassung aktuell üblicher Wortverbindungen – und hier vor allem von Kollokationen -, gewonnen aus sehr großen elektronischen Textkorpora" (Steyer 2004: 88).

Nach Reder gibt es zwar im Zeitalter der hochentwickelten Computerwelt in der Linguistik viele neue Bezeichnungen, aber der ältere Terminus „Kollokation" für Wortverbindungen wird zur Zeit als Modewort angesehen (Reder 2006: 1).

1.5   Ziele und Methodik der Arbeit

In der vorliegenden Untersuchung werden die festen Wortverbindungen in der Wirtschaftssprache im Deutschen mit ihren türkischen Entsprechungen analysiert und mit Korpusdaten verglichen.

Die vorliegende Arbeit versucht dazu beizutragen, den Untersuchungs- und Methodenbereich der bisherigen kontrastiven deutsch-türkischen Phraseologieforschung zu erweitern und eine ihrer Forschungslücken auf diesem Gebiet zu schließen. Sie soll ferner zur Diskussion des Übersetzens von phraseologischen bzw. festen und gebräuchlichen Wortverbindungen, der Fragestellung der aktuellen Bestände in zweisprachigen Wörterbüchern, der Benutzung von elektronischen Korpora mit ihren Frequenz- und Kookkurrenzanalysen im Bereich der Phraseologie, Übersetzungswissenschaft, Lexikologie/Lexikografie und der fachsprachlichen kontrastiven Linguistik beitragen.

Da es weder im Deutschen noch im Türkischen phraseologische Wirtschaftswörterbücher mit dem Sprachenpaar Deutsch-Türkisch gibt, mussten neben den bisher erschienenen allgemeinen phraseologischen Wörterbüchern in beiden Sprachen auch Wörterbücher aus der Wirtschaftssprache recherchiert und auf ihren Inhalt untersucht werden, in denen jedoch im Allgemeinen lediglich Fachtermini anzutreffen waren. Feste Wortverbindungen waren in diesen Fachwörterbüchern Mangelware.

In der vorliegenden Arbeit werden zwei verschiedene Korpora einer Analyse unterzogen. Das erste Untersuchungskorpus (WB-Korpus), das dem zweisprachigen Wirtschaftswörterbuch von Kıygı[8] entnommen worden ist, besteht aus 1170 festen Wortverbindungen im Deutschen und ihren Entsprechungen im Türkischen. Wie sind die 1170 ausgewählt worden? Da die Quellenlage auf dem wirtschaftssprachlichen Gebiet in Bezug auf die Phraseologie sehr unbefriedigend ist, haben sich bei der Erstellung des Korpus große Schwierigkeiten ergeben. Es gibt bis heute kein abgesichertes Inventar wirtschaftssprachlicher Ausdrücke für das Deutsche, das konsequent auf der Basis von sehr großen Sprachkorpora erstellt worden ist. Deshalb wurde für diese Arbeit als Ausgangspunkt auf eine bereits kodifizierte Sammlung zurückgegriffen: das zweisprachige deutsch-türkische Wirtschaftswörterbuch von Kıygı als empirische Ausgangsbasis für die erste Auswahl der Wortverbindungen gewählt und vollständig geprüft. Nicht immer konnte entschieden werden, ob es sich tatsächlich um eine feste und gebräuchliche Wortverbindung handelt oder nicht. Ob diese Einheit der Allgemeinsprache oder der Wirtschaftssprache angehört, war beim Erstellen des WB-Korpus ein weiteres Problem, was sehr viel Zeit in Anspruch genommen hat. Denn obwohl das erwähnte Wörterbuch wirtschaftsspezifisch ist, enthält es sehr viele allgemeinsprachliche Einträge. Es braucht jedoch nicht hervorgehoben zu werden, dass Vollständigkeit weder angestrebt noch erreicht werden konnte.

Deshalb soll die vorliegende kontrastive Arbeit nur als ein erster Versuch einer fachsprachlichen Untersuchung phraseologischer bzw. fester Wortverbindungen im Deutschen und ihren türkischen Entsprechungen angesehen werden, die das Ziel hat, eine Forschungslücke auf diesem Gebiet zu schließen. Darüber hinaus soll sie als Material zur kontrastiven Fachsprachenforschung beider Sprachen dienen.

In einem ersten Schritt werden im 2. Kapitel 1170 deutsche feste Wortverbindungen (WB-Korpus) mit ihren türkischen Entsprechungen unter synchronischem Aspekt semantisch analysiert. Da der Äquivalenz-Begriff in der kontrastiven Untersuchung das Kernstück des Vergleichs darstellt, wurde der deutsche WB-Korpus-Teil mit seinen türkischen Entsprechungen im ersten Schritt auf der Grundlage von Äquivalenzbeziehungen wie Voll-, Teil- oder Nulläquivalenz analyziert. In der Fachliteratur sind in Bezug auf die Äquivalenz unterschiedliche Klassifikationen vorgeschlagen worden (vgl. S. 35 f.). Da jedoch das Türkische und das Deutsche verschiedenen Sprachfamilien angehören, wurde die für beide

---

8 Zur Auswahl des Wörterbuches: Das deutsch-türkische Wirtschaftswörterbuch von Kıygı ist zurzeit im Bereich ‚Wirtschaftsdeutsch und -kommunikation' das meist benutzte Wörterbuch in den Germanistikabteilungen und in den deutschsprachigen BWL-Abteilungen in der Türkei.

Sprachen am besten passendenden Äquivalenztypen ausgesucht. Dem WB-Korpus wurde die Einteilung nach Hessky, Földes und Chrissou zugrunde gelegt (Hessky 1987: 57ff.; Földes 1996: 117ff.; Chrissou 2001: 95ff.).

Durch diese Klassifizierung wird versucht, bei den deutschen und türkischen wirtschaftsprachlichen Wortverbindungen Gemeinsamkeiten und Unterschiede herauszufinden. Nach der Zuordnung in die jeweiligen Äquivalenztypen wird in einem zweiten Schritt versucht, das deutsch-türkische wirtschaftssprachliche Untersuchungsmaterial der vorliegenden Arbeit vom Deutschen ausgehend, nach Fleischers (1997: 138 ff.) Klassifikationsmöglichkeiten zu systematisieren.

Nach der klassischen Systematisierung der phraseologischen Einheiten und der Einordnung in die genannten Äquivalenztypen und Klassifikationsmöglichkeiten wird im 3. Kapitel eine korpusbasierte Vergleichsanalyse durchgeführt werden, in der die festen Wortverbindungen der vorliegenden Arbeit auf ihr aktuelles Vorkommen und ihre Häufigkeit bzw. Frequenz in der deutschen Sprache durch die korpuslinguistischen Methoden wie Frequenz- und Kookkurrenzanalyse überprüft werden. Denn, wie auch Steyer sehr treffend betont, wenn man die einschlägigen Wörterbücher und die phraseologischen Abhandlungen in Bezug auf ihr aktuelles Vorkommen betrachtet, „so gibt es mittlerweile so etwas wie ein vererbtes kollektives Beispielgedächtnis von Forschern und Lexikografen, dessen Tradierung sich teilweise über Jahrzehnte zurückverfolgen lässt: Jemand sollte doch dahin gehen", *wo der Pfeffer wächst* oder *sollte die Flinte nicht ins Korn werfen*. „Viele dieser Phraseologismen und Idiome bedürfen einer empirischen Überprüfung am aktuellen Sprachgebrauch" (Steyer 2004b: 106).

„Durch die Entwicklung der Computertechnologie und die damit einhergehenden Möglichkeiten, große elektronische Textdatenbanken in Form von Korpora aufzubauen und zu nutzen, treten diese Desiderata besonders deutlich hervor: Es eröffnet sich ein Blick auf eine sehr große Menge an Sprachdaten, was eine völlig neue Herausforderung für die Linguistik bedeutet. Es bietet sich nunmehr die Chance, anhand sehr großer Sammlungen natürlichsprachiger Texte auch solche sprachliche Verwendungsmuster und Strukturen zu erkennen, die sich bisher dem Blick der Sprachteilhaber und auch der Linguisten oft noch entzogen haben. Es bietet sich die Chance, sprachlichen Usus in einer neuen Dimension zu erfassen und zu beschreiben. Gleichwohl wird der Traum weiterhin bestehen bleiben, das gesamte System Sprache in seiner Komplexität und Vielfalt vollkommen erfassbar zu machen" (Belica/Steyer i. Dr.: 3).

Die Textkorpora des IDS sind die empirische Basis für die vorliegende linguistische Forschung[9]. Das IDS-Korpus bildet das zweite Korpus der vorliegenden Arbeit. Es ist zwar kein Fachsprachenkorpus und auch kein Korpus der Wirtschaftsdomäne, aber es ist sehr interessant, das Vorkommen der Wortverbindungen des WB-Korpus in allgemeinsprachlichen und aktuellen Korpora zu überprüfen. Denn die Korpora geschriebener Gegenwartssprache des IDS bilden mit knapp zwei Milliarden Wörtern die weltweit größte Sammlung elektronischer Korpora mit geschriebenen deutschsprachigen Texten aus der Gegenwart und der neueren Vergangenheit. Diese Texte sind über COSMAS II zugänglich, das Recherche- und Analyse-System, das speziell auf linguistische Bedürfnisse abgestimmt ist. Durch COSMAS II ist eine realitätsnahe Korpusrecherche des gegenwärtigen Sprachgebrauchs möglich. Alle Aussagen dieser Arbeit zu Festigkeit und Verwendungsspezifika der Wortverbindungen sind natürlich in Bezug auf das zu Grunde liegende IDS-Korpus zu verstehen und können nicht als Aussagen über die Sprache als Ganzes zu verstehen sein. „Auch Textkorpora – und seien sie noch so groß – stellen letztlich immer nur einen Ausschnitt, eine Stichprobe aus der Sprache dar. Die auf dieser Basis zu treffenden Aussagen sind folgerichtig nur für das zu Grunde liegende Korpus gültig" (Belica/Steyer i. Dr.: 4). Da die IDS-Korpora aber den derzeit größtmöglichen Ausschnitt aus der deutschen Gegenwartssprache darstellen, kann man bei Ergebnissen, die auf dieser Basis gewonnen und interpretiert wurden, von einer gesicherteren Usualität ausgehen.

Da wir für das Türkische keine mit dem deutschen Referenzkorpus (IDS-Korpora) vergleichbare elektronische Textkorpora mit geschriebenen türkischsprachigen Texten aus der Gegenwart und der neueren Vergangenheit vorweisen können, ist unser Ausgangspunkt die deutsche Sprache. Bei der Zielsetzung wurden in erster Linie die 1170 usuellen Wortverbindungen in der deutschen Sprache mit den türkischen Entsprechungen als Gegenstand der vorliegenden kontrastiven Untersuchung berücksichtigt. Allerdings konnte dem ‚Wortschatz Leipzig'[10], wenn auch in geringem Maße, einige Beispiele aus dem Türkischen entnommen und der kontrastiven Untersuchung hinzugefügt werden.

---

9 Das Projekt DEUTSCHE REFERENZKORPUS (DEREKO I) begann 1999 am IDS mit den Kooperationspartnern *Institut für Maschinelle Sprachverarbeitung* (IMS) der Universität Stuttgart und *Seminar für Sprachwissenschaft* (SfS) der Universität Tübingen, deren Projektzeitraum im Januar 2002 endete. „Ziel war, die deutsche Gegenwartssprache (von 1956 bis Ende 2001) möglichst breit und der Sprachwirklichkeit angemessen zu repräsentieren, mit modernen korpuslinguistischen Verfahren aufzubereiten und der Wissenschaft zu Verfügung zu stellen. Das Projekt war in die Gesamtvorhaben der Arbeitsgruppe für Korpustechnologie des IDS eingebunden, schloss unmittelbar an die Korpusakquisitionsarbeiten des IDS in den vergangenen Jahren an und nutzte die Ressourcen innerhalb des IDS (vgl. http: www.ids-mannheim.de/kl/projekte/dereko_I/).

10 vgl. http://corpora.informatik.uni-leipzig.de

2. Kontrastive Analyse von Äquivalenzphänomenen auf der Basis des Wörterbuch-Inventars

2.1 Äquivalenztypen und morphologisch-syntaktische Klassifikation

Da im Bereich der kontrastiven Phraseologieforschung sehr häufig Übersetzungsprobleme auftauchen, beschäftigen sich die meisten Arbeiten mit dem Äquivalenzgrad der Phraseologismen. Daher stellt der Äquivalenz-Begriff in der kontrastiven Untersuchung das Kernstück des Vergleichs dar. In der Fachliteratur sind in Bezug auf die Äquivalenz unterschiedliche Klassifikationen vorgeschlagen worden (vgl. Kammer 1985; Hessky 1987: 57ff.; 95ff.; Dobrovol'skij 1988: 58 ff.; Korhonen 1991; Arntz 1994: 301; Földes 1996: 118 ff.; Korhonen/Wotjak 2001; Chrissou 2001: 93 ff.; Koller 2007: 605 f.). Obwohl wörtliche Entsprechungen sehr oft eine Hilfestellung und Erleichterung anbieten, zeigen die phraseologischen Entsprechungen gewisse semantische Abweichungen oder Konnotationen. Für die Einordnung des deutsch-türkischen Korpus wurde dieser Arbeit folgende Einteilung zugrunde gelegt (Hessky 1987: 57ff.; Földes 1996[11]: 117ff.; Chrissou 2001: 95ff.):

1) phraseologische Einheiten mit vollständiger Äquivalenz in Semantik und Lexik (Volläquivalenz)
2) Einheiten mit partieller Äquivalenz (Teiläquivalenz) und
3) Einheiten ohne phraseologisches Äquivalent in der anderen Sprache (Nulläquivalenz).

Die usuellen Wortverbindungen im Deutschen werden im ersten Schritt anhand der Äquivalenztypologien mit ihren türkischen Entsprechungen veranschaulicht.

Nach der Zuordnung in die jeweiligen Äquivalenztypen wird im zweiten Schritt versucht, das wirtschaftssprachliche Untersuchungsmaterial der vorliegenden Arbeit, vom Deutschen ausgehend, in Anlehnung an Fleischers morphologisch-syntaktischen Klassifikationsmöglichkeiten zu systematisieren (Fleischer 1997: 138 ff.; vgl. Duhme 1991: 101 ff.). Dieser Arbeit wurden folgende Klassifikationen der substantivischen und verbalen Phraseologismen zugrunde gelegt:

---

11 Földes lehnt sich in seiner Untersuchung teilweise an die Arbeiten von Eckert (1979: 77ff.) und Rajchštein (1979: 4f.) an.

I. Substantivische Phraseologismen

1. adjektivisches Attribut + Substantiv
   a) reines Adjektiv + Substantiv
   b) Strukturvarianten mit Bildung des Partizip in adjektivischer Funktion + Substantiv
2. Substantiv + substantivisches Attribut im Genitiv
3. Substantiv + präpositionales Attribut bzw. präpositionale Entsprechung
4. Kompositum
5. Substantivisches Wortpaar
6. einfaches Substantiv

II. Verbale Phraseologismen

1. Substantiv + Verb
2. adjektivisch-attributiv erweitertes Substantiv
3. Erweiterung des Substantivs oder der Verbalkomponente durch attributive Präposition
4. Substantiv mit Präposition bzw. präpositionaler Entsprechung, zum Teil attributiv erweitert

Da das Deutsche und das Türkische verschiedenen Sprachfamilien angehören, gab es jedoch bei der morphologisch-syntaktischen Klassifikation der usuellen Wortverbindungen einige Probleme, sodass Fleischers Klassifikationsgruppen etwas verändert werden mussten, um eine realitätsnahe kontrastive Untersuchung durchführen zu können. In der vorliegenden Arbeit wurden bei der Erstellung des Korpus auch die deutschen Komposita miteinbezogen, sodass die Kategorie „Kompositum" bei den substantivischen Phraseologismen hinzugefügt werden musste (vgl. Duhme 1991). Eine ebenfalls neue Gruppe bilden in dieser Kategorie die „einfachen Substantive", weil es bei den türkischen Entsprechungen auch diese Wortgruppe zu beobachten gab. Auch bei den Bildungen mit Präposition musste eine kleine Veränderung durchgeführt werden. Bei diesen Bildungen wurde „bzw. mit präpositionaler Entsprechung" hinzugefügt werden. Ferner musste bei den substantivischen phraseologischen Wortverbindungen die Gruppe „Substantiv + Substantiv ohne Flexion" (Fleischer 1997: 142 ff.), bei den verbalen phraseologischen Einheiten dagegen die Klassifikationen „substantivisches Wortpaar" und

„substantivisches Wortpaar mit Präposition" weggelassen werden (vgl. Fleischer 1997: 154 ff.). Da es in der türkischen Sprache keine Artikel gibt, wurden die Angaben „ ... mit oder ohne Artikel" ebenfalls weggelassen.

Im Folgenden soll auf einige strukturelle Probleme der jeweiligen deutschen und türkischen Wortverbindungen hingewiesen werden, die auch bei der Klassifikation zu Schwierigkeiten geführt haben. Bei den türkischen Komposita gibt es in der Orthografie keine Einigkeit und die Grenzen sind sehr fließend (vgl. Banguoğlu 2007: 296). Da es in diesem Bereich keine festen Regeln gibt, stützt man sich in den meisten Fällen auf das Sprachgefühl (Zülfikar 1991: 166; Kahramantürk 1999: 165; vgl. Aktaş 2008: 76). Wenn wir als Beispiele uns die festen Wortverbindungen mit *açık* (offen), *kara* (schwarz) und *dar* (schmal, eng) ansehen, sehen wir, wie sich die Schreibweise der Wortverbindungen jeweils ändert: *açık çek* (offener Scheck) ist nach Angaben der türkischen Sprachgesellschaft (Türkçe Sözlük 2005: 11) zu einem Begriff geworden, wird zwar als ein Kompositum angegeben, aber getrennt geschrieben. Ebenso ist es bei dem türkischen Begriff *kara para* (Schwarzgeld), der im Türkischen auch ein Kompositum ist und getrennt geschrieben wird (Türkçe Sözlük 2005: 1080). Bei den Beispielen *darboğaz* (Engpass) und *karaborsa* (Schwarzmarkt) handelt es sich ebenfalls um Komposita, diese werden jedoch zusammen geschrieben, da sie aus dem Adjektiv *dar* und dem Substantiv *boğaz* bzw. dem Adjektiv *kara* und dem Substantiv *borsa* zusammengeschmolzen sind (Türkçe Sözlük 2005: 474, 1075). Ferner können u.a. die Verbindungen mit *açık*, *kara* und *dar* auch als Adjektiv + Substantiv definiert werden wie z.B. *açık vade* (offene Frist), *açık kalem* (offener Posten), *kara sermaye* (schwarzes Kapital), *dar para* (knappes Geld), *dar kredi* (knapper Kredit).

- *açık çek* (Kompositum)
- *açık kalem* (Adjektiv + Substantiv)
- *açık vade* (Adjektiv + Substantiv)
- *karaborsa* (Kompositum)
- *kara para* (Kompositum)
- *kara sermaye* (Adjektiv + Substantiv)
- *dar para* (Adjektiv + Substantiv)
- *dar kredi* (Adjektiv + Substantiv)
- *darboğaz* (Kompositum)

Ein weiteres Problem ist bei den substantivischen und verbalen Gruppen vorhanden, in denen präpositionale Bestandteile im Deutschen zu beobachten sind, denn in der türkischen Sprache gibt es in dem Sinne keine Präpositionen. Die Funktion der deutschen Präpositionen übernehmen in der Regel Postpositionen oder unterschiedliche Kasusformen im Türkischen, die am Ende des Wortes angehängt werden (Aygün 2006: 120). Diese erscheinen entweder im Dativ wie z.b. *bankaya hücüm* (Ansturm auf eine Bank), im Lokativ wie z.b. *borsada kapanış fiyatı* (Abschlusskurs an der Börse) oder aber auch sehr oft im Ablativ wie z. B. *ikinci elden satın alma* (Kauf aus zweiter Hand):

- *bankaya hücüm* (Dativ) - *Ansturm auf eine Bank*
- *emekliliğe ayrılmak* (Dativ) – *in den Ruhestand treten*
- *kotasyona tahsis etmek* (Dativ) - *zur Notierung zulassen*
- *borsada kapanış fiyatı* (Lokativ) - *Abschlusskurs an der Börse*
- *kaynakta vergilemek* (Lokativ) – *an der Quelle besteuern*
- *açık denizde* (Lokativ) – *auf offener See*
- *sıfırdan başlamak* (Ablativ) – *bei Null anfangen*
- *evden eve* (Ablativ) – *von Haus zu Haus*
- *tavandan satın alma* (Ablativ) – *Kauf auf Hausse*
- *ikinci elden satın alma* (Ablativ)– *Kauf aus zweiter Hand*

Ferner gibt es in den türkischen Wiedergaben feste Wortverbindungen, die entweder im Dativ, Lokativ oder Ablatif stehen, in der deutschen Entsprechung jedoch keine Präposition bei sich haben, sodass diese dann in völlig verschiedenen Gruppen zu klassifizieren sind. Demzufolge werden sich die Zahlenangaben der jeweiligen substantivischen und verbalen Gruppen folglich ändern:

- *piyasaya girme* (Dativ) – *Marktdurchdringung*
- *satışlarda canlanma* (Lokativ) - *Absatzbelebung*
- *çeşitli gruplardan örnek* (Ablatif) – *gewogene Auswahl*

Wenn auch selten, werden Präpositionen im Türkischen gelegentlich auch durch Wortbildungssuffixe wiedergegeben wie z.B.:

- *astarlı zarf* - *wattierter/gefütterter Umschlag* (wörtl. 'Umschlag *mit* Futter')
- *örtülü tanıtım* - *Schleichwerbung* (wörtl. 'gedeckte bzw. Werbung *mit* Deckung')
- *karşılıksız kredi* - *ungedeckter Kredit* (wörtl. 'Kredit *ohne* Deckung').

Es gibt aber auch Fälle, in denen Postpositionen, die Funktion der deutschen Präpositionen übernehmen können wie z.B. *yuvarlak rakamlarla* (mit runden Zahlen)
(http://www.uni-essen.de/yaziwerkstatt/praeposition/praeposition.htm):

> *yuvarlak rakamlarla* – *mit runden Zahlen*
> *pozitif bilançoyla çalışmak* – *mit schwarzen Zahlen arbeiten*
> *mavnalarla boşaltma* - *Löschung durch Leichter*

Im Folgenden werden im ersten Schritt die 1170 usuellen Wortverbindungen, die
als Korpus der vorliegenden Arbeit erstellt wurden, mit ihren türkischen Entsprechungen den oben genannten Äquivalenztypen zugeordnet. Bei den Äquivalenztypen mit partieller Äquivalenz werden auch die wortwörtlichen Inhalte bzw.
Wiedergaben der türkischen Entsprechungen angegeben, um die Äquivalenz dem
deutschen Leser verständlicher zu machen. Wie schon betont, wird im zweiten
Schritt versucht, die usuellen Wortverbindungen der jeweiligen Äquivalenztypen
sowohl im Deutschen als auch im Türkischen in Anlehnung an Fleischers morphologisch-syntaktischen Klassifikationsmöglichkeiten zu systematisieren (Fleischer 1997: 138 ff.; vgl. Duhme 1991: 101 ff.).

2.1.1 Wortverbindungen mit vollständiger Äquivalenz (Volläquivalenz)

Die usuellen Wortverbindungen dieser Gruppe bereiten bei der Übersetzung keine
besonderen Schwierigkeiten, da sie in beiden Sprachen lexikalisch und semantisch
identisch sind, wie z.B. *unter der Hand verkaufen* im Deutschen mit der Bedeutung 'heimlich und unter Missachtung geltender Regeln verkaufen' (Duden 2007:
751). Bei diesem Phraseologismus besteht zur türkischen Entsprechung *el altından satmak* eine weitgehend totale Äquivalenz in Semantik und Lexik. Ein weiteres Beispiel zu dieser Kategorie zählt das Beispiel *aus erster Hand* ‚vom ersten
Besitzer' (Duden 2002: 322) mit der gleichen türkischen Entsprechung *birinci
elden*. Vom ersten Besitzer bedeutet, dass etwas neu und somit ungebraucht ist.
Ebenfalls zu dieser Gruppe gehört der Phraseologismus *im/in Geld schwimmen*
'sehr viel Geld, Geld im Überfluss haben' (Duden 2002: 268); im Türkischen gibt
es auch den Phraseologismus *para içinde yüzmek* mit dem gleichen Inhalt. *Geldwäsche* ist im Deutschen ein Phraseologismus mit dem semantischen Inhalt ‚das
Umwandeln von Geldern illegaler Herkunft, in offiziell registrierte Zahlungsmittel' (Duden 2007: 664), der mit der türkischen Entsprechung *para yıkama*[12] in

---

12 Als türkische Wiedergabe für *Geldwäsche* bzw. *Geld waschen* gibt es auch die phraseologische
  Wortverbindung *kara para aklamak* mit dem gleichen semantischen Inhalt. Dieser ist jedoch
  im Korpus nicht als türkische Entsprechung angegeben.

dieser Kategorie seinen Platz einnimmt. Auch bei der festen Wortverbindung *dunkle Geschäfte* ‚Machenschaften' (Wahrig 2000: 371) im Deutschen ist die türkische Entsprechung *karanlık işler* sowohl semantisch als auch lexikalisch identisch. Die feste Wortverbindung *Hand aufhalten* mit der Bedeutung ‚für Trinkgelder, finanzielle Zuwendungen sehr empfindlich sein' (Duden 2002: 318) ist mit dem türkischen *el açmak* inhaltlich und lexikalisch gleich. Auch wenn man den deutschen Begriff *Kapitalflucht* mit dem semantischen Inhalt ‚Verbringen von Kapital ins Ausland, z.B. bei politischer Instabilität und ungünstigen Steuergesetzen' (Duden 2007: 928) ins Türkische übertragen möchte, findet man folgende total äquivalente Entsprechung: *sermaye kaçışı*. Die usuelle Wortverbindung *in letzter Minute* ‚gerade noch rechtzeitig' (Duden 2002: 518) ist auch in dieser Gruppe zu sehen: *son dakikada*. Die phraseologische Wortverbindung *eingefrorener Kredit* ist im Deutschen folgenderweise zu definieren: ‚Kredit, der am Fälligkeitstag nicht zurückgezahlt werden kann' (Wahrig 2000: 390) und entspricht vollkommen der türkischen Wortverbindung *dondurulmuş kredi* in semantischer und lexikalischer Hinsicht. Als letztes Beispiel zu diesem Äquivalenztypen lässt sich folgendes Beispiel aus dem Deutschen nennen: *flüssiges Geld* mit dem semantischen Inhalt ‚Bargeld bzw. verfügbares Geld' (Duden 2007: 663) und der türkischen Entsprechung *likit para*.

2.1.1.1 Inventar der Wortverbindungen mit vollständiger Äquivalenz

usuelle Wortverbindungen im Deutschen	usuelle Wortverbindungen im Türkischen
Abfluss von Geld	para akışı
Abkühlung der Konjunktur	konjonktürün soğuması
Absatzbarometer	satış barometresi
Absatzkanal	satış kanalı
Abwanderung von Kapital	sermaye göçü
Aktienkapital verwässern	hissedarlar sermayesini sulandırmak
an der Quelle besteuern	kaynakta vergilemek
Angebotselastizität	arz elastikliği
Ansturm auf eine Bank	bankaya hücüm
arbeitendes Kapital	çalışan sermaye
Arbeitsfluss	iş akışı
attraktives Angebot	cazip teklif
auf eigene Rechnung	kendi hesabına
aus erster Hand	birinci elden
aus erster Hand kaufen	birinci elden almak
aus zweiter Hand	ikinci elden

aus zweiter Hand kaufen	ikinci elden almak
Baissemarkt (Bärenmarkt)	ayı piyasası
bei Null anfangen	sıfırdan başlamak
bewegliche Ladung	hareketli kargo
billiges Geld	ucuz para
Blankoscheck	blanko çek
Blitzumfrage	yıldırım anket
Bodendienst	yer hizmeti
Börsenorgane	borsa organları
Börsenparkett	borsa parkesi
bürgerliche Früchte	medeni semere
Dachorganisation	çatı örgütü
dehnbare Grenze	esnek limit
den Markt versorgen	piyasayı beslemek
dunkle Geschäfte	karanlık işler
eingefrorene Forderungen	dondurulmuş alacaklar
eingefrorene Guthaben	dondurulmuş aktifler
eingefrorener Kredit	dondurulmuş kredi
eingefrorener Preis	dondurulmuş fiyat
Einzelhandelskette	perakendeci zinciri
Elastizität des Angebots	arzın elastikliği
Elastizität der Nachfrage	talebin elastikliği
faule Schulden	çürük borçlar
fauler Kunde	çürük müşteri
fauler Wechsel	çürük senet
feste Börse	sağlam borsa
Festkapital	sabit sermaye
finanzielle Quelle	mali kaynak
flüssige Guthaben	likit aktifler
flüssige Reserven	likit kaynaklar
flüssige Vermögenswerte	likit varlıklar
flüssiger Geldmarkt	likit para piyasası
flüssiges Geld	likit para
flüssiges Kapital	likit sermaye
Flüssigkeitsgrad	likidite derecesi
freier Aktionär	serbest aksiyoner
freier Kapitalmarkt	serbest sermaye piyasası
galoppierende Inflation	dörtnala enflasyon
gebundener Kredit	bağlı kredi
gebundenes Kapital	bağlanmış sermaye
Geld binden	para bağlamak

Geld verlieren	para kaybetmek
Geld waschen	para yıkamak
Geldakkord	para akordu
Geldquelle	para kaynağı
Geldstrom	para akımı
Geldwäsche	para yıkama
gesättigter Markt	doymuş piyasa/pazar
Geschäftswelt	iş dünyası
Geschäftszweig	iş dalı
Gesetz der großen Zahlen	Büyük Sayılar Kanunu
gesperrtes Geld	bloke para
Gleichgewichtspreis	denge fiyatı
Glockenkurve	çan eğrisi
Goldader	altın damar
gutes Geld wird von schlechtem Geld verdrängt	kötü para iyi parayı kovar
gutes Geschäft machen	iyi iş yapmak
Hand aufhalten	el açmak
Handelskrieg	ticaret savaşı
Handelszweig	ticaret dalı
harmonischer Mittelwert	harmonischer Mittelwert
hartes Geld	katı para
Hartgeld	katı para
im/in Geld schwimmen	para içinde yüzmek
in letzter Minute	son dakikada
in runden Zahlen	yuvarlak rakamlarla
Inflation dämpfen	enflasyonu bastırmak
Inflation drosseln	enflasyonu azaltmak
Inflationsventil	enflasyon supabı
Inflationswelle	enflasyon dalgası
Informationsnetz	enformasyon ağı
Investitionskette	yatırımlar zinciri
Jagd nach Führungspersonal	yönetici avı
Kapital aufzehren	sermayeyi yemek
Kapital binden	sermayeyi bağlamak
Kapital und Rücklagen	sermaye ve ihtiyatlar
Kapital verwässern	sermayeyi sulandırmak
Kapitalabfluss	sermaye akışı
Kapitalabwanderung	sermaye göçü
Kapitalbewegungen	sermaye hareketleri
Kapitalbindung	sermayeyi bağlama

Kapitalexport	sermaye ihracatı
Kapitalflucht	sermaye kaçışı
Kapitalquelle	sermaye kaynağı
Kapitalstrom	sermaye akımı
Kapitalverwässerung	sermaye sulandırma
Karriereleiter	kariyer merdiveni
Kauf aus zweiter Hand	ikinci elden satın alma
Käuferansturm	müşterilerin saldırısı
Kaufwelle	alım dalgası
Konkurrenz anschwärzen	rakipleri karalama
Kontrollorgan	kontrol organı
Kopfgeld	kafa parası
Kopfjäger	kafa avcısı
Kosten-Erlös-Schere	maliyet kâr makası
Kostenexplosion	maliyet patlaması
Kostenfluss	maliyet akımı
Kosten-Preis-Schere	maliyet fiyat makası
Kostenschere	maliyet makası
Kredit eröffnen	kredi açmak
Kredit sperren	krediyi bloke etmek
Kreditinstrument	kredi enstrümanı
Kreditkette	kredi zinciri
Kreditklemme	kredi sıkışıklığı
Kreditquelle	kredi kaynağı
Kreditstrom	kredi akımı
Kreislauf des Geldes	para dolaşımı
Kreuzelastizität der Nachfrage	talebin çapraz elastikliği
Kreuzelastizität des Angebots	arzın çapraz elastikliği
Kreuzwechselkurs	çapraz kambiyo kuru
Kundenansturm	müşteri saldırısı
Ladenkette	mağazalar zinciri
lebendes Inventar	canlı envanteri
Lebenskampf	hayat mücadelesi
logistische Kurve	lojistik eğrisi
Marktbarometer	piyasa barometresi
Marktbelebung	piyasanın canlanması
Marktlücke	piyasa boşluğu
Marktnische	pazar aralığı
Marktpflege	piyasa bakımı
Marktsättigung	piyasanın doyması
Materialfluss	malzeme akışı

Matrixorganisation	matris örgütlenme
menschlisches Kapital	beşeri sermaye
mit Kapital ausstatten	sermaye ile donatmak
mörderische Konkurrenz	öldürücü rekabet
Mutterbank	ana banka
Muttergesellschaft	ana şirket
Nachfrage befriedigen	talebi tatmin etmek
Nachfrage beleben	talebi canlandırmak
Nachfrage schaffen	talep yaratmak
Nachfrageelastizität	talep elastikliği
Nachfragespitze	talep zirvesi
Nachfrageweckung	talep uyandırması
neutrales Geld	nötr para
offene Deckung	açık kuvertür
offene Police	açık poliçe
offene Rechnung	açık hesap
offene Reserven	açık ihtiyatlar
offener Kredit	açık kredi
offener Markt	açık pazar
offener Scheck	açık çek
offener Wechsel	açık poliçe
offenes Konto	açık hesap
Öldollar	petro dolar
Pleitewelle	iflas dalgası
Politik der offenen Tür	açık kapı politikası
Politk des billigen Geldes	ucuz para politikası
Preisbarometer	fiyat barometresi
Preisbrecher	fiyat kırıcı
Preise binden	fiyatları bağlamak
Preise einfrieren	fiyatları dondurmak
Preise freigeben	fiyatları serbest bırakmak
Preise stoppen	fiyatları durdurmak
Preiselastizität	fiyat elastikliği
Preiselastizität der Nachfrage	talebin fiyat elastikliği
Preisgrenze	fiyat sınırı
Preiskampf	fiyat mücadelesi
Preis-Kosten-Schere	fiyat maliyet makası
Preiskrieg	fiyat savaşı
Produktionsfluss	üretim akışı
produktives Kapital	üretken sermaye
sauberes Floaten	temiz dalgalanma

Schattenpreis	gölge fiyat
schlechtes Geld	kötü para
schleichende Inflation	sürünen enflasyon
Schmuggelware	kaçak mal
schwarzes Geld	kara para
Schwarzgeld	kara para
spürbare Erhöhung	hissedilir yükseliş
Streikbrecher	grev kırıcı
Teuerungswelle	pahalılık dalgası
teures Geld	pahalı para
tote Fracht	ölü yük
totes Kapital	ölü sermaye
totes Konto	ölü hesap
Trennungsgeld	ayrılık parası
umlaufendes Vermögen	dönen varlıklar
Umlaufkapital	döner sermaye
unsichtbare Hand	görünmez el
unter der Hand verkaufen	el altından satmak
verbundene Nachfrage	bağlı talep
verlockendes Angebot	cazip teklif
Verlustquelle	zarar kaynağı
Vermögensaufzehrung	varlık tüketimi
Vermögensverzehr	varlık tüketimi
Versicherungszweig	sigorta dalı
verwässertes Grundkapital	sulandırılmış ana sermaye
verwässertes Kapital	sulandırılmış sermaye
von Haus zu Haus	evden eve
wachsende Nachfrage	büyüyen talep
wachsende Wirtschaft	büyüyen ekonomi
weißer Scheck	blanko çek
wirtschaftliche Abkühlung	ekonomik soğukluk
wirtschaftliche Macht	ekonomik güç
Wirtschaftsgipfel	ekonomi zirvesi
Wirtschaftskrieg	ekonomik savaş
Witterung aufnehmen	kokusunu almak
Zentralorgan	merkez organ

2.1.1.2 Morphologisch-syntaktische Klassifikation der Wortverbindungen im Deutschen

Die morphologisch-syntaktische Untersuchungsebene beschäftigt sich in der vorliegenden Arbeit mit einer Klassifikation der usuellen Wortverbindungen nach den jeweiligen Wortarten, substantivische und verbale phraseologische Einheiten sowie mit der Beschreibung syntaktischer Strukturen wie z.B. attributive Erweiterungen und Konstruktionsweisen (vgl. Fleischer 1997: 138 ff.; Duhme 1991: 74).

2.1.1.2.1 Substantivische Wortverbindungen

Von insgesamt 215 usuellen Wortverbindungen in dieser Äquivalenzgruppe konnten 184 substantivische Strukturen erfasst werden. Substantivische Strukturen weisen als Kernwort[13] immer ein Substantiv auf (Fleischer 1997: 142).

1) adjektivisches Attribut + Substantiv

Mit dieser Struktur sind insgesamt 66 phraseologische Verbindungen zu verzeichnen.

a) mit reinem Adjektiv

In dieser Gruppe befinden sich insgesamt 47 usuelle Wortverbindungen mit der Struktur reines „Adjektiv + Substantiv". Wie auch Duhme zu der deutschen Wirtschaftssprache bemerkt, kommt diese Bildungsart sehr häufig vor und diese phraseologischen Einheiten bilden einen zentralen Bereich dieser Fachsprache (Duhme 1991: 104). Folgende Belege sind zu verzeichnen: attraktives Angebot, bewegliche Ladung, billiges Geld, bürgerliche Früchte, dehnbare Grenze, dunkle Geschäfte, faule Schulden, fauler Kunde, fauler Wechsel, feste Börse, finanzielle Quelle, flüssige Guthaben, flüssige Reserven, flüssige Vermögenswerte, flüssiger Geldmarkt, flüssiges Geld, flüssiges Kapital, freier Aktionär, freier Kapitalmarkt, harmonischer Mittelwert, hartes Geld, logistische Kurve, menschliches Kapital, mörderische Konkurrenz, neutrales Geld, offene Deckung, offene Police, offene Reserven, offener Kredit, offener Markt, offene Rechnung, offener Scheck, offener Wechsel, offenes Konto, produktives Kapital, sauberes Floaten, schlechtes Geld, schwarzes Geld, spürbare Erhöhung, teures Geld, tote Fracht, totes Kapital, totes Konto, unsichtbare Hand, weißer Scheck, wirtschaftliche Abkühlung, wirtschaftliche Macht.

---

13 vgl. auch Klappenbach 1961: 452ff.

b) Strukturvarianten mit Bildung des Partizips in adjektivischer Funktion

In dieser Gruppe handelt es sich um Substantive, die mit einem Partizip in adjektivischer Funktion verbunden sind. Mit dieser Struktur befinden sich 19 verschiedene usuelle Wortverbindungen: arbeitendes Kapital, eingefrorene Forderungen, eingefrorene Guthaben, eingefrorener Kredit, eingefrorener Preis, galoppierende Inflation, gebundener Kredit, gebundenes Kapital, gesättigter Markt, gesperrtes Geld, lebendes Inventar, schleichende Inflation, umlaufendes Vermögen, verbundene Nachfrage, verlockendes Angebot, verwässertes Grundkapital, verwässertes Kapital, wachsende Nachfrage, wachsende Wirtschaft.

2) Substantiv + substantivisches Attribut im Genitiv

Nach Duhme kann dieser Typ in der Wirtschaftssprache in zwei Fällen belegt werden, aus dem Bereich der Allgemeinsprache oder der Wirtschaftssprache: Beispiele aus der Allgemeinssprache sind z.B. *die Stunde der Wahrheit, Tag der deutschen Einheit*. Beispiele aus der Wirtschaftssprache sind u.a. *Ende der Laufzeit, Kenner der Steuermaterie*. Ferner sind in dieser Kategorie Beispiele mit attributiver Erweiterung der ersten oder zweiten Komponente wie z.B. *Tag der offenen Tür, freies Spiel der Kräfte* (Duhme 1991: 105). Mit dieser Struktur sind folgende 10 Beispiele vorzuweisen: Abkühlung der Konjunktur, Elastizität des Angebots, Elastizität der Nachfrage, Gesetz der großen Zahlen, Kreislauf des Geldes, Kreuzelastizität der Nachfrage, Kreuzelastizität des Angebots, Politik der offenen Tür, Politik des billigen Geldes, Preiselastizität der Nachfrage.

3) Substantiv + präpositionales Attribut bzw. präpositionale Entsprechung

In dieser Gruppe handelt es sich um feste Wortverbindungen entweder mit zwei substantivischen Komponenten, die durch eine Präposition verbunden werden wie z.B. *der Mann auf der Straße, der Bund fürs Leben* (Fleischer 1997: 145) oder es handelt sich um ein Substantiv, das mit einer präpositionalen Fügung erweitert wird wie z.B. *aus erster Hand, in runden Zahlen*. Diese Gruppe besteht aus 11 usuellen Wortverbindungen mit dieser Struktur: Abfluss von Geld, Abwanderung von Kapital, Ansturm auf eine Bank, auf eigene Rechnung, aus erster Hand, aus zweiter Hand, in letzter Minute, in runden Zahlen, Jagd nach Führungspersonal, Kauf aus zweiter Hand, von Haus zu Haus.

4) Kompositum

Von insgesamt 184 substantivischen usuellen Wortverbindungen bestehen mit dieser morphologischen Struktur 96 feste Wortverbindungen: Absatzbarometer, Absatzkanal, Angebotselastizität, Arbeitsfluss, Baissemarkt, Blankoscheck, Blitzumfrage, Bodendienst, Börsenorgane, Börsenparkett, Dachorganisation, Einzelhandelskette, Festkapital, Flüssigkeitsgrad, Geldakkord, Geldquelle, Geldstrom, Geldwäsche, Geschäftswelt, Geschäftszweig, Gleichgewichtspreis, Glockenkurve, Goldader, Handelskrieg, Handelszweig, Hartgeld, Inflationsventil, Inflationswelle, Informationsnetz, Investitionskette, Kapitalabfluss, Kapitalabwanderung, Kapitalbewegungen, Kapitalbindung, Kapitalexport, Kapitalflucht, Kapitalquelle, Kapitalstrom, Kapitalverwässerung, Karriereleiter, Käuferansturm, Kaufwelle, Kontrollorgan, Kopfgeld, Kopfjäger, Kosten-Erlös-Schere, Kostenexplosion, Kostenfluss, Kosten-Preis-Schere, Kostenschere, Kreditinstrument, Kreditkette, Kreditklemme, Kreditquelle, Kreditstrom, Kreuzwechselkurs, Kundenansturm, Ladenkette, Lebenskampf, Marktbarometer, Marktbelebung, Marktlücke, Marktnische, Marktpflege, Marktsättigung, Materialfluss, Matrixorganisation, Mutterbank, Muttergesellschaft, Nachfrageelastizität, Nachfragespitze, Nachfrageweckung, Öldollar, Pleitewelle, Preisbarometer, Preisbrecher, Preiselastizität, Preisgrenze, Preiskampf, Preis-Kosten-Schere, Preiskrieg, Produktionsfluss, Schattenpreis, Schmuggelware, Schwarzgeld, Streikbrecher, Teuerungswelle, Trennungsgeld, Umlaufkapital, Verlustquelle, Vermögensaufzehrung, Vermögensverzehr, Versicherungszweig, Wirtschaftsgipfel, Wirtschaftskrieg, Zentralorgan.

5) Substantivisches Wortpaar

Als substantivisches Wortpaar konnte lediglich folgendes Beispiel verzeichnet werden: Kapital und Rücklagen.

6) einfaches Substantiv

Zu dieser Kategorie gibt es im Deutschen keine Beispiele.

2.1.1.2.2 Verbale Wortverbindungen

Verbale Phraseologismen bilden diejenige Gruppe von Wortverbindungen, die als obligatorische Komponente ein Verb aufweisen, wobei vielfältige Kombinationsmöglichkeiten mit anderen Wortarten, insbesondere mit Substantiven, in Erscheinung treten (Fleischer 1997: 154 ff.).

Die verbalen Wortverbindungen dieser Äquivalenzgruppe sind in der Minderheit, denn lediglich 31 von insgesamt 215 usuellen Wortverbindungen sind mit dieser Struktur zu beobachten.

1) Substantiv + Verb

Auch diese Gruppe weist einen geringen Bestand auf. Mit folgenden 22 usuellen Wortverbindungen ist die Gruppe „Substantiv + Verb" vertreten: Aktienkapital verwässern, den Markt versorgen, Geld binden, Geld verlieren, Geld waschen, Hand aufhalten, Inflation dämpfen, Inflation drosseln, Kapital aufzehren, Kapital binden, Kapital verwässern, Konkurrenz anschwärzen, Kredit eröffnen, Kredit sperren, Nachfrage befriedigen, Nachfrage beleben, Nachfrage schaffen, Preise binden, Preise einfrieren, Preise freigeben, Preise stoppen, Witterung aufnehmen.

2) Adjektivisch-attributiv erweitertes Substantiv

Mit dieser Struktur ist lediglich eine feste Wortverbindung zu verzeichnen: gutes Geschäft machen.

3) Erweiterung des Substantivs oder der Verbalkomponente durch attributive Präpositionalgruppe

In dieser Gruppe ist ebenfalls nur eine phraseologische Wortverbindung zu beobachten: gutes Geld wird von schlechtem Geld verdrängt.

4) Substantiv mit Präposition bzw. präpositionaler Entsprechung, zum Teil attributiv erweitert

Dieser Typ konnte in folgenden 7 Fällen belegt werden: an der Quelle besteuern, aus erster Hand kaufen, aus zweiter Hand kaufen, bei Null anfangen, im/in Geld schwimmen, mit Kapital ausstatten, unter der Hand verkaufen.

Das Ergebnis der substantivischen Wortverbindungen im Deutschen ist wie folgt:

Substantivische Wortverbindungen im Deutschen	
1. adjektivisches Attribut + Substantiv	
a) mit reinem Adjektiv	47
b) Strukturvarianten mit Bildung des Partizips in adjektivischer Funktion	19
2. Substantiv + substantivisches Attribut im Genitiv	10
3. Substantiv + präpositionales Attribut bzw. präpositionale Entsprechung	11
4. Kompositum	96
5. substantivisches Wortpaar	1
6. einfaches Substantiv	-
insgesamt	184

Im Folgenden ist das Ergebnis der verbalen Wortverbindungen im Deutschen zusammengestellt:

Verbale Wortverbindungen im Deutschen	
1. Substantiv + Verb	22
2. adjektivisch-attributiv erweitertes Substantiv	1
3. Erweiterung des Substantivs oder der Verbalkomponente durch attributive Präpositionalgruppe	1
4. Substantiv mit Präposition bzw. präpositionaler Entsprechung, zum Teil attributiv erweitert	7
Insgesamt	31

Von insgesamt 1170 usuellen Wortverbindungen konnten 215 als Phraseologismen mit vollständiger Äquivalenz in Semantik und Lexik klassifiziert werden. Von 215 phraseologischen Einheiten konnten 31 als verbale und 184 als substantivische usuelle Wortverbindungen im Deutschen definiert werden. Bei den substantivischen Bildungen sind die Komposita mit 96 Beispielen am meisten vertreten. An zweiter Stelle liegen mit 47 Fällen die usuellen Wortverbindungen mit der Struktur „reines Adjektiv + Substantiv".

Im Folgenden sind die Ergebnisse der substantivischen und verbalen usuellen Wortverbindungen im Deutschen dargestellt.

Substantivische usuelle Wortverbindungen im Deutschen	184
Verbale usuelle Wortverbindungen im Deutschen	31
Insgesamt	215

2.1.1.3 Morphologisch-syntaktische Klassifikation der Wortverbindungen im Türkischen

2.1.1.3.1 Substantivische Wortverbindungen

Auch im Türkischen kann man substantivische feste Wortverbindungen als solche klassifizieren, wenn sie als Kernwort eine substantivische Komponente aufweisen, aber kein Verb als obligatorische Komponente auftritt. Es werden somit folgende Subkategorien erkennbar:

60

1) adjektivisches Attribut + Substantiv

a) mit reinem Adjektiv

In dieser Gruppe handelt es sich um den Typ „Adjektiv + Substantiv". Diesem Typ entsprechen die folgenden 40 Beispiele: açık ihtiyatlar, açık kuvertür, akar sermaye, armonik ortalama, bağlı kredi, bağlı talep, bloke para, cazip teklif, cazip teklif, çürük borçlar, çürük müşteri, çürük senet, dörtnala enflasyon, ekonomik güç, ekonomik savaş, ekonomik soğukluk, esnek limit, finansal kaynak, görünmez el, hareketli kargo, hissedilir yükseliş, karanlık işler, katı para, kötü para, likit aktifler, likit kaynaklar, likit para, likit para piyasası, likit varlıklar, medeni semere, nötre para, öldürücü rekabet, ölü hesap, ölü sermaye, ölü yük, pahalı para, sağlam borsa, serbest aksiyoner, temiz dalgalanma, ucuz para.

b) Strukturvarianten mit Bildung des Partizips in adjektivischer Funktion

In dieser kleinen Gruppe befinden sich 13 feste Wortverbindungen mit dieser Bildungsweise wie folgt: bağlanmış sermaye, büyüyen ekonomi, büyüyen talep, çalışan sermaye, dondurulmuş aktifler, dondurulmuş alacaklar, dondurulmuş fiyat, dondurulmuş kredi, dönen varlıklar, doymuş piyasa, sulandırılmış ana sermaye, sulandırılmış sermaye, sürünen enflasyon.

2) Substantiv + substantivisches Attribut im Genitiv

Auch dieser Typ ist bei den türkischen Entsprechungen vertreten. Genau wie Duhme für die deutschen Beispiele aus der Wirtschaftssprache feststellt, können wir auch bei den türkischen Beispielen beobachten, dass es in manchen Fällen der folgenden 9 Genitiv-Verbindungen auch Beispiele mit attributiver Erweiterung gibt wie z.B. *talebin çapraz elastikliği* (Duhme 1991: 105). Folgende usuelle Wortverbindungen sind in dieser Gruppe vertreten: arzın çapraz elastikliği, arzın elastikliği, konjonktürün soğuması, müşterilerin saldırısı, piyasanın canlanması, piyasanın doyması, talebin çapraz elastikliği, talebin elastikliği, talebin fiyat elastikliği.

3) Substantiv + präpositionales Attribut bzw. präpositionale Entsprechung

In dieser Gruppe handelt es sich um feste Wortverbindungen entweder mit zwei substantivischen Komponenten, die durch eine postpositionale Endung verbunden werden wie z.B. *bankaya hücüm* im Dativ oder *evden eve* im Ablativ oder es handelt sich um ein Substantiv, das mit einer attributiven Fügung erweitert wird wie z.B. *birinci elden*.

Folgende acht phraseologische Wortverbindungen gehören dieser Gruppe an: bankaya hücüm, birinci elden, evden eve, ikinci elden, ikinci elden satın alma, kendi hesabına, son dakikada, yuvarlak rakamlarla.

4) Kompositum

Wie anfangs betont, herrscht im Türkischen bis heute noch keine Einigkeit darüber, ob die Substantiv-Komposita zusammen oder getrennt geschrieben werden, sodass man sich deshalb in den meisten Fällen auf das Sprachgefühl stützen muss (Kahramantürk 1999: 165; Zülfikar 1991: 166; Banguoğlu 2007: 294 ff.). Allerdings werden die folgenden Komposita alle getrennt geschrieben. Mit 113 festen Wortverbindungen ist diese die größte Gruppe unter den substantivischen Bildungen. Diese sind wie folgt: açık çek, açık hesap (2), açık kredi, açık pazar, açık poliçe (2), açık kapı politikası, alım dalgası, altın damar, ana banka, ana şirket, arz elastikliği, ayı piyasası, ayrılık parası, beşeri sermaye, blanko çek (2), borsa organları, borsa parkesi, Büyük Sayılar Kanunu, çan eğrisi, canlı envanteri, çapraz kambiyo kuru, çatı örgütü, denge fiyatı, döner sermaye, ekonomi zirvesi, enflasyon dalgası, enflasyon supabı, enformasyon ağı, fiyat barometresi, fiyat elastikliği, fiyat kırıcı, fiyat mücadelesi, fiyat savaşı, fiyat sınırı, fiyat maliyet makası, gölge fiyat, grev kırıcı, hayat mücadelesi, iflas dalgası, iş akışı, iş dalı, iş dünyası, kaçak mal, kafa avcısı, kafa parası, kara para (2), kariyer merdiveni, katı para, kontrol organı, kredi akımı, kredi enstrümanı, kredi kaynağı, kredi sıkışıklığı, kredi zinciri, likidite derecesi, lojistik eğrisi, mağazalar zinciri, maliyet akımı, maliyet makası, maliyet patlaması, maliyet fiyat makası, maliyet kâr makası, malzeme akışı, matris örgütlenme, merkez organ, müşteri saldırısı, pahalılık dalgası, para akımı, para akışı, para akordu, para dolaşımı, para kaynağı, para yıkama, pazar boşluğu, perakendeci zinciri, petro dolar, piyasa bakımı, piyasa barometresi, piyasa boşluğu, sabit sermaye, satış barometresi, satış kanalı, serbest sermaye piyasası, sermaye akımı, sermaye akışı, sermaye bağlama, sermaye göçü (2), sermaye hareketleri, sermaye ihracatı, sermaye kaçışı, sermaye kaynağı, sermaye sulandırma, sigorta dalı, talep elastikliği, talep uyandırması, talep zirvesi, ticaret dalı, ticaret savaşı, ucuz para politikası, üretim akışı, üretken sermaye, varlık tüketimi (2), yatırımlar zinciri, yer hizmeti, yıldırım anket, yönetici avı, zarar kaynağı.

5) Substantivisches Wortpaar

Die türkische Wirtschaftssprache weist ebenfalls substantivische Wortpaare auf. Das einzige Wortpaar dieser Gruppe ist jedoch: sermaye ve ihtiyatlar.

6) einfaches Substantiv

Diesem Typ konnte kein Beleg zugeordnet werden.

2.1.1.3.2 Verbale Wortverbindungen

Auch im Türkischen weisen die verbalen festen Wortverbindungen mindestens ein Verb als obligatorische Komponente auf, die dann mit anderen Wortarten, insbesondere mit Substantiven, in Erscheinung treten (vgl. Fleischer 1997: 154 ff.).

1) Substantiv + Verb

Dieser Typ weist 22 Fälle auf. In dieser Gruppe befinden sich folgende feste Wortverbindungen mit verbaler Verbindung: el açmak, enflasyonu azaltmak, enflasyonu bastırmak, fiyatları bağlamak, fiyatları dondurmak, fiyatları durdurmak, fiyatları serbest bırakmak, hissedarlar sermayesini sulandırmak, kokusunu almak, kredi açmak, krediyi bloke etmek, para bağlamak, para kaybetmek, para yıkamak, piyasayı beslemek, rakipleri karalamak, sermayeyi bağlamak, sermayeyi sulandırmak, sermayeyi yemek, talebi canlandırmak, talebi tatmin etmek, talep yaratmak.

2) Adjektivisch-attributiv erweitertes Substantiv

Lediglich ein Fall ist in dieser Gruppe zu verzeichnen: iyi iş yapmak.

3) Erweiterung des Substantivs oder der Verbalkomponente durch attributive Präpositionalgruppe

In dieser Gruppe ist folgende phraseologische Wortverbindung zu beobachten: kötü para iyi parayı kovar.

4) Substantiv mit Präposition bzw. präpositionaler Entsprechung, zum Teil attributiv erweitert

Diesem Typ entsprechen sieben usuelle Wortverbindungen: birinci elden almak, el altından satmak, ikinci elden almak, kaynakta vergilemek, para içinde yüzmek, sermaye ile donatmak, sıfırdan başlamak.

Im Folgenden sind die Ergebnisse der substantivischen usuellen Wortverbindungen im Türkischen zusammengestellt.

63

Substantivische Wortverbindungen im Türkischen	
1. adjektivisches Attribut + Substantiv	
a) mit reinem Adjektiv	40
b) Strukturvarianten mit Bildung des Partizips in adjektivischer Funktion	13
2. Substantiv + substantivisches Attribut im Genitiv	9
3. Substantiv + präpositionales Attribut bzw. präpositionale Entsprechung	8
4. Kompositum	113
5. substantivisches Wortpaar	1
6. einfaches Substantiv	-
insgesamt	184

Die Ergebnisse der verbalen usuellen Wortverbindungen im Türkischen sind wie folgt:

Verbale Wortverbindungen im Türkischen	
1. Substantiv + Verb	22
2. adjektivisch-attributiv erweitertes Substantiv	1
3. Erweiterung des Substantivs oder der Verbalkomponente durch attributive Präpositionalgruppe	1
4. Substantiv mit Präposition bzw. präpositionaler Entsprechung, zum Teil attributiv erweitert	7
insgesamt	31

Von 215 phraseologischen Einheiten konnten 31 als verbale und 184 als substantivische usuelle Wortverbindungen im Türkischen definiert werden. Im Folgenden ist die Darstellung der Ergebnisse der substantivischen und verbalen usuellen Wortverbindungen im Türkischen zu sehen.

Substantivische Wortverbindungen im Türkischen	184
Verbale Wortverbindungen im Türkischen	31
insgesamt	215

2.1.1.4 Auswertung der deutsch-türkischen Ergebnisse

Aus Tabelle 1 geht hervor, dass bei den substantivischen usuellen Wortverbindungen der Gruppe der Volläquivalenz die Komposita am meisten vertreten sind. Von insgesamt 184 Fällen sind im Deutschen 96, im Türkischen 113 Komposita.

An zweiter Stelle sind in beiden Sprachen die Substantivbildungen mit reinem Adjektiv", im Deutschen ist die Anzahl dieser Strukturen 47, im Türkischen 40. An dritter Stelle befinden sich im Deutschen mit 19 Beispielen, im Türkischen mit 13 Fällen die „Strukturvarianten mit Bildung des Partizips in adjektivischer Funktion.

Tabelle 1: Das Ergebnis der substantivischen Wortverbindungen im Deutschen und im Türkischen

Substantivische Wortverbindungen	im Deutschen	im Türkischen
1. adjektivisches Attribut + Substantiv		
a) mit reinem Adjektiv	47	40
b) Strukturvarianten mit Bildung des Partizips in adjektivischer Funktion	19	13
2. Substantiv + substantivisches Attribut im Genitiv	10	9
3.Substantiv + präpositionales Attribut bzw. präpositionale Entsprechung	11	8
4. Kompositum	96	113
5. substantivisches Wortpaar	1	1
6. einfaches Substantiv	-	-
insgesamt	184	184

Tabelle 2 macht deutlich, dass die morphologisch-syntaktischen Strukturen bei den verbalen usuellen Wortverbindungen in aller Hinsicht miteinander übereinstimmen.

Tabelle 2: Das Ergebnis der verbalen Wortverbindungen im Deutschen und im Türkischen

Verbale Wortverbindungen	im Deutschen	im Türkischen
1.Substantiv + Verb	22	22
2.adjektivisch-attributiv erweitertes Substantiv	1	1
3. Erweiterung des Substantivs oder der Verbalkomponente durch attributive Präpositionalgruppe	1	1
4. Substantiv mit Präposition, bzw. präpositionaler Entsprechung zum Teil attributiv erweitert	7	7
insgesamt	31	31

Wie Tabelle 3 zeigt, sind bei diesem Äquivalenztyp (Volläquivalenz) die substantivischen und verbalen usuellen Wortverbindungen im Deutschen und im Türkischen zahlenmäßig gleich vertreten. In beiden Sprachen sind von insgesamt 215 usuellen Wortverbindungen 184 substantivische und 31 verbale Strukturen.

Tabelle 3: Das Ergebnis der substantivischen und verbalen Wortverbindungen im Deutschen und im Türkischen

	im Deutschen	im Türkischen
Substantivische Wortverbindungen	184	184
Verbale Wortverbindungen	31	31
insgesamt	215	215

2.1.2 Wortverbindungen mit partieller Äquivalenz (Teiläquivalenz)

Partielle Abweichungen in einem oder mehreren Bereichen der Wortverbindungen führen zur Feststellung von Teiläquivalenz. Für die Teiläquivalenz ist lediglich die Konvergenz in der denotativen Bedeutung ausschlaggebend. Kennzeichnend für teiläquivalente Einheiten ist die Tatsache, dass mindestens eine Komponente divergent ist und in der vergleichenden Sprache anders wiedergegeben wird. Bei den usuellen Wortverbindungen mit partieller Äquivalenz bzw. Teiläquivalenz sind drei subordinierte Äquivalenztypen hervorgegangen (Chrissou 2001: 96). Im Einzelnen handelt es sich um folgende Typen:

1. Wortverbindungen mit partieller Äquivalenz - Typ I

Bei dieser Äquivalenzgruppe handelt es sich um Wortverbindungen, die zwar eine semantische Entsprechung, aber unterschiedliche Komponente und funktionale Bedeutungsäquivalenz in der türkischen Sprache aufweisen wie z. B. Die *Dachgesellschaft* ‚Gesellschaft zur einheitlichen Leitung eines Konzerns' (Wahrig 2000: 327) wird in die türkische Sprache folgenderweise übertragen: *şemsiye şirket* mit der wörtlichen Bedeutung ‚Schirmgesellschaft'. Wie ersichtlich wird das *Dach* als *Schirm* wiedergegeben. Somit ändert sich eine Komponente, aber der semantische Inhalt stimmt überein.

2. Wortverbindungen mit partieller Äquivalenz - Typ II

Bei dieser Gruppe handelt es sich feste Wortverbindungen mit semantischer Entsprechung, aber unterschiedlichen Komponenten und unterschiedlicher funktionaler Bedeutungsäquivalenz. Die Wiedergaben der deutschen Wortverbindungen sind feste Wortverbindungen im Türkischen, allerdings ohne idiomatischen bzw. konnotativen Charakter wie z. B. *federführende Bank* ‚leitende, führende Bank' (vgl. Wahrig 2000: 461) mit der türkischen Wiedergabe *yönetici banka*, wörtlich 'führende bzw. leitende Bank'.

3. Wortverbindungen mit partieller Äquivalenz - Typ III

In dieser Gruppe weist das strukturelle Modell der Wortverbindungen eine semantische Entsprechung auf. Dieses Mal handelt es sich nicht um unterschiedliche, sondern gleiche Komponenten und funktionale Bedeutungsäquivalenz. Die Wiedergaben im Türkischen sind feste Wortverbindungen, aber mit denotativer Bedeutung wie z. B. *auf eigene Rechnung* ‚auf eigenes Risiko' (Duden 2007: 605), im Türkischen *kendi hesabına*.

2.1.2.1 Wortverbindungen mit partieller Äquivalenz - Typ I

In dieser Gruppe haben die deutschen Phraseologismen in der türkischen Sprache zwar eine semantische Entsprechung, aber mit unterschiedlichen Komponenten und funktionaler Bedeutungsäquivalenz. Der Phraseologismus *weggeworfenes Geld* mit dem semantischen Inhalt 'leichtfertig ausgegebenes Geld' (Wahrig 2000: 1382) kann ins Türkische, durch das Fehlen einer volläquivalenten Entsprechung nur durch funktional äquivalente Phraseologismen (partielle Äquivalente) übertragen werden. Dieser Phraseologismus hat im Türkischen zwei Varianten, erstens kann man ihn wie folgt übersetzen: *sokağı atılmış para* mit der wörtlichen Übersetzung 'auf die Straße geworfenes Geld'[14], zweitens: *parayı denize atmak* mit der wörtlichen Übersetzung 'Geld ins Meer werfen'. Die feste Verbindung *Mammutkonzern* mit ihrer türkischen Entsprechung *dev konsern* mit der wörtlichen Übersetzung 'Riesenkonzern' ist auch als Beispiel für diese Gruppe zu nennen. Ein *Mammut* (Wahrig 2000: 846) ist zwar auch ein riesengroßes Tier, aber im Türkischen wird es nur mit dem Substantiv *Riese* wiedergegeben. Eines der wichtigsten Bezugswörter in der deutschen Wirtschaftssprache ist das Substantiv *Kapital* und am häufigsten kommt es in folgender festen Verbindung vor: *aus etwas Kapital schlagen* mit der Bedeutung ‚aus etwas Gewinn bzw. einen Vorteil ziehen' (Duden 2002: 396) und wird in die türkische Sprache wie folgt übertragen: *bir şeyden sermaye yapmak* (wörtl. ‚aus etwas Kapital machen'), das deutsche Verb *schlagen* erscheint in der türkischen Entsprechung somit als *machen*. Die *Dachgesellschaft* ‚Gesellschaft zur einheitlichen Leitung eines Kon-

---

14 Hierzu muss hinzugefügt werden, dass es den Phraseologismus *Geld auf die Straße werfen* auch im Deutschen gibt. Dieser Phraseologismus ist jedoch im Korpus nicht vorhanden.

zerns' (Wahrig 2000: 327) wird in die türkische Sprache folgenderweise übertragen: *şemsiye şirket* mit der wörtlichen Bedeutung ‚Schirmgesellschaft'. Wie ersichtlich wird das *Dach* als *Schirm* wiedergegeben. Ein weiteres Beispiel zu diesem Äquivalenztyp ist die feste Wortverbindung *auf die schwarze Liste setzen* mit der Bedeutung ‚auf die Liste der verdächtigen, missliebigen Personen setzen' (Duden 2002: 690), die ins Türkische als *kara listeye almak* (wörtl. ‚auf die schwarze Liste nehmen') übertragen werden kann. Im Deutschen gibt es sehr viele Phraseologismen mit dem Substantiv *Ohr* wie das folgende: *die Ohren in Schulden stecken* mit dem semantischen Inhalt ‚sehr hohe Schulden o.Ä. haben' (Duden 2002: 558) entspricht im Türkischen der festen Wortverbindung *boğazına kadar borçlu olmak* (wörtl. ‚bis zum Halse verschuldet sein'). In der deutschen und türkischen Phraseologie ist es keine Seltenheit, dass zum Ausdruck einer bestimmten Bedeutung zwei völlig verschiedene Strukturen zum Ausdruck kommen wie der Phraseologismus *abwarten und Tee trinken* ‚warten wir erst einmal ab' (Duden 2002: 32). Im Türkischen entspricht es etwa dem Phraseologismus *bekle ve gör!* (wörtl. warte und schaue!'). Eine der wichtigsten und am häufigsten vorkommenden Wortverbindungen in der deutschen Wirtschaftssprache ist folgende usuelle Wortverbindung: *Dividende ausschütten* ‚Gewinnanteile verteilen' (Wahrig 2000: 221); im Türkischen ist es ebenfalls eine usuelle Wortverbindung *temettü dağıtmak* (wörtl. ‚Gewinnanteile verteilen'). Eines der sogenannten Einwortphraseologismen in der deutschen Sprache ist *Handgeld* mit der Bedeutung ‚Geld, das zur Bekräftigung eines Vertrages oder als Draufgeld gegeben wird' (Wahrig 2000: 599). Im Türkischen entspricht es der festen Wortverbindung *pazarlık parası* (wörtl. ‚Feilschgeld'). Wenn man im Deutschen von einem *fliegenden Händler* spricht, handelt es sich um einen ‚Händler, der keinen festen Stand hat' (Wahrig 2000: 483). In der türkischen Gegenwartssprache ist die türkische Entsprechung *seyyar satıcı* (wörtl. ‚reisender Verkäufer') sehr geläufig und dieser Ausdruck wird für den Straßenverkäufer benutzt wird.

2.1.2.1.1 Inventar der Wortverbindungen mit partieller Äquivalenz - Typ I

usuelle Wortverbindungen im Deutschen	usuelle Wortverbindung im Türkischen	wörtliche Übersetzung der türkischen Entsprechungen
ab Kai	rıhtımda teslim	‚Lieferung am Kai'
ab Werk	fabrika teslimi	‚Lieferung ab Fabrik'
abbröckelnde Kurse	düşen fiyatlar	‚fallende Preise'
abgelaufener Termin	geçmiş tarih	‚vergangener/s Termin/Datum'

Absatzbelebung	satışlarda canlanma	‚Belebung bei den Verkäufen'
Absatzkette	pazarlama zinciri	‚Vermarktungskette'
Absatznetz	dağıtım ağı	‚Verteilungsnetz'
Abstandsgeld	hava parası	‚Luftgeld'
Abwarten und Tee trinken!	bekle ve gör!	‚Warte und schaue!'
am laufenden Band	seri şeklinde	‚serienmäßig'
Angebotssprünge	arz şoku	‚Angebotsschock'
angeheizte Inflation	körüklenmiş enflasyon	‚angefachte Inflation'
angespannter Arbeitsmarkt	sıkışık iş piyasası	‚dichtgedrängter Arbeitsmarkt'
Anschwärzung der Konkurrenz	rakiplere çamur atmak	‚Matsch/Schmutz an die Konkurrenz werfen'
Anziehen der Kreditschraube	kredi muslukların sıkılması	‚Anziehen des Kreditwasserhahnes'
arbeitgeberfreundliche Gewerkschaft	sarı sendika	‚Gelbe Gewerkschaft'[15]
auf Baisse (Bärenmarkt) spekulieren	ayı eğilimi beklentisiyle alıp satmak	‚auf Bärentendenzerwartung kaufen und verkaufen'
auf die Minute genau	dakika dakikasına	‚auf die Minute Minute'
auf die schwarze Liste setzen	kara listeye almak	‚auf die schwarze Liste nehmen'
auf Hausse kaufen	boğa eğiliminde almak	‚auf Stiertendenz kaufen'
auf hoher See	açık denizde	‚auf offener See'
auf Zeit verkaufen	alivre satmak	‚vorher, vor der Zeit verkaufen'
Auftauung eingefrorener Forderungen	dondurulmuş alacakların deblokajı	‚die Wiederbenutzung eingefrorener Forderungen'
aus dem Verkehr ziehen	dolaşımdan kaldırmak	‚aus dem Kreislauf entfernen'
aus etw. Kapital schlagen	bir şeyden sermaye yapmak	‚aus etw. Kapital machen'
ausgeschüttete Dividende	dağıtılmış temettü	‚verteilte Dividende'
Ausgleich in bar	nakdi denge	‚bares Gleichgewicht'

---

15 Die feste Wortverbindung *Gelbe Gewerkschaft* existiert mit der gleichen Bedeutung auch im Deutschen, ist jedoch im Korpus nicht vorhanden (http://de.wikipedia.org/wiki/ Gelbe_Gewerkschaft).

Ausschüttung einer Dividende	temettü dağıtımı	‚Dividendenverteilung'
ausschüttungsfähiger Reingewinn	dağıtılabilir net kâr	‚verteilungsfähiger Nettogewinn'
außer Kraft setzen	geçersiz kılmak	‚ungültig machen'
außer Kurs setzen	dolaşımdan almak	‚aus dem Kreislauf nehmen'
Bardurchfluss	nakit akışı	‚Barströmung'
betriebsfremder Aufwand	arızi giderler	‚akzidentelle Ausgaben'
bevorzugte Befriedigung	imtiyazlı ödeme	‚privilegierte Zahlung'
bewegliche Güter	taşınır mallar	‚tragbare Güter'
bewegliche Vermögensgegenstände	menkul varlıklar	‚tragbares Vermögen'
beweglicher Preis	esnek fiyat	‚dehnbarer Preis'
bewegliches Vermögen	menkul değerler	‚tragbare Werte'
bezahlter Abstand	ödenmiş hava parası	‚bezahltes Luftgeld'
Bilanz der unsichtbaren Leistungen	görünmeyenler bilançosu	‚Bilanz der Unsichtbaren'
billige Geldsätze	ucuz para	‚billiges Geld'
bis aufs Messer bekämpfen	kıyasıya mücadele etmek	‚bis zum Ende, bis aufs Ganze kämpfen'
bis über beide Ohren Schulden haben	boğazına kadar borçların olması	‚bis zum Hals Schulden haben'
Blindbuchung	kafadan kayıt	‚Buchung aus dem Kopf'
Blitzsstreik	ani grev	‚plötzlicher Streik'
Börsenhausse	borsa tavanı	‚Börsenhöchstwert'
Break-Even-Analyse	başa baş analizi	‚Kopf-an-Kopf-Analyse'
Break-Even-Punkt	başa baş noktası	‚Kopf-an-Kopf-Punkt'
Briefkastenfirma	paravan şirket	‚Stellwandfirma'
Briefkastengesellschaft	paravan şirket	‚Stellwandfirma'
Dachgesellschaft	şemsiye şirket	‚Schirmgesellschaft'
Deckung des Schecks	çeki karşılama	‚dem Scheck entgegenkommen'
Defizit abdecken	açığı kapatmak	‚Defizit schließen'
den Scheck decken	çeki karşılamak	‚dem Scheck entgegenkommen'
die Ohren in Schulden stecken	boğazına kadar borçlu olmak	‚bis zum Halse verschuldet sein'
Dividende ausschütten	temettü dağıtmak	‚Dividende verteilen'

Dividenden-ausschüttung	temettü dağıtımı	,Dividendenverteilung'
drückende Schulden	yüklü borçlar	,beladene Schulden'
Durchlaufende Mittel	tranzituar kalemler	,Durchlaufposten'
dynamische Rente	endeksli emeklilik	,Indexrente'
Effektenbank	takas odası	,Tauschkammer'
Eigentum zur gesamten Hand	el birliği mülkiyeti	,gemeinsames Eigentum'
Engpass	darboğaz	,schmaler Hals'
falsches Geld	sahte para	,gefälschtes Geld'
fauler Schuldner	batık borçlu	,versunkener Schuldner'
feste Währung	katı para	,festes Geld'
festes Geld	vadeli para	,befristetes Geld'
Firmenmantel	firma çatısı	,Firmendach'
fliegender Händler	seyyar satıcı	,wandernder bzw. rei-sender Verkäufer'
Fluchtgeld	kara para	,schwarzes Geld'
Fluchtkapital	kara sermaye	,schwarzes Kapital'
flüssige Anlagen	döner sermaye	,umlaufendes Kapital'
flüssige Mittel	likit kaynaklar	,flüssige Quellen'
Flut von Aufträgen	sipariş akımı	,Fluss von Aufträgen'
fortlaufende Notierung	dalgalı kotasyon	,wellige Notierung'
frei an Bord	gemiye/güverteye teslim	,Aushändigung, auf dem Schiff, an Bord'
frei Grenze	sınırda teslim	,Aushändigung an der Grenze'
frei Hafen	liman teslim	,Aushändigung am Ha-fen'
frei Haus	eve teslim	,Aushändigung am Haus'
frei Kai	rıhtım teslimi	,Aushändigung am Kai'
freihändiger Verkauf	elden satış	,Verkauf von der Hand'
freundliche Stimmung	iyimser hava	,positive Luft'
garantierter Mindest-preis	müdahale fiyat	,Eingriffspreis'
gedrückte Stimmung	kötümser hava	,pessimistische Luft'
geknickte Nachfrage-kurve	dirsekli talep eğrisi	,ellenbogenförmige Nachfragekurve'
gekreuzter Scheck	çizilmiş çek	,gestrichener Scheck'
Geld einschießen	para takviye etmek	,mit Geld verstärken'
Geld stilllegen	parayı dondurmak	,Geld einfrieren'

71

Geldfluss	para akışı	‚Geldströmung'
Geldillusion	para yanılgısı	‚Geldirrtum'
Geldschleier	para yanılgısı	‚Geldirrtum'
Geldverkehr	para akışı	‚Geldfluss'
geschlossene Fonds	kapalı uçlu fonlar	‚Fonds mit geschlossenem Ende'
Gesetz verletzen	yasayı çiğnemek	‚Gesetz zertreten'
Gesperrte Effekten	dondurulmuş menkul kıymetler	‚eingefrorene bewegliche Werte'
gesperrtes Depot	bloke portföy	‚blockiertes Portefeuille'
Gewinnausschüttung	kâr dağıtımı	‚Gewinnverteilung'
gleitende Arbeitszeit	esnek çalışma saatleri	‚dehnbare Arbeitszeiten'
gleitender Tarif	kaygan oranlı tarife	‚im glitschigen Verhältnis stehender Tarif'
Griffzeit	âtıl zaman	‚leere freie Zeit'
Hab und Gut	mal mülk	‚Hab, Gut'
halsabschneiderische Konkurrenz	kıyasıya rekabet	‚erbarmungslose Konkurrenz' (mit dem Ziel jemanden zu töten)
Handelskette	mağazalar zinciri	‚Geschäftskette'
Handgeld	pazarlık parası	‚Feilschgeld'
Handkauf	elden satın almak	‚von der Hand kaufen'
harte Währung	sağlam para	‚stabiles Geld'
harter Kern der Arbeitslosigkeit	kalıcı işsizlik	‚bleibende Arbeitslosigkeit'
hausgemachte Inflation	iç enflasyon	‚innere Inflation'
Haussebewegung	boğa eğilimi	‚Stier- bzw. Bullentendenz'
Haussemarkt	boğa piyasası	‚Stier- bzw. Bullenmarkt'
Haussespekulant	boğa spekülatörü	‚Stier- bzw. Bullenspekulant'
Hausseverkauf	boğa eğiliminde satış	‚Verkauf bei Stiertendenz'
haussierende Kurse	boğa eğilimi gösteren fiyatlar	‚Stier- bzw. Bullentendenz zeigende Preise'
heißes Geld	kara para	‚schwarzes Geld'
holländische Versteigerung	açık eksiltme	‚offene Verminderung'
in Schulden stecken	borca batmak	‚in Schulden versinken'

in Vekehr bringen	dolaşıma çıkarmak	‚in den Kreislauf bringen'
Inflation anheizen	enflasyonu körüklemek	‚Inflation mit dem Blasebalg anfachen'
Inflationsdämpfung	enflasyonu bastırma	‚Inflation niederdrücken'
Inflationsklima	enflasyon ortamı	‚Inflationsatmosphäre'
Inflationsschraube	enflasyonist helezon	‚enflasyonist helezon'
Inflationsschub	enflasyon patlaması	‚Inflationsexplosion'
Inflationsspirale	enflasyonist helezon	‚inflatorische Spirale/Schraube'
inflatorisches Klima	enflasyonist ortam	‚inflatorische Atmosphäre'
Informationsfluss	bilgi akımı	‚Informationsdurchfluss'
ins Haus liefern	eve teslim	‚Aushändigung am Haus'
junger Wirtschaftszweig	yavru sanayi	‚Jungindustrie'
Kapital festlegen	sermaye bağlamak	‚Kapital binden'
Kapitalaufzehrung	sermaye aşınımı	‚Kapitalabnutzung'
Kapitaleinschuss	sermaye iştiraki	‚Kapitalbeteiligung'
kapitalisierte Aufwendungen	dondurulmuş giderler	‚eingefrorene Ausgaben'
Kapitalklemme	sermaye sıkışıklığı	‚Zusammengepresstsein des Kapitals'
Kapitalkraft	finansal güç	‚finanzielle Kraft/Stärke'
Kapitalspritze	sermaye dopingi	‚Kapitaldoping'
Kapitalverzehr	sermaye tüketimi	‚Kapitalverbrauch'
Karte abstempeln	kart basmak	‚Karte drücken'
Kassapreis	peşin fiyat	‚Barpreis'
Kassenschlager	kasa/gişe birincisi	‚Kassenerster'
Kilometergeld	yol parası	‚Streckengeld'
Kleingeld	bozuk para	‚Wechselgeld'
Knapper Kredit	dar kredi	‚enger Kredit'
knappes Geld	dar para	‚enges Geld'
Konjunktur ankurbeln	Konjonktürü pompalamak	‚Konjunktur anpumpen'
Konjunktur dämpfen	Konjonktürü frenlemek	‚Konjunktur bremsen'
Konjunkturflaute	ekonomik durgunluk	‚ökonomischer Stillstand'
Konjunkturfrühling	konjonktürün canlanması	‚Konjunkturbelebung'
Konjunkturspritze	ekonomik doping	‚ökonomisches Doping'

Konjunktursturz	ekonomik daralma	,ökonomische Verengung'
Kopf eines Briefes	mektup başlığı	,oberer Anfang eines Briefes'
Kopfarbeiter	beyaz yaka işçisi	,Weißer-Kragen-Arbeiter'
Kopfbetrag	adam başına bedel	,Pro-Mann-Betrag'
Kopfsteuer	adam başına vergi	,Pro-Mann-Steuer'
Kostenschlüssel	maliyet dağıtım anahtarı	,Kostenverteilungsschlüssel'
Kostenzange	maliyet makası	,Kostenschere'
Kreditspritze	kredi dopingi	,Kreditdoping'
Kundenfang	müşteri avı	,Kundenjagd'
Kurserholung	fiyatlarda toparlama	,Erholung bei den Preisen'
laufende Nummer	seri numarası	,Seriennummer'
laufende Kosten	cari masraflar	,gültige Ausgaben/Kosten'
laufende Police	dalgalı poliçe	,wellige Police'
laufende Rechnung	cari hesap	,gültige Rechnung'
laufende Schuld	cari borç	,gültige Schuld'
laufende Schulden	cari borçlar	,gültige Schulden'
laufende Verbindlichkeiten	cari borçlar	,gültige Schulden'
laufende Verpflichtungen	cari borçlar	,gültige Schulden'
laufende Verschuldung	cari borçlar	,gültige Schulden'
laufende Versicherung	dalgalı sigorta	,wellige Versicherung'
Laufjunge	ayakçı	,Füßling'
Laufkunde	ayak müşterisi	,Fußkunde'
Laufkundschaft	ayak müşterileri	,Fußkunden'
Lebenskenner	hayat adamı	,Lebensmann'
Leerabgabe	açığa satış	,Verkauf ins Offene'
Leerbestellung	fiktif satış	,Fiktivverkauf'
Leerfracht	ölü yük	,tote Fracht'
Leithammel	kösemen	,Leitsteinbock/ Leitwidder'
letzte Ausgabe	son baskı	,letzter Druck'
Lieferung frei Haus	eve teslim	,Aushändigung am Haus'
liquide Mittel	likit fonlar	,liquide Fonds'

lustlose Nachfrage	durgun talep	,ruhige Nachfrage'
lustlose Stimmung	isteksiz hava	,lustlose Luft'
Magisches Dreieck	tam istihdam	,volles In-Dienst-Nehmen'
Mammutgesellschaft	dev şirket	,Riesengesellschaft'
Mammutinvestitionen	dev yatırımlar	,Rieseninvestitionen'
Mammutkonzern	dev konsern	,Riesenkonzern'
Mammutprojekt	dev proje	,Riesenprojekt'
Mammutunternehmen	dev girişim/işletme	,Riesenunternehmen'
mangelnde Ausnutzung	eksik istihdam	,mangeldes In-Dienst-Nehmen'
Mantelpolice	global poliçe	,globale Police'
Manteltarifabkommen	toplu iş anlaşması	,kollektiver Arbeitsabkommen'
Manteltarifvertrag	toplu iş sözleşmesi	,kollektiver Arbeitsvertrag'
Marktdurchdringung	piyasaya girme	,Eintritt in den Markt'
Marktenge	stok darlığı	,Enge der Lagerwaren'
Marktschwemme	piyasanın boğulması	,Ertrinkung des Marktes'
Marktzersplitterung	piyasanın parçalanması	piyasanın parçalanması
Maßnahmenbündel	önlemler paketi	,Maßnahmenpaket'
mit Plus-Minus-Null abschließen	başa baş kapamak	,Kopf an Kopf abschließen'
Mittel anlegen	yatırım yapmak	,Investionen machen'
Mittel binden	fonları bağlamak	,Fonds binden'
monetäres Gleichgewicht	parasal denge	,geldliches Gleichgewicht'
mörderischer Wettbewerb	kıyasıya rekabet	,Wettbewerb bis zum Ende'
Mundwerbung	ağızdan ağza tanıtım	,von Mund zu Mund Werbung'
Münzgeld	madeni para	,Metallgeld'
Nachfrage ankurbeln	talebi pompalamak	,Nachfrage anpumpen'
Nachfrage decken	talebi karşılamak	,der Nachfrage entgegenkommen'
Nachfragebeweglichkeit	talep esnekliği	,Nachfrageelastizität'
Nachfrageboom	talep patlaması	,Nachfrageexplosion'
Nettoausschüttung	net temettü	,Netto-Dividende'

Notgeld	geçici para	,vorübergehendes Geld'
Notgroschen	karagün akçesi[16]	etwa: ,Groschen für die schwarzen Tage'
notleidender Kredit	batık kredi	,untergegangener Kredit'
notleidender Wechsel	çürük senet	,verfaulter Wechsel'
Nullserie	pilot seri	,Musterserie'
Nummer besetzt	hat meşgul	,Leitung ist besetzt'
Nutzen abwerfen	fayda sağlamak	,Nutzen verschaffen'
offene Fonds	açık uçlu fonlar	,Fonds mit offenem Ende'
offene Verpflichtungen	ödenmemiş borçlar	,unbezahlte Schulden'
offener Posten	açık kalem	,offene Stelle'
offenes Ziel	açık vade	,offene Frist'
Offenmarkttitel	açık piyasa senedi	,Offener-Markt-Wechsel'
offenstehende Rechnung	açık hesap	,offene Rechnung'
optimistische Stimmung	iyimser hava	,optimistische Luft'
Organabrechnung	konsolide hesaplar	,konsolidierte Rechnungen'
Organgesellschaft	tali şirket	,Sekundärgesellschaft'
Organtochter	bağlı şirket	,gebundene Firma'
Organträger	ana şirket	,Mutterfirma'
Paketverkauf	blok satış	,Blockverkauf'
Pariplatz	başa baş noktası	,Kopf-an-Kopf-Punkt'
Platzgeschäft	spot işlem	,Lokogeschäft'
Platzkauf	spot alım	,Lokokauf'
Platzkurs	spot kur	,Lokokurs'
Platzverkauf	spot satım	,Lokoverkauf'
Platzwechsel	mahalli poliçe	,örtliche Police'
Portfolioverkehr	portföy transferleri	,Depottransfers'
Preis drücken	fiyatı kırmak	,Preis brechen'
Preissprung	fiyatlarda fırlama	,Preisaufsprung'
Preissturz	ani fiyat düşüşü	,plötzliches Fallen der Preise'
Preiswelle	fiyat artış dalgası	,Preiserhöhungswelle'
Preiszusammenbruch	fiyat şoku	,Preisschock'
Primärgeld	parasal taban	,geldliche Basis'
pro Kopf	kişi başına	,pro Personenkopf'

---

16 *akçe* früheres Zahlungsmittel

Pro-Kopf-Umsatz	kişi başına hasılat	‚pro Personenkopf-Ertrag'
Pro-Kopf-Verbrauch	kişi başına tüketim	‚pro Personenkopf-Verbrauch'
qualifizierte Minderheit	şartlı azınlık	‚bedingte Minderheit'
reine Tratte	açık poliçe	‚offene Police'
reiner Wechsel	açık poliçe	‚offene Police'
Rekordhöhe	rekor düzey	‚Rekordebene'
Ressourcenfluss	kaynak akışı	‚Quellenfluss'
Rettungsanker	kurtuluş çaresi	‚Rettungslösung'
richtiges Geld	iyi para	‚gutes Geld'
Risiko streuen	riski dağıtmak	‚Risiko verteilen'
Schattenwirtschaft	gizli ekonomi	‚heimliche Wirtschaft'
Scheinfirma	naylon şirket	‚Nylonfirma'
Scheingesellschaft	naylon şirket	‚Nylonfirma'
Scheinunternehmen	naylon şirket	‚Nylonfirma'
Scheinwechsel	hatır senedi	‚Gefälligkeitswechsel'
Schlange stehen	kuyrukta beklemek	‚an der Schlange warten'
schlechter Schuldner	batık borçlu	‚untergegangener Schuldner'
Schleichhandel	kaçakçılık	‚Schmuggel'
Schlüsselarbeit	kilit iş	‚Schlossarbeit'
Schlüsselbranche	kilit sanayi	‚Schlossindustrie'
Schnäppchenjäger	fırsat avcısı	‚Schnäppchenjäger'
schwache Währung	zayıf para	‚schwaches Geld'
schwankende Nachfrage	dalgalı talep	‚wellige Nachfrage'
Schwarzarbeit	kaçak iş	‚Fluchtarbeit'
schwarzer Markt	karaborsa	‚schwarze Börse'
Schwarzhändler	karaborsacı	‚Schwarzbörsianer'
Schwarzmarkt	karaborsa	‚schwarze Börse'
Schwarzmarktpreis	karaborsa fiyatı	‚Schwarzbörsenpreis'
schwebende Belastung	askıda olan borç	‚hängende Schulden'
schwebende Sache	sürüncemede bulunan dava	‚eine nicht zu Ende kommende Klage'
schwebende Schuld	askıda olan borç	‚hängende Schuld'
schwebende Schulden	askıda olan borçlar	‚hängende Schulden'
Schwebeposten	askıda kalmış kalem	‚hängengebliebene Posten'
Schwestergesellschaft	kardeş şirket	‚Geschwister-Gesellschaft'
Schwindelfirma	naylon şirket	‚Nylonfirma'

Schwindelgeschäft	hayali ticaret	‚eingebildeter Handel'
Schwindelgesellschaft	naylon şirket	‚Nylongesellschaft'
Schwindelunternehmen	naylon şirket	‚Nylonunternehmen'
Sitz der Gesellschaft	şirket merkezi	‚Firmenzentrale'
Sparpreis	ucuz fiyat	‚billiger Preis'
Spitzenbedarf	azami talep	‚Höchstbedarf'
Spitzenmarke	önder marka	‚führende Marke'
Spitzenumsatz	rekor satışlar	‚Rekordverkäufe'
Spottpreis	fırsat fiyat	‚Gelegenheitspreis'
Stammfirma	ana şirket	‚Mutterfirma'
Stammgesellschaft	ana şirket	‚Mutterfirma'
Stammhaus	ana şirket	‚Mutterfirma'
Stand unter freiem Himmel	açık hava standı	‚Stand in der freien Luft'
starke Nachfrage	canlı talep	‚lebendige Nachfrage'
starke Währung	katı para	‚hartes Geld'
Steueroase	vergi cenneti	‚Steuerparadies'
stille Gesellschaft	komanditer ortaklık	‚Kommandit-teilhaberschaft'
stille Jahreszeit	ölü mevsim	‚tote Jahreszeit'
stille Reserven	gizli yedekler	‚heimliche Reserven'
stille Rücklagen	gizli ihtiyatlar	‚heimliche Rücklagen'
stille Teilhaberschaft	komanditer ortaklık	‚Kommandit-teilhaberschaft'
stille Übereinkunft	gizli anlaşma	‚heimliches Abkommen'
stiller Gesellschafter	komanditer ortak	‚Kommanditteilhaber'
stiller Teilhaber	komanditer ortak	‚Kommanditteilhaber'
stillgelegtes Geld	dondurulmuş para	‚eingefrorenes Geld'
stillschweigend ge-schlossener Vertrag	üstü kapalı sözleşme	‚gedeckter Vertrag'
stillschweigend zugesi-cherte Gewähr	üstü kapalı garanti	‚gedeckte Garantie'
stillschweigende Bedin-gungen	üstü kapalı koşullar	‚gedeckte Bedingungen'
stillschweigende Garan-tie	üstü kapalı garanti	‚gedeckte Garantie'
stillschweigende Män-gelhaftung	ayıplara karşı üstü kapalı sorumluluk	‚gedeckte Haftung gegen Mängel'
stillschweigende Pflicht	üstü kapalı yükümlülük	‚gedeckte Pflicht'
stillschweigender Vertrag	üstü kapalı sözleşme	‚gedeckter Vertrag'

stillschweigendes Einverständnis	üstü kapalı kabullenme	‚gedecktes Einverständnis'
stillschweigendes Übereinkommen	üstü kapalı anlaşma	‚gedecktes Übereinkommen'
Stimme abgeben	oy kullanma	‚Stimme benutzen'
Streuung der Aktien	hisselerin dağılımı	‚Verteilung der Aktien'
Strohgesellschaft	paravan şirket	‚Stellwandgesellschaft'
Strom von Besuchern	ziyaretçi akımı	‚Besucherstrom'
Stückgeld	bozuk para	‚Wechselgeld'
Sturm auf die Bank	bankaya hücüm	‚Ansturm auf die Bank'
Tagesstempel	yevmiye damgası	‚Tageslohnstempel'
Taschengeld	cep harçlığı	‚Taschen-Taschengeld'
Teufelskreis	kısır döngü	‚unfruchtbarer Kreis'
tief in Schulden stecken	boğazına kadar borçta olmak	‚bis zum Hals in Schulden sein'
totes Inventar	ölü stok	‚toter Lagerbestand'
trabende Inflation	dörtnala enflasyon	‚gallopierende Inflation'
überhitzte Konjunktur	aşırı kızmış ekonomi	‚überhitzte Ökonomi'
umlaufendes Kapital	dönen sermaye	‚sich drehendes Kapital'
Umlaufmarkt	ikincil piyasa	‚zweitranginger Markt'
Umsatzschwankungen	satışlarda dalgalanmalar	‚Wellenbewegungen bei den Verkäufen'
uneinheitliche Stimmung	karışık trend	‚gemischter Trend'
ungedeckter Scheck	karşılıksız çek	‚Scheck ohne Deckung'
unsichtbare Ausfuhr	hayali ihracat	‚illusionäre Ausfuhr'
unsichtbare Reserven	gizli ihtiyatlar	‚heimliche Rücklagen'
Untergrundwirtschaft	gizli ekonomi	‚heimliche Ökonomi'
vagabundierendes Geld	kara para	‚schwarzes Geld'
Verbrauch pro Kopf	kişi başına tüketim	‚Verbrauch pro Personenkopf'
verfahrene Situation	çıkmaz durum	‚nicht weiterführende Situation'
Vermögenssperre	varlıkları dondurma	‚Einfrierung des Vermögens'
verschleiertes Dumping	gizli damping	‚heimliches Dumping'
Verschmelzungsvertrag	füzyon sözleşmesi	‚Fusionsvertrag'
versteckte Abwertung	gizli devalüasyon	‚heimliche Abwertung'
versteckter Mangel	görülmeyen kusur	‚Mangel, den man nicht sieht'
Verteilungsschlüssel	dağıtım oranı	‚Verteilungssatz'

vertrauliche Unterlagen	gizli evraklar	‚heimliche Unterlagen'
Verwässerung des Akti- und Eigenkapitals	varlık sulandırma	‚Verwässerung des Vermögens'
Wachstum ankurbeln	büyümeyi pompalamak	‚Wachstum anpumpen'
Wachstumspfad	kalkınma yolu	‚Entwicklungsweg'
Wachstumsspielraum	büyüme potansiyeli	‚Wachstumspotential'
Währungsschlange	para yılanı	‚Geldschlange'
Warenhauskette	mağazalar zinciri	‚Warenhäuserkette'
wattierter Umschlag	astarlı zarf	‚gefütterter Umschlag'
Wechsel hereinnehmen	senet kırmak	‚Wechsel brechen'
weggeworfenes Geld	sokağı atılmış para	‚auf die Straße geworfenes Geld'
weiche Währung	yumuşak para	‚weiches Geld'
weiße Waren	beyaz eşya	‚weiße Geräte'
Werbefeldzug	reklam kampanyası	‚Werbekampagne'
werbendes Kapital	üretken sermaye	‚produzierendes Kapital'
Windhundprinzip	ilk gelen, ilk alır prensipi	‚das Prinzip: wer zuerst kommt, der käuft es zuerst'
Windhundverfahren	ilk gelen, ilk alır usulü	‚das Verfahren: wer zuerst kommt, der kauft es zuerst'
Windprotest	hazır bulunmama protestosu	‚Nicht-Anwesendsein-Protest'
Wirtschaft ankurbeln	ekonomiyi pompalamak	‚Wirtschaft anpumpen'
wirtschaftliches Tief	ekonomik depresyon	‚ökonomische Depression'
Wirtschaftskreislauf	ekonominin dairesel akımı	‚kreislaufförmige Strömung der Wirtschaft'
Wirtschaftszweig	iş kolu	‚Arbeitsarm'
Zeitkauf	alivre alım, vadeli alım	‚Kauf auf Frist'
Zeitverkauf	alivre satış	‚Verkauf auf Frist'
Ziehung eines Wechsels	poliçenin keşidesi	‚Ausstellung eines Wechsels'
Zollkrieg	gümrük tarifesi çatışması	‚Zolltarif-Konflikt'
zum Materialwert	hurda fiyatına	‚zum Altmaterialpreis'
zur gesamten Hand	el birliği	‚Handgemeinsamkeit'

2.1.2.1.2 Morphologisch-syntaktische Klassifikation der Wortverbindungen im Deutschen

2.1.2.1.2.1 Substantivische Wortverbindungen

In dieser Gruppe sind usuelle Wortverbindungen, die als Kernwort eine substantivische Komponente, jedoch keine Verbverknüpfung aufweisen, vertreten. Von insgesamt 366 phraseologischen Einheiten sind 325 substantivische Strukturen zu verzeichnen.

1) adjektivisches Attribut + Substantiv:

a) mit reinem Adjektiv

Dieser Typ ist in der Wirtschaftssprache sehr häufig anzutreffen. In dieser Gruppe handelt es sich um 66 feste Wortverbindungen mit der Struktur „Adjektiv + Substantiv": arbeitgeberfreundliche Gewerkschaft, ausschüttungsfähiger Reingewinn, betriebsfremder Aufwand, bewegliche Güter, bewegliche Vermögensgegenstände, beweglicher Preis, bewegliches Vermögen, billige Geldsätze, dynamische Rente, falsches Geld, fauler Schuldner, feste Währung, festes Geld, flüssige Anlagen, flüssige Mittel, frei Grenze, frei Hafen, frei Haus, frei Kai, freihändiger Verkauf, freundliche Stimmung, garantierter Mindestpreis, halsabschneiderische Konkurrenz, harte Währung, heißes Geld, holländische Versteigerung, inflatorisches Klima, junger Wirtschaftszweig, knapper Kredit, knappes Geld, letzte Ausgabe, liquide Mittel, lustlose Nachfrage, lustlose Stimmung, Magisches Dreieck, monetäres Gleichgewicht, mörderischer Wettbewerb, offene Fonds, offene Verpflichtungen, offener Posten, offenes Ziel, optimistische Stimmung, reine Tratte, reiner Wechsel, richtiges Geld, schlechter Schuldner, schwache Währung, schwarzer Markt, starke Nachfrage, starke Währung, stille Gesellschaft, stille Jahreszeit, stille Reserven, stille Rücklagen, stille Teilhaberschaft, stille Übereinkunft, stiller Gesellschafter, stiller Teilhaber, totes Inventar, uneinheitliche Stimmung, unsichtbare Ausfuhr, unsichtbare Reserven, vertrauliche Unterlagen, weiche Währung, weiße Waren, wirtschaftliches Tief.

b) Strukturvarianten mit Bildung des Partizips in adjektivischer Funktion

Strukturvarianten mit Bildung des Partizips in adjektivischer Funktion in Verbindung mit einem Substantiv kommen in der Wirtschaftssprachen ebenfalls seh häufig vor. 64 feste Wortverbindungen konnten mit diesem Typ verzeichnet werden: abbröckelnde Kurse, abgelaufener Termin, angeheizte Inflation, angespannter Arbeitsmarkt, ausgeschüttete Dividende, bevorzugte Befriedigung, bezahlter Abstand, drückende Schulden, durchlaufende Mittel, fliegender Händler, fortlaufende Notierung, garantierter Mindestpreis, gedrückte Stimmung, geknickte Nachfragekurve, gekreuzter Scheck, geschlossene Fonds, gesperrte Effekten, gesperrtes Depot, gleitende Arbeitszeit, gleitender Tarif, hausgemachte Inflation, haussierende Kurse, kapitalisierte Aufwendungen, laufende Nummer, laufende Kosten, laufende Police, laufende Rechnung, laufende Schuld, laufende Schulden, laufende Verbindlichkeiten, laufende Verpflichtungen, laufende Verschuldung, laufende Versicherung, mangelnde Ausnutzung, notleidender Kredit, notleidender Wechsel, offenstehende Rechnung, qualifizierte Minderheit, schwankende Nachfrage, schwebende Belastung, schwebende Sache, schwebende Schuld, schwebende Schulden, stillgelegtes Geld, stillschweigend geschlossener Vertrag, stillschweigend zugesicherte Gewähr, stillschweigende Bedingungen, stillschweigende Garantie, stillschweigende Mängelhaftung, stillschweigende Pflicht, stillschweigender Vertrag, stillschweigendes Einverständnis, stillschweigendes Übereinkommen, trabende Inflation, überhitzte Konjunktur, umlaufendes Kapital, ungedeckter Scheck, vagabundierendes Geld, verfahrene Situation, verschleiertes Dumping, versteckte Abwertung, versteckter Mangel, wattierter Umschlag, weggeworfenes Geld, werbendes Kapital.

2) Substantiv + substantivisches Attribut im Genitiv

Dieser Typ ist im Gegensatz zu früheren Beispielen in der deutschen Sprache immer weniger zu sehen. In 12 Fällen ist diese Struktur zu beobachten: Anschwärzung der Konkurrenz, Anziehen der Kreditschraube, Auftauung eingefrorener Forderungen, Ausschüttung einer Dividende, Bilanz der unsichtbaren Leistungen, Deckung des Schecks, harter Kern der Arbeitslosigkeit, Kopf eines Briefes, Sitz der Gesellschaft, Streuung der Aktien, Verwässerung des Aktien- und Eigenkapitals, Ziehung eines Wechsels.

3) Substantiv + präpositionales Attribut bzw. präpositionale Entsprechung

In dieser Gruppe handelt es sich um feste Wortverbindungen entweder mit zwei substantivischen Komponenten, die durch eine Präposition verbunden werden wie z.B. *Strom von Besuchern, Sturm auf die Bank* oder es handelt sich um ein Substantiv, das mit einer präpositionalen Fügung erweitert wird wie z.B. *am laufenden Band, ab Werk*. 17 usuelle Wortverbindungen konnten mit diesem Typ verzeichnet werden: ab Kai, ab Werk, am laufenden Band, auf die Minute genau, auf hoher See, Ausgleich in bar, Eigentum zur gesamten Hand, Flut von Aufträgen, frei an Bord, Lieferung frei Haus, pro Kopf, Stand unter freiem Himmel, Strom von Besuchern, Sturm auf die Bank, Verbrauch pro Kopf, zum Materialwert, zur gesamten Hand.

4) Kompositum

In der Wirtschaftssprache sind die Komposita sehr oft zu beobachten. Auch in dieser Kategorie bilden die Komposita die größte Gruppe. 165 Komposita sind in dieser Gruppe zu verzeichnen. Diese sind folgende: Absatzbelebung, Absatzkette, Absatznetz, Abstandsgeld, Angebotssprünge, Bardurchfluss, Blindbuchung, Blitzsstreik, Börsenhausse, Break-Even-Analyse, Break-Even-Punkt, Briefkastenfirma, Briefkastengesellschaft, Dachgesellschaft, Dividendenausschüttung, Effektenbank, Engpass, Firmenmantel, Fluchtgeld, Fluchtkapital, Geldfluss, Geldillusion, Geldschleier, Geldverkehr, Gewinnausschüttung, Griffzeit, Handelskette, Handgeld, Handkauf, Haussebewegung, Haussemarkt, Haussespekulant, Hausseverkauf, Inflationsdämpfung, Inflationsklima, Inflationsschraube, Inflationsschub, Inflationsspirale, Informationsfluss, Kapitalaufzehrung, Kapitaleinschuss, Kapitalklemme, Kapitalkraft, Kapitalspritze, Kapitalverzehr, Kassapreis, Kassenschlager, Kilometergeld, Kleingeld, Konjunkturflaute, Konjunkturfrühling, Konjunkturspritze, Konjunktursturz, Kopfarbeiter, Kopfbetrag, Kopfsteuer, Kostenschlüssel, Kostenzange, Kreditspritze, Kundenfang, Kurserholung, Laufkunde, Laufkundschaft, Lebenskenner, Leerabgabe, Leerbestellung, Leerfracht, Leithammel, Mammutgesellschaft, Mammutinvestitionen, Mammutkonzern, Mammutprojekt, Mammutunternehmen, Mantelpolice, Manteltarifabkommen, Manteltarifvertrag, Marktdurchdringung, Marktenge, Marktschwemme, Marktzersplitterung, Maßnahmenbündel, Mundwerbung, Münzgeld, Nachfragebeweglichkeit, Nachfrageboom, Nettoausschüttung, Notgeld, Notgroschen, Nullserie, Offenmarkttitel, Organabrechnung, Organgesellschaft, Organtochter, Organträger, Paketverkauf, Pariplatz, Platzgeschäft, Platzkauf, Platzkurs, Platzverkauf, Platzwechsel, Portfolioverkehr, Preissprung, Preissturz, Preiswelle, Preiszusammenbruch, Primärgeld, Pro-Kopf-Umsatz, Pro-Kopf-Verbrauch, Rekordhöhe, Ressourcenfluss, Rettungsanker, Schattenwirtschaft, Scheinfirma, Scheingesellschaft, Scheinunternehmen, Scheinwechsel, Schleichhandel, Schlüsselarbeit, Schlüsselbranche, Schnäppchenjäger, Schwarzarbeit, Schwarzhändler, Schwarzmarkt, Schwarzmarktpreis, Schwebeposten, Schwestergesellschaft, Schwindelfirma, Schwindelgeschäft, Schwindelgesellschaft, Schwindelunternehmen, Sparpreis, Spitzenbedarf, Spitzenmarke, Spitzenumsatz, Spottpreis, Stammfirma, Stammgesellschaft, Stammhaus, Steueroase, Strohgesellschaft, Stückgeld, Tagesstempel, Taschengeld, Teufelskreis, Umlaufmarkt, Umsatzschwankungen, Untergrundwirtschaft, Vermögenssperre, Verschmelzungsvertrag, Verteilungsschlüssel, Wachstumspfad, Wachstumsspielraum, Währungsschlange, Warenhauskette, Werbefeldzug, Windhundprinzip, Windhundverfahren, Windprotest, Wirtschaftskreislauf, Wirtschaftszweig, Zeitkauf, Zeitverkauf, Zollkrieg.

5) Substantivisches Wortpaar

Als substantivisches Wortpaar konnte folgende phraseologische Einheit klassifiziert werden: Hab und Gut.

6) einfaches Substantiv

Diesem Typ konnte kein Beispiel zugeordnet werden.

2.1.2.1.2.2   Verbale Wortverbindungen

Nach Duhme verdeutlicht die Einbeziehung eines Verbs als Komponente den be-
nennenden Charakter dieser Kategorie von Wendungen. Besonders in der Wirtschaftssprache wird es dadurch möglich, wirtschaftsspezifische Handlungsabläu-
fe, Zustände und Aktionen unter Verwendung eines phraseologisch-fachsprach-
lichen Vokabulars zu benennen (Duhme 1991: 110).

1) Substantiv + Verb

Folgende 25 usuelle Wortverbindungen sind mit dem Typ „Substantiv + Verb" zu
verzeichnen: abwarten und Tee trinken, Defizit abdecken, den Scheck decken,
Dividende ausschütten, Geld einschießen, Geld stilllegen, Gesetz verletzen, Inflation anheizen, Kapital festlegen, Karte abstempeln, Konjunktur ankurbeln, Konjunktur dämpfen, Mittel anlegen, Mittel binden, Nachfrage ankurbeln, Nachfrage
decken, Nummer besetzt, Nutzen abwerfen, Preis drücken, Risiko streuen,
Schlange stehen, Stimme abgeben, Wachstum ankurbeln, Wechsel hereinnehmen,
Wirtschaft ankurbeln.

2) Adjektivisch-attributiv erweitertes Substantiv

Diese Gruppe ist nicht vertreten.

3) Erweiterung des Substantivs oder der Verbalkomponente durch attributive Präpositionalgruppe:

Dieser Typ ist in folgenden 2 Fällen zu verzeichnen: bis über beide Ohren Schulden haben, die Ohren in Schulden stecken.

4) Substantiv mit Präposition bzw. präpositionaler Entsprechung, zum Teil attributiv erweitert

Dieser Typ kommt in 14 usuellen Wortverbindungen vor: auf Baisse (Bären-markt) spekulieren, auf die schwarze Liste setzen, auf Hausse kaufen, auf Zeit verkaufen, aus dem Verkehr ziehen, aus etw. Kapital schlagen, außer Kraft setzen, außer Kurs setzen, bis aufs Messer bekämpfen, in Schulden stecken, in Vekehr bringen, ins Haus liefern, mit Plus-Minus-Null abschließen, tief in Schulden stecken.

Im Folgenden sind die Ergebnisse der substantivischen usuellen Wortverbindungen im Deutschen zusammengestellt. Bei den substantivischen usuellen Wortverbindungen sind die Komposita am meisten vertreten. Von 325 nominalen Bildungen sind 165 Komposita, an zweiter Stelle ist die Struktur „adjektivisches Attribut + Substantiv" mit 128 Fällen zu sehen, 66 davon sind Bildungen mit reinem Adjektiv, 64 davon sind Bildungen des Partizips in adjektivischer Funktion.

Substantivische Wortverbindungen im Deutschen	
1. adjektivisches Attribut + Substantiv	
a) mit reinem Adjektiv	66
b) Strukturvarianten mit Bildung des Partizips in adjektivischer Funktion	64
2. Substantiv + substantivisches Attribut im Genitiv	12
3. Substantiv + präpositionales Attribut bzw. präpositionale Entsprechung	17
4. Kompositum	165
5. substantivisches Wortpaar	1
6. einfaches Substantiv	-
insgesamt	325

Bei der Verbalgruppe ist die Gruppe „Substantiv + Verb" mit 25 Fällen am meisten vertreten. Die Ergebnisse der verbalen usuellen Wortverbindungen im Deutschen sind wie folgt:

Verbale Wortverbindungen im Deutschen	
1. Substantiv + Verb	25
2. adjektivisch-attributiv erweitertes Substantiv	-
3. Erweiterung des Substantivs oder der Verbalkomponente durch attributive Präpositionalgruppe	2
4. Substantiv mit Präposition bzw. präpositionaler Entsprechung, zum Teil attributiv erweitert	14
insgesamt	41

Bei dieser Äquivalenzgruppe sind die substantivischen usuellen Wortverbindungen im Deutschen am meisten verteten. Von 366 syntaktischen Strukturen sind 325 substantivisch und 41 verbal. Im Folgenden sind die Ergebnisse im Deutschen dargestellt.

Substantivische Wortverbindungen im Deutschen	325
Verbale Wortverbindungen im Deutschen	41
insgesamt	366

2.1.2.1.3 Morphologisch-syntaktische Klassifikation der Wortverbindungen im Türkischen

2.1.2.1.3.1 Substantivische Wortverbindungen

Bei den substantivischen usuellen Wortverbindungen muss als Kernwort eine substantivische Komponente aufzuweisen sein, jedoch darf kein Verb als obligatorische Komponente auftreten. Von insgesamt 366 usuellen Wortverbindungen weisen 325 Fälle eine substantivische Struktur auf.

1) adjektivisches Attribut + Substantiv

a) mit reinem Adjektiv

Mit dieser Struktur gibt es bei den türkischen Entsprechungen dieser Gruppe 93 Bildungen. Diese sind: açık kalem, açık uçlu fonlar, açık vade, arızi giderler, astarlı zarf, âtıl zaman, azami talep, bağlı şirket (2), batık borçlu (2), batık kredi, bloke portföy, canlı talep, cari borç, cari borçlar (4), dalgalı kotasyon, dalgalı poliçe, dalgalı sigorta, dalgalı talep, dar kredi, dar para, dev işletme, dev konsern, dev proje, dev şirket, dev yatırımlar, dörtnala enflasyon, durgun talep, ekonomik daralma, ekonomik depresyon, ekonomik doping, ekonomik durgunluk, eksik istihdam, endeksli emeklilik, enflasyonist helezon (2), enflasyonist ortam, esnek çalışma saatleri, esnek fiyat, finansal güç, geçici para, gizli anlaşma, gizli damping, gizli devalüasyon, gizli evraklar, gizli ihtiyatlar (2), gizli rezervler, imtiyazlı ödeme, isteksiz hava, iyi para, iyimser hava (2), kaçak iş, kalıcı işsizlik, karışık trend, katı para (2), kaygan oranlı tarife, kıyasıya rekabet (2), kötümser hava, markasız mallar, nakdî denge, parasal denge, parasal taban, peşin fiyat, sağlam para, sahte para, şartlı azınlık, seri şeklinde, sıkışık iş piyasası, son baskı, tranzituar kalemler, ucuz fiyat, ucuz para, üretken sermaye, üstü kapalı anlaşma, üstü kapalı garanti (2), üstü kapalı kabullenme, üstü kapalı koşullar, üstü kapalı sözleşme, üstü kapalı yükümlülük, vadeli para, yüklü borçlar, yumuşak para, zayıf para, zımni akit.

b) Strukturvarianten mit Bildung des Partizips in adjektivischer Funktion

Dieser Bildungstyp ist in folgenden 14 Fällen zu sehen: aşırı kızmış ekonomi, çıkmaz durum, çizilmiş çek, dağıtılabilir net kâr, dağıtılmış temettü, dondurulmuş giderler, dondurulmuş menkul kıymetler, dondurulmuş para, düşen fiyatlar, geçmiş tarih, görülmeyen kusur, körüklenmiş enflasyon, ödenmemiş borçlar, ödenmiş hava parası.

2) Substantiv + substantivisches Attribut im Genitiv

Die Anzahl der festen Wortverbindungen mit einem substantivischen Genitiv beträgt acht: dondurulmuş alacakların deblokajı, ekonominin dairesel akımı, hisselerin dağılımı, konjonktürün canlanması, kredi muslukların sıkılması, piyasanın boğulması, piyasanın parçalanması, poliçenin keşidesi.

3) Substantiv + präpositionales Attribut bzw. präpositionale Entsprechung

In dieser Gruppe handelt es sich um feste Wortverbindungen entweder mit mehreren substantivischen Komponenten, die im Deutschen in der Regel durch eine Präposition verbunden werden, im Türkischen jedoch durch verschiedene Kasusformen wie Dativ, Lokativ oder Ablativ mittels Postpositionen erweitert werden, z.B. satışlarda dalgalanmalar, sokağı atılmış para, bankaya hücüm oder es handelt sich um ein Substantiv, das mit einer attributiven Fügung erweitert, z.B. açık denizde, kapalı uçlu fonlar. Folgende 41 usuelle Wortverbindungen sind in dieser Gruppe verzeichnet: açığa satış, açık denizde, adam başına bedel, adam başına hasılat, adam başına tüketim (2), adam başına vergi, ağızdan ağza tanıtım, askıda kalmış kalem, askıda olan borç (2), askıda olan borçlar, ayıplara karşı üstü kapalı sorumluluk, bankaya hücüm, boğa eğilimi gösteren fiyatlar, elden satış, eve teslim (3), fabrika teslimi, fiyatlarda aniden düşme, fiyatlarda artış dalgası, fiyatlarda fırlama, fiyatlarda toparlama, gemiye teslim, hurda fiyatına, ilk gelen ilk alır prensipi, ilk gelen ilk alır usulü, kafadan kayıt, kapalı uçlu fonlar, kişi başına, liman teslim, piyasaya girme, rıhtım teslimi, rıhtımda teslim, satışlarda canlanma, satışlarda dalgalanmalar, sınırda teslim, sokağı atılmış para, sürüncede bulunan dava, varlıkları dondurma.

4) Kompositum

Wie schon erwähnt wurde, gibt es bei der Klassifizierung der Komposita im Türkischen Probleme wie z.B. bei den festen Wortverbindungen *fiktif satış, kara sermaye, dirsekli talep eğrisi*. Diese Verbindungen sind in den allgemeinen Wörterbüchern nicht als Komposita eingetragen und müssten in diesen Fällen den Typ Adjektiv und Substantiv vertreten, was meiner Meinung nicht stimmt, da diese als wirtschaftliche Begriffe sehr bekannt sind und sind diese somit als Komposita zu definieren. In dieser Gruppe sind 163 usuelle Wortverbindungen zu verzeichnen: açık eksiltme, açık hava standı, açık hesap, açık piyasa senedi, açık poliçe (2), alivre alım, alivre satış, ana şirket (4), ani grev, arz şoku, ayak müşterileri, ayak müşterisi, başa baş analizi, başa baş noktası (2), beyaz yaka işçisi, bilgi akımı, blok satış, boğa eğilimi, boğa eğiliminde satış, boğa piyasası, borsa tavanı, bozuk para (2), büyüme potansiyeli, cari hesap, cari masraflar, cep harçlığı, çürük senet, dağıtım ağı, dağıtım oranı, darboğaz, dirsekli talep eğrisi, döner sermaye (2), el birliği, el birliği mülkiyeti, enflasyon ortamı, enflasyon patlaması, enflasyonu bastırma, fiktif satış, firma çatısı, fırsat avcısı, fırsat fiyatı, fiyat şoku, füzyon sözleşmesi, gizli ekonomi (2), global poliçe, görünmeyenler bilançosu, gümrük tarifesi çatışması, hatır senedi, hava parası, hayalî ihracat, hayalî ticaret, hayat adamı, hazır bulunmama protestosu, iç enflasyon, ikincil piyasa, iş kolu, kalkınma yolu, kâr dağıtımı, karaborsa (2), kara para (3), kara sermaye, karaborsa fiyatı, karagün akçesi, kardeş şirekt, karşılıksız çek, kasa birincisi, kaynak akışı, kilit endüstri, kilit iş, kısır döngü, komanditer ortak (2), komanditer ortaklık (2), konsolide hesaplar, kredi dopingi, kurtuluş çaresi, likit fonlar (2), madenî para, mağazalar zinciri (2), mahalli poliçe, maliyet dağıtım anahtarı, maliyet makası, mektup başlığı, menkul değerler, menkul varlıklar, müdahale fiyat (2), müşteri avı, nakit akışı, naylon şirket (6), net temettü, ölü mevsim, ölü stok, ölü yük, önder marka, önlemler paketi, oy kullanma, para akışı (2), para yanılgısı (2), para yılanı, paravan şirket (3), pazarlama zinciri, pazarlık parası, pilot seri, portföy transferleri, reklam kampanyası, rekor düzey, rekor satışlar, sarı sendika, şemsiye şirket, seri numarası, sermaye aşınımı, sermaye dopingi, sermaye iştiraki, sermaye sıkışıklığı, sermaye tüketimi, seyyar satıcı, sipariş akımı, şirket merkezi, spot alım, spot işlem, spot kur, spot satım, stok darlığı, takas odası, talep esnekliği, talep patlaması, tali şirket, tam istihdam, taşınır mallar, temettü dağıtımı (2), toplu iş sözleşmesi (2), varlık sulandırma, vergi cenneti, yavru sanayi, yevmiye damgası, yol parası, ziyaretçi akımı.

5) Substantivisches Wortpaar

Dieser Gruppe konnten folgende zwei Wortverbindungen zugeordnet werden: mal mülk, dakika dakikasına.

6) einfaches Substantiv

Bei den türkischen Entsprechungen musste eine neue Gruppe hinzugefügt werden. Denn als türkische Entsprechung erscheinen in manchen Fällen Substantive wie die folgenden vier: kösemen, ayakçı, kaçakçılık und boğacı.

2.1.2.1.3.2 Verbale Wortverbindungen

Von insgesamt 366 usuellen Wortverbindungen konnten als verbale Konstruktionen lediglich 41 klassizifiert werden.

1) Substantiv + Verb

In dieser Gruppe befinden sich in der Regel ein Substantiv und ein Verb wie z.B. *çeki karşılamak*, allerdings haben wir auch ein Beispiel wie z.B. *bekle ve gör!*, indem zwei Verben in der Imperativform vorhanden sind. 25 usuelle Wortverbindungen sind in dieser Gruppe zu beobachten: açığı kapatmak, alivre satmak, bekle ve gör!, büyümeyi pompalamak, çeki karşılamak, ekonomiyi pompalamak, enflasyonu körüklemek, fayda sağlamak, fiyatı kırmak, fonları bağlamak, hat meşgul, kart basmak, konjonktürü frenlemek, konjonktürü pompalamak, kuyrukta beklemek, para takviye etmek, parayı dondurmak, riski dağıtmak, senet kırmak, sermaye bağlamak, talebi karşılamak, talebi pompalamak, temettü dağıtmak, yasayı çiğnemek, yatırım yapmak.

2) Adjektivisch-attributiv erweitertes Substantiv

Zu dieser Gruppe konnte lediglich ein Beispiel zugeordnet werden: kıyasıya mücadele etmek

3) Erweiterung des Substantivs oder der Verbalkomponente durch attributive Präpositionalgruppe

Mit dieser Struktur ist kein einziges Beispiel als türkische Entsprechung vorhanden.

4) Substantiv mit Präposition bzw. präpositionaler Entsprechung, zum Teil attributiv erweitert

Dieser Gruppe konnten 15 phraseologische Wortverbindungen zugeordnet werden. Diese sind folgende: ayı eğilimi beklentisiyle alıp satmak, başa baş kapamak, bir şeyden sermaye yapmak, boğa eğiliminde almak, boğazına kadar borçlu olmak (2), boğazına kadar borçta olmak, borca batmak, dolaşıma çıkarmak, geçersiz kılmak, dolaşımdan almak, dolaşımdan kaldırmak, elden satın almak, kara listeye almak, rakiplere çamur atmak.

Von 325 festen Wortverbindungen im Türkischen sind die Komposita mit 163 Beispielen am meisten vertreten. An zweiter Stelle sind mit 93 Fällen die Bildungen mit reinem Adjektiv.

Im Folgenden sind die Ergebnisse der substantivischen usuellen Wortverbindungen im Türkischen zusammengestellt.

Substantivische Wortverbindungen im Türkischen	
1. adjektivisches Attribut + Substantiv	
a) mit reinem Adjektiv	93
b) Strukturvarianten mit Bildung des Partizips in adjektivischer Funktion	14
2. Substantiv + substantivisches Attribut im Genitiv	8
3. Substantiv + präpositionales Attribut bzw. präpositionale Entsprechung	41
4. Kompositum	163
5. Substantivisches Wortpaar	2
6. einfaches Substantiv	4
insgesamt	325

Bei der verbalen Gruppierung im Türkischen sind mit 25 Beispielen die Bildungen „Substantiv + Verb" am stärksten vertreten. Von 41 festen Wortverbindungen sind 15 Bildungen des Typs „Substantiv mit Präposition bzw. präpositionaler Entsprechung, zum Teil attributiv erweitert" und diese belegen die zweite Stelle. Die Ergebnisse der verbalen usuellen Wortverbindungen im Türkischen sind wie folgt:

Verbale Wortverbindungen im Türkischen	
1. Substantiv + Verb	25
2. adjektivisch-attributiv erweitertes Substantiv	1
3. Erweiterung des Substantivs oder der Verbalkomponente durch attributive Präpositionalgruppe	-
4. Substantiv mit Präposition bzw. präpositionaler Entsprechung, zum Teil attributiv erweitert	15
insgesamt	41

Von insgesamt 366 usuellen Wortverbindungen sind im Türkischen 325 substantivische und 41 verbale Bildungen. Im Folgenden sind die Ergebnisse der substantivischen und verbalen usuellen Wortverbindungen im Türkischen verzeichnet.

Substantivische Wortverbindungen im Türkischen	325
Verbale Wortverbindungen im Türkischen	41
insgesamt	366

2.1.2.1.4 Auswertung der deutsch-türkischen Ergebnisse

Bei einem Vergleich der Ergebnisse im Deutschen und Türkischen sind bei dieser Äquivalenzgruppe einige strukturelle Unterschiede zu beobachten. Von insgesamt 325 substantivischen Bildungen sind die Komposita sowohl im Deutschen als auch im Türkischen am stärksten und zahlenmäßig fast gleich vertreten, im Deutschen sind es 165, im Türkischen 163. Die zweite Stelle belegen in beiden Sprachen die Bildungen mit reinem Adjektiv. Die Anzahl im Deutschen beträgt 66.

Im Türkischen ist diese Struktur mit 93 Bildungen jedoch erheblich höher. Die dritte Stelle belegen in den jeweiligen Sprachen andere Strukturen. Im Deutschen sind die „Strukturvarianten mit Bildung des Partizips in adjektivischer Funktion" mit 64 Fällen, im Türkischen dagegen der Typ „Substantiv + präpositionales Attribut bzw. präpositionale Entsprechung" mit 41 Beispielen an dritter Stelle.

Tabelle 4: Das Ergebnis der substantivischen Wortverbindungen im Deutschen und im Türkischen

Substantivische Wortverbindungen	im Deutschen	im Türkischen
1. adjektivisches Attribut + Substantiv		
a) mit reinem Adjektiv	66	93
b) Strukturvarianten mit Bildung des Partizips in adjektivischer Funktion	64	14
2. Substantiv + substantivisches Attribut im Genitiv	12	8
3. Substantiv + präpositionales Attribut bzw. präpositionale Entsprechung	17	41
4. Kompositum	165	163
5. substantivisches Wortpaar	1	2
6. einfaches Substantiv	-	4
Insgesamt	325	325

Aus Tabelle 5 geht hervor, dass die Anzahl der verbalen usuellen Wortverbindungen im Deutschen und im Türkischen fast äquivalent ist. Mit dem Typ ‚Substantiv + Verb' sind sowohl im Deutschen als auch im Türkischen 25 Bildungen zu verzeichnen. Mit der Struktur ‚Substantiv mit Präposition bzw. präpositionaler Entsprechung, zum Teil attributiv erweitert' sind im Deutschen 14, im Türkischen dagegen 15 Bildungen zu sehen, sodass insgesamt 41 verbale Strukturen in dieser Gruppe zu verzeichnen sind.

Tabelle 5: Das Ergebnis der verbalen Wortverbindungen im Deutschen und im Türkischen

Verbale Wortverbindungen	im Deutschen	im Türkischen
1.Substantiv + Verb	25	25
2.adjektivisch-attributiv erweitertes Substantiv	-	1
3. Erweiterung des Substantivs oder der Verbalkomponente durch attributive Präpositionalgruppe	2	-
4. Substantiv mit Präposition bzw. präpositionaler Entsprechung, zum Teil attributiv erweitert	14	15
insgesamt	41	41

Bei diesem Äquivalenztyp sind in beiden Sprachen von 366 festen Wortverbindungen 325 substantivische und 41 verbale Strukturen zu beobachten.

Tabelle 6: Das Ergebnis der substantivischen und verbalen Wortverbindungen im Deutschen und im Türkischen

	im Deutschen	im Türkischen
Substantivische Wortverbindungen	325	325
Verbale Wortverbindungen	41	41
insgesamt	366	366

2.1.2.2 Wortverbindungen mit partieller Äquivalenz - Typ II

In dieser Gruppe weist das strukturelle Modell gewisse Ähnlichkeiten auf. Im Deutschen handelt es sich jedoch um phraseologische Einheiten, wobei diesen im Türkischen lediglich feste Wortverbindungen mit denotativer Bedeutung entsprechen. Als Beispiele können folgende phraseologische Einheiten angegeben werden: z. B. das deutsche Kompositum *Zinsfuß* mit der Bedeutung ,der Berechnung von Zinsen zugrunde liegender Prozentsatz' (Wahrig 2000: 1428) und der türkischen Entsprechung *faiz oranı*, wörtlich ,Prozentsatz'. Ein weiteres Beispiel zu dieser Gruppe ist: *auf Ziel verkaufen* im Deutschen mit der türkischen Entsprechung *vadeli satmak*, wobei die wörtliche Wiedergabe ,befristet verkaufen' lautet. Ebenfalls zu dieser Gruppe gehört die *federführende Bank* ,leitende, führende Bank' (vgl. Wahrig 2000: 461) mit der türkischen Wiedergabe *yönetici banka*, wörtlich 'führende bzw. leitende Bank'. In Deutschland bekommt ein Arbeitsloser

als Unterstützung *Stempelgeld* mit der Bedeutung ‚Arbeitslosenunterstützung'
(Wahrig 2000: 1200), die türkische Entsprechung zu diesem Einwortphraseolo-
gismus ist die feste Wortverbindung *işsizlik parası* mit der wörtlichen Wiedergabe
‚Arbeitslosengeld'. Ein Beispiel aus der Börse ist der *Aktienmantel* ‚Wertpapier-
urkunde'(vgl. http://www.wirtschaftslexikon24net), die türkische Wiedergabe ist
folgende: *hisse sertifikası* mit der wörtlichen Übersetzung ‚Aktienzertifikat'. Ein
weiterer Begriff aus der Börse ist der *Börsenkrach* im Deutschen mit dem semantischen Inhalt ‚Börsensturz infolge einer Wirtschaftskrise' (Duden 2007: 326). Im
Türkischen wird es als *borsa krizi*, wörtl. ‚Börsenkrise', wiedergegeben. Wenn
wir z.B. im Deutschen von einem *Tante-Emma-Laden* sprechen, sprechen wir von
einem ‚kleinen Einzelhandelsgeschäft alten Stils' (Duden 2007: 1661) und haben
eine bestimmte Vorstellung. Im Türkischen wird es als folgende Wortverbindung
wiedergegeben: *mahalle bakkalı* und dieser Ausdruck ist zwar von denotativer
Bedeutung, bringt jedoch die gleiche Assoziation von einem kleinen, gemütlichen
Einzelhandelgeschäft' mit sich. Wenn man bei Waren von einer *Spitzenqualität*
im Deutschen spricht, so handelt es sich um die ‚beste Qualität' (Duden 2007:
1582), die türkische Entsprechung ist die usuelle Wortverbindung *en üstün kalite*,
die die denotative Bedeutung von der ‚höchsten Qualität' ist. Ebenfalls zur partiellen Äquivalenzgruppe mit semantischer Entsprechung, aber unterschiedlicher
Komponente gehört die *Gewinnschwelle*, die ‚der Punkt, bei dem der Preis die
Kosten deckt, ohne dass ein Gewinn erzielt wird' ist (Grüske/Schneider 2003: 79,
199). Ins Türkische kann sie mit folgender Ausdrucksweise wiedergegeben werden: *kâra geçiş noktası*, wörtlich ‚Übergangspunkt zum Gewinn'. Als letztes Beispiel dieser Gruppe kann man den Phraseologismus *aus den roten Zahlen herauskommen* mit der Bedeutung ‚aus der Verlustzone herauskommen' (Duden 2007:
1957) angeben, der im Türkischen lediglich folgenderweise angegeben werden
kann: *zararı kapatmak*, wörtlich ‚Verlust decken'.

2.1.2.2.1 Inventar der Wortverbindungen mit partieller Äquivalenz – Typ II

usuelle Wortverbindungen im Deutschen	usuelle Wortverbindungen im Türkischen	wörtliche Übersetzung der türkischen Entsprechung
Abbauen von Preisen	fiyatları düşürmek	‚Preise senken'
ABC-Analyse	envanteri değerlendirme	‚Bewertung des Inventars'
abnehmende Nachfrage	azalan talep	‚Verringerung der Nach-frage'
Abrollkosten	nakliye maliyeti	‚Lieferungskosten'

Absatz finden	pazar bulmak	‚Markt finden'
Abschlusskurs an der Börse	borsa kapanış fiyatı	‚Börsenschließungspreis'
Abstandssumme	hava parası tutarı	‚Luftgeldsumme'
Abstandszahlung	hava parası ödemesi	‚Luftgeldzahlung'
Aktienausgabe	hisse senetlerin ihracı	‚Ausfuhr der Aktien'
Aktienmantel	hisse sertifikası	‚Aktienzertifikat'
am Apparat bleiben	hatta kalmak	‚an der Leitung bleiben'
am Kai löschen	rıhtımda boşaltmak	‚am Kai leeren'
Amt bekleiden	resmi görevde bulunmak	‚sich im amtlichen Dienst befinden'
amtlicher Verkehr	resmi işlemler	‚amtliche Bearbeitungen'
an die Börse gehen	borsaya girmek	‚in die Börse gehen'
anlagebereite Mittel	atıl para mevcutları	‚die nicht gebrauchten Geldbestände'
Anlageklima	yatırım ortamı	‚Investitionsatmosphäre'
Antwort zahlt Empfänger	alıcı tarafından ödenir	‚seitens des Empfängers wird gezahlt'
Anziehen der Preise	fiyatların yükselmesi	‚das Steigen der Preise'
anziehende Kurse	yükselen fiyatlar	‚steigende Preise'
Arbeit aufnehmen	işe başlamak	‚mit der Arbeit beginnen'
Arbeit außer Haus geben	dışarıya iş vermek	‚Arbeit nach außen geben'
Arbeit niederlegen	işi bırakmak	‚Arbeit (liegen)lassen'
Arbeitsklima	çalışma ortamı	‚Arbeitsatmosphäre'
auf den neuesten Stand bringen	modernize etmek	‚modernisieren'
auf der Tagesordnung stehen	gündemde bulunmak	‚sich auf der Tagesordnung befinden'
auf Rechnung und Gefahr	hesap ve riske karşı	‚gegen Rechnung und Risiko'
auf Ziel verkaufen	vadeli satmak	‚befristet verkaufen'
aufgelaufene Verbindlichkeiten	birikmiş borçlar	‚angehäufte Schulden'
aufgelaufene Verpflichtungen	tahakkuk etmiş borçlar	‚fällig gewordene Schulden'
aufgelaufene Zinsen	tahakkuk etmiş faizler	‚fällig gewordene Zinsen'
aufgelaufener Betrag	tahakkuk etmiş meblağ	‚fällig gewordener Betrag'
aus den roten Zahlen herauskommen	zararı kapatmak	‚Verlust decken'

Ausfuhr von Waren zu Schleuderpreisen	dış ticarette damping	‚Dumping im Außenhandel'
Ausgabe von Aktien	hisse senetlerin ihracı	‚Ausfuhr der Aktien'
Ausgaben aufschlüsseln	giderleri dağıtmak	‚Ausgaben verteilen'
Ausgaben der öffentlichen Hand	kamu harcamaları	‚öffentliche Ausgaben'
Ausgaben drosseln	harcamaları kısmak	‚Ausgaben einschränken'
Ausgabenströme	nakit çıkışları	‚Barausgänge'
äußerster Kurs	tavan fiyat	‚Höchstpreis'
Bankapparat	bankacılık sistemi	‚Bankwesensystem'
Bankenapparat	bankacılık sistemi	‚Bankwesensystem'
Bankentitel	banka kağıtları	‚Bankpapiere'
Barausschüttung	nakit kâr dağıtımı	‚Bargewinnverteilung'
Beamtenlaufbahn	memurluk hayatı	‚Beamtenleben'
Bedarf an liquiden Mitteln	nakit ihtiyaç	‚Barbedarf'
Bedarf decken	ihtiyacı karşılamak	‚dem Bedarf entgegenkommen'
Bedarf wecken	talep yaratmak	‚Bedarf schaffen'
Bedarfsweckung	talep yaratma	‚Bedarfsschaffung'
bereitgestellte Mittel	tahsis edilmiş fonlar	‚zugeteilte Fonds'
Bereitstellung von Haushaltsmitteln	ödeneklerin düzenlenmesi	‚Organisation der bereitgestellten Gelder'
berufliche Laufbahn	mesleki kariyer	‚berufliche Karriere'
Bestände aufnehmen	stokları saymak	‚Bestände zählen'
Betrieb stilllegen	işletmeyi kapatmak	‚Betrieb schließen'
betriebliches Umfeld	iş çevresi	‚Arbeitsumfeld'
betriebsfremde Aufwendungen	arızi giderler	‚akzidentelle Ausgaben'
Betriebsklima	iş ortamı	‚Arbeitsatmosphäre'
Bilanz der laufenden Posten	cari işlemler bilançosu	etwa ‚Bilanz der gültigen Geschäftsgänge'
Bilanz ziehen	bilanço yapmak	‚Bilanz machen'
billiger Anspruch	adil hak	‚gerechtes Recht'
Blitzprüfung	ani denetim	‚plötzliche Kontrolle'
Börsenklima	borsa ortamı	‚Börsenatmosphäre'
Börsenkrach	borsa krizi	‚Börsenkrise'
Briefkopf	mektup başlığı	etwa ‚Briefkopfteil'
Briefkurs	arz fiyatı	‚Angebotspreis'
Buchgewinn	muhasebe kârı	‚Buchhaltungsgewinn'

Bummelstreik	işi yavaşlatma grevi	‚Streik zur verlangsamten Arbeitweise'
Defizit der öffentlichen Hand	kamu kesimi açığı	‚Defizit des öffentlichen Bereichs'
Delkredere stehen	kredi riskini üstlenme	‚Kreditrisiko übernehmen'
den Markt stützen	piyasayı desteklemek	‚den Markt unterstützen'
Drosselung der Ausgaben	harcamaları kısma	‚Einschränkung der Ausgaben'
Drosselung der Einfuhr	ithalatı kısıtlama	‚Beschränkung der Einfuhr'
Drosselung der Produktion	üretimi kısma	‚Einschränkung der Produktion'
durchlaufende Gelder	cari fonlar	‚gültige Fonds'
Ecklohn	esas ücret	‚eigentlicher Lohn'
Eckwert	asıl değer	‚ursprünglicher Wert'
eine Rechnung begleichen	bir hesabı ödemek	‚eine Rechnung bezahlen'
einem Konto gutschreiben	hesaba geçirmek	‚dem Konto übertragen'
einer Arbeit nachgehen	iş yapmak	‚Arbeit machen'
eingeschaltete Bank	aracı banka	‚Vermittlerbank'
eiserne Reserve	daimi ihtiyat akçesi	etwa ‚Notgroschen auf Dauer'
empfindliche Geldstrafe	ağır para cezası	‚schwere Geldstrafe'
Ende der Laufzeit	sürenin bitimi	‚Ende der Frist'
Erlebensalter	sigortalanma yaşı	‚Versicherungsalter'
erster Kurs	açılış fiyat	‚Eröffnungspreis'
Ertragseinbruch	verimde azalma	‚Leistungsverringerung'
fallende Kurse	düşen fiyatlar	‚fallende Preise'
federführende Bank	yönetici banka	‚führende Bank'
feste Arbeit	sürekli iş	‚dauerhafte Arbeit'
fester Abschluss	kesin akit	‚unwiderruflicher Abschluss'
fester Verkauf	kesin satış	‚unwiderruflicher Verkauf'
Festlaufzeit	sabit vade	‚feste Frist'
flankierende Maβnahmen	destekleyici önlemler	‚unterstützende Maβnahmen'
flaue Börse	durgun borsa	‚unbewegliche Börse'
florierende Konjunktur	yüksek konjonktür	‚hohe Konjunktur'

Fracht löschen	yük boşaltmak	‚Fracht leeren'
franko Fracht	ücretsiz nakliye	‚kostenlose Lieferung'
freibleibender Verkauf	şartlı satış	‚bedingter Verkauf'
freie Reserven	hazır ihtiyatlar	‚fertige Reserven'
freier Verkehr	serbest dolaşım	‚freier Umlauf'
freies Spiel des Wettbe- werbs	serbest rekabet	‚freier Wettbewerb'
freihändige Vergabe	yarışmalı ihale	‚wettkämpferische Aus- schreibung'
fremder Umsatz	dış satışlar	‚Außenverkäufe'
führendes Haus	önder şirket	‚führende Firma'
gebrochener Verkehr	kombine taşıma	‚kombinierte Beförde- rung'
gegen Kasse	peşin alma	‚Bar-Annahme'
Geld abführen	para göndermek	‚Geld schicken'
Geld abheben	para çekmek	‚Geld ziehen'
Geld und Brief	teklif ve talep	‚Angebot und Nachfrage'
Geld vorschießen	avans vermek	‚Vorschuss geben'
Geld-Brief-Schlusskurs	arz talep kapanış fiyatı	‚Angebot-Nachfrage- Schließungspreis'
Geld-Brief-Spanne	arz talep marjı	‚Angebot-Nachfrage- Spanne'
Geldschwemme	para bolluğu	‚Geldüberfluss'
Geldtitel	nakit varlık	‚Barvermögen'
Gericht anrufen	mahkemeye başvurmak	‚sich an das Gericht wen- den'
Geschäft im Freiverkehr	açık piyasa işlemleri	‚freie Marktgeschäfte'
Geschäftsklima	iş ortamı	‚Arbeitsatmosphäre'
Geschäftsverkehr	ticari işlemler	‚Handelsabfertigungen'
Geschmacksmuster	tescilli desen	‚registriertes Muster'
geschönte Statistik	oynanmış veriler	‚gespielte Angaben'
gesprochener Kurs	nominal fiyat	‚Nominalpreis'
Gewinn abwerfen	kâr bırakmak	‚Gewinn lassen'
Gewinnschwelle	kâra geçiş noktası	‚Übergangspunkt zum Gewinn'
Griffbereich	iş alanı	‚Arbeitsbereich'
Grund und Boden	gayrimenkul maller	‚unbewegliche Güter'
Grundsatz von Treu und Glauben	iyi niyet dürüstlük kuralı	‚Gutgläubigkeits- und Ehrenhaftigkeitsregel'
Grundstück auflassen	arsayı devretmek	‚Grundstück übertragen'
Handelsbarriere	ticari engel	‚Handelshindernis'

Handelsschranke	ticari engel	‚Handelshindernis'
Hausgebrauch	evde kullanım	‚der Gebrauch zu Hause'
Hausjurist	şirket avukatı	‚Firmenanwalt'
Hausstand gründen	aile kurmak	‚Familie gründen'
heimische Kreditaufnahme	iç borçlanma	‚innere Verschuldung'
in den Ausstand treten	greve başlamak	‚Streik beginnen'
in den Haushalt einstellen	bütçeye katmak	‚dem Budget dazugeben'
in den Ruhestand treten	emekliliğe ayrılmak	‚zur Rente ausscheiden'
in den Ruhestand versetzen	emekliliğe ayırmak	‚zur Rente ausscheiden lassen'
in See stechen	denize açılmak	
Industriepark	sanayi merkezi	‚Industriezentrum'
Inflationsdrosselung	enflasyonu azaltma	‚Verminderung der Inflation'
Informationslücke	bilgi eksikliği	‚Informationsmangel'
Investitionsklima	yatırım ortamı	‚Investitionsatmosphäre'
Kauf gegen Kasse	peşin alım	‚Barkauf'
Kauf in Bausch und Bogen	toptan satın alma	‚Großhandelskauf'
Kopffiliale	merkez şubesi	‚Zentralfiliale'
Kost und Logis	yeme, içme ve yatma	‚Essen, trinken und schlafen'
Kosten umlegen	maliyeti dağıtmak	‚Herstellungskosten verteilen'
Kostendruck	maliyet baskısı	‚Herstellungskostendruck'
Kostenmiete	ekonomik rant	‚ökonomische Rendite'
Kräftebedarf	işgücü ihtiyacı	‚Arbeitskräftebedarf'
Kräftemangel	işgücü eksikliği	‚Arbeitskräftemangel'
Kredit aufnehmen	kredi almak	‚Kredit nehmen'
Kredit beschaffen	kredi bulmak	‚Kredit finden'
Kreditlinie überschreiten	kredi limitini aşmak	‚Kreditlimit überschreiten'
Kreislauf der Wirtschaft	ekonominin dairesel akımı	‚der kreisläufige Abfluss der Wirtschaft'
Kurse in die Höhe treiben	fiyatları yükseltmek	‚Preise erhöhen'
Kurspflege	destekleme, fiyat ve istikrar	‚Unterstützung, Preis und Stabilität'
Kursspanne	kur fiyat marjı	‚Kurs-Preis-Differenz'

Kurssturz	ani fiyat düşüşü	‚plötzliches Sinken der Preise'
Kurszettel	fiyat listesi	‚Preisliste'
kurzer Wechsel	kısa vadeli poliçe	‚kurzfristiger Wechsel'
Kurzläufer	kısa vadeli tahvil	‚kurzfristige Anleihe'
Ladung löschen	yük boşaltmak	‚Fracht ausladen'
langer Wechsel	uzun vadeli poliçe	‚langfristiger Wechsel'
laufende Aufwendungen	cari giderler	‚gültige Aufwendungen'
laufende Ausgaben	cari harcamalar	‚gültige Ausgaben'
laufende Information	sürekli bilgi	‚ständige Informationen'
laufende Investitionen	cari yatırımlar	‚gültige Investitionen'
laufende Prämie	cari prim	‚gültige Prämie'
laufender Ertrag	sürekli getiri	‚ständiges Einkommen'
laufender Kurs	cari kur	‚gültiger Kurs'
laufendes Band	konveyör bandı	‚bewegliches Band'
laufendes Konto	cari hesap	‚gültiges Konto'
Leichtlohn	taban ücret	‚Mindestlohn'
Lohnrunde	ücret pazarlığı	‚Lohnaushandlung'
Löschgeld	tahliye ücreti	‚Entladungs- bzw. Entlassungsgebühr'
Marktmiete	rayiç kira	etwa: ‚Miete zum gültigen Marktwert'
Masseschuld	müflisin borçları	‚die Schulden des Gemeinschuldners'
Mautgebühr	otoyol geçiş ücreti	‚Straßentransitgebühr'
Mietspiegel	kira çizelgesi	etwa: ‚Formular für die Miete'
Minderkaufmann	küçük tacir	‚kleiner Händler'
Minusbestand	stok eksikliği	‚Fehlbestand'
mit Mitteln ausstatten	kaynak oluşturmak	‚Quelle schaffen'
mit schwarzen Zahlen arbeiten	pozitif bilançoyla çalışmak	‚mit einer positiven Bilanz arbeiten'
Mitnahmepreis	peşin fiyat	‚Barpreis'
Mittel bereitstellen	fon tahsis etmek	‚Fonds zuteilen'
Muster ziehen	numune almak	‚Muster nehmen'
Nachfrageberuhigung	talep durulması	‚Nachfragestillstand'
Nachfragelücke	talep eksikliği	‚Nachfragemangel'
Nachfrageschrumpfung	talep gerilemesi	‚Nachfragerückgang'
Nießbrauch	kullanım hakkı	‚Benutzungsrecht'
Normalstreuung	normal dağılım	‚Normalverteilung'

Obligation der öffentlichen Hand	kamu tahvilleri	‚öffentliche Obligationen'
öffentliche Arbeit	kamu işi	‚Arbeit der Öffentlichkeit'
öffentliche Gesundheit	kamu sağlığı	‚Gesundheit der Öffentlichkeit'
öffentliche Hand	kamu sektörü	‚öffentlicher Sektor'
öffentliche Mittel	kamu fonları	‚öffentliche Fonds'
öffentlicher Dienst	devlet dairesi	‚Staatsbehörde'
öffentlicher Grund	kamu mallar	‚öffentliche Eigentümer'
Organgewinn	şirket kârı	‚Firmengewinn'
Organkredit	konsolidasyon kredisi	‚Konsolidierungskredit'
Organkreis	konsolidasyon kapsamı	‚Konsolidierungsumfang'
örtliche Niederlassung	mahalli şube	‚örtliche Filiale'
Patentverletzung	patent ihlali	‚Patentverstoβung'
Platzkosten	işyeri maliyeti	‚Arbeitsplatzkosten'
Platzspesen	yerel harcamalar	‚örtliche Ausgaben'
Prämie abwerfen	prim vermek	‚Prämie geben'
Preisspiegel	fiyat düzeyi	‚Preisebene'
private Wirtschaft	özel sektör	‚privater Sektor'
Produktion drosseln	üretimi kısmak	‚Produktion kürzen'
Publikumsaktie	kamu hissesi	‚Öffentlichkeitsaktie'
Publikumsgesellschaft	kamu iktisadi teşebbüsü	‚öffentlich-wirtschaftliche Unternehmen'
Realtausch	barter işlemi	‚Bartergeschäft'
Reingewinn abwerfen	kâr bırakmak	‚Gewinn lassen'
Reisewelle	turist akını	‚Touristenstrom'
Rentabilitätsschwelle	kâra geçme noktası	‚Übergangspunkt zum Gewinn'
Rente abwerfen	faiz getirmek	‚Zinsen bringen'
Rentenportefeuille	tahvil portföyü	‚Anleihendepot'
Rollgeld	taşıma parası	‚Tragegeld'
Rückgriff	geri ödeme	‚Rückzahlung'
Rücklage für laufende Risiken	cari muhataralar ihtiyatı	‚Rücklage für gültige Risiken'
Rücklagen angreifen	ihtiyatları kullanmak	‚Rücklagen benutzen'
Ruhegeld	emekli maaşı	‚Rentengehalt'
Schleichwerbung	örtülü tanıtım	‚gedeckte Werbung'
schleppender Absatz	durgun satış	‚stillstehender Absatz'
Schönwetterperiode	refah dönemi	‚Wohlstandsperiode'
schwebender Prozess	sürümcemede olan dava	‚Prozess am Schleichen'
schwebendes Verfahren	sürümcemede bulunan	‚Verfahren am Schlei-

	dava	chen'
Schwellenland	gelişmekte olan ülke	,Entwicklungsland'
sich zur Ruhe setzen	emekli olmak	,Rentner werden'
Sonderausschüttung	olağanüstü temettü dağıtımı	,außerordentliche Dividendenverteilung'
Soziales Klima	sosyal ortam	,soziale Atmosphäre'
Spitzenleistung	maksimum verim	,Maximum-Leistung'
Spitzenqualität	en üstün kalite	,die beste Qualität'
steigende Kurse	yükselen fiyatlar	,steigende Preise'
Stempelgeld	işsizlik parası	,Arbeitslosengeld'
Stillhalter	opsiyon sahibi	,Optionsinhaber'
stillschweigende Genehmigung	zımni rıza	,indirekte, konkludente Genehmigung'
Stoppkurs	tavan fiyat	,Höchstpreis'
Stopppreis	tavan fiyat	,Höchstpreis'
Stoßarbeit	periyodik iş	,periodische Arbeit'
Stoßbedarf	periyodik ihtiyaç	,periodischer Bedarf'
Stoßbetrieb	periyodik işletme	,periodischer Betrieb'
Stoßproduktion	periyodik üretim	,periodische Produktion'
Straffung der Kreditzügel	dar kredi politikası	,enge Kredit-Politik'
Stückaktie	bireysel hisse senedi	,individuelle Aktie'
Tagesgeld	günlük harç	,Tageskosten'
Taktstraße	montaj hattı	,Montageleitung'
Tante-Emma-Laden	mahalle bakkalı	,örtlicher Krämerladen'
teilweise Befriedigung	kısmi ödeme	,teilweise Zahlung'
Terminbörse	vadeli işlemler borsası	,befristete Geschäftsbörse'
Termingeld	vadeli mevduat	,befristete Einlage'
Termingeschäft	vadeli işlem	,befristetes Geschäft'
Terminhandel	opsiyonlu işlemler	,optionale Geschäfte'
Terminmarkt	vadeli işlemler piyasası	,Markt der befristeten Geschäfte'
tote Hand	vakıflar idaresi	,Stiftungsleitung'
Treuhandgelder	tröst paraları	,Trustgelder'
umkämpfter Markt	yoğun rekabet piyasası	,dichter Wettbewerbsmarkt'
Umsatzeinbruch	satışlarda düşme	,das Fallen bei den Verkäufen'
ungebrochene Fracht	transit kargo	,Transitfracht'

101

ungedeckter Kredit	karşılıksız kredi	‚Kredit ohne Gegenleistung'
Unternehmen der öffentlichen Hand	kamu iktisadi teşebbüsü	‚öffentlich-wirtschaftliche Unternehmen'
Urteil sprechen	karar vermek	‚sich entscheiden'
verfügbare Mittel	kullanılabilir fonlar	‚gebrauchbare Fonds'
Verkehrssprache	resmi dil	‚offizielle Sprache'
Verrechnungsverkehr	takas işlemleri	‚Tauschgeschäfte'
volle Deckung	tam güvence	‚volle Garantie'
voller Schluss	tam lot	‚volle Aktien-Abschlusseinheit'
von einer Pflicht entbinden	görevden almak	‚vom Dienst nehmen'
Vorräte abbauen	stokları azaltmak	‚Vorräte verringern'
Vorratsabbau	stok azaltma	‚Vorratsverringerung'
Währungspolster	döviz rezervleri	‚Devisenreserven'
Wechselstube	döviz bürosu	‚Devisenbüro'
Wettbewerbsklima	rekabet ortamı	‚Wettbewerbsatmosphäre'
wilder Streik	ani grev	‚plötzlicher Streik'
wirtschaftliches Klima	ekonomik ortam	‚wirtschaftliche Atmosphäre'
Wirtschaftsankurbelung	ekonomiyi pompalama	‚Ankurbelung der Wirtschaft'
Wirtschaftsbelebung	ekonomik canlanma	‚wirtschaftliche Belebung'
Wirtschaftsklima	ekonomik ortam	‚wirtschaftliche Atmosphäre'
Zeichnung von Aktien	hisse senetlerinin ihdas ve arzı	‚Ausstellung und Darlegung der Aktien'
Zeichnungsgrenze	taahhüt limiti	‚Verpflichtungslimit'
Zeichnungskurs	emisyon fiyatı	‚Emissionspreis'
Ziel verlängern	vadeyi uzatmak	‚Frist verlängern'
Zinsen abwerfen	faiz getirmek	‚Zinsen bringen'
Zinsfuß	faiz oranı	‚Zinsquote'
Zufluss des Kapitals	sermaye girdisi	‚Kapitaleingang'
zur Schwäche neigend	düşüş trendi	‚fallender Trend'
Zuschlag erhalten	ihaleyi kazanmak	‚Ausschreibung gewinnen'
Zuschlag erteilen	ihaleyi vermek	‚Ausschreibung vergeben'

2.1.2.2.2 Morphologisch-syntaktische Klassifikation der Wortverbindungen im Deutschen

2.1.2.2.2.1 Substantivische Wortverbindungen

Von insgesamt 289 usuellen Wortverbindungen dieser Äquivalenzgruppe konnten 227 als Einheiten mit substantivischer Struktur klassifiziert werden. Als substantivische usuelle Wortverbindungen wurden solche erfasst, die in ihrer Struktur eine substantivische Komponente aufweisen, aber kein Verb als obligatorische Komponente auftritt.

1) adjektivisches Attribut + Substantiv

a) mit reinem Adjektiv

In 38 usuellen Wortverbindungen dieser Äquivalenzgruppe ist eine Verbindung zwischen einem Adjektiv und einem Substantiv zu beobachten. Diese sind folgende: amtlicher Verkehr, anlagebereite Mittel, äußerster Kurs, berufliche Laufbahn, betriebliches Umfeld, betriebsfremde Aufwendungen, billiger Anspruch, eiserne Reserve, empfindliche Geldstrafe, erster Kurs, feste Arbeit, fester Abschluss, fester Verkauf, flaue Börse, franko Fracht, freie Reserven, freier Verkehr, freihändige Vergabe, fremder Umsatz, heimische Kreditaufnahme, kurzer Wechsel, langer Wechsel, öffentliche Arbeit, öffentliche Gesundheit, öffentliche Hand, öffentliche Mittel, öffentlicher Dienst, öffentlicher Grund, örtliche Niederlassung, private Wirtschaft, soziales Klima, teilweise Befriedigung, tote Hand, verfügbare Mittel, volle Deckung, voller Schluss, wilder Streik, wirtschaftliches Klima.

b) Strukturvarianten mit Bildung des Partizips in adjektivischer Funktion

Mit diesem Bildungstyp sind folgende 35 feste Wortverbindugnen zu verzeichnen: abnehmende Nachfrage, anziehende Kurse, aufgelaufene Verbindlichkeiten, aufgelaufene Verpflichtungen, aufgelaufene Zinsen, aufgelaufener Betrag, bereitgestellte Mittel, durchlaufende Gelder, eingeschaltete Bank, fallende Kurse, federführende Bank, flankierende Maßnahmen, florierende Konjunktur, freibleibender Verkauf, führendes Haus, gebrochener Verkehr, geschönte Statistik, gesprochener Kurs, laufende Aufwendungen, laufende Ausgaben, laufende Information, laufende Investitionen, laufende Prämie, laufender Ertrag, laufender Kurs, laufendes Band, laufendes Konto, schleppender Absatz, schwebender Prozess, schwebendes Verfahren, steigende Kurse, stillschweigende Genehmigung, umkämpfter Markt, ungebrochene Fracht, ungedeckter Kredit.

2) Substantiv + substantivisches Attribut im Genitiv

Dieser Typ ist in folgenden 14 Fällen zu verzeichnen: Anziehen der Preise, Ausgaben der öffentlichen Hand, Bilanz der laufenden Posten, Defizit der öffentlichen Hand, Drosselung der Ausgaben, Drosselung der Einfuhr, Drosselung der Produktion, Ende der Laufzeit, freies Spiel des Wettbewerbs, Kreislauf der Wirtschaft, Obligation der öffentlichen Hand, Straffung der Kreditzügel, Unternehmen der öffentlichen Hand, Zufluss des Kapitals.

3) Substantiv + präpositionales Attribut bzw. präpositionale Entsprechung

In dieser Gruppe handelt es sich um feste Wortverbindungen entweder mit zwei substantivischen Komponenten, die durch eine Präposition verbunden werden wie z.b. Ausgabe von Aktien oder es handelt sich um ein Substantiv, das mit einer präpositionalen Fügung erweitert wird wie z.b. gegen Kasse. Folgende 14 Belege sind mit dieser Struktur zu verzeichnen: Abbauen von Preisen, Abschlusskurs an der Börse, auf Rechnung und Gefahr, Ausfuhr von Waren zu Schleuderpreisen, Ausgabe von Aktien, Bedarf an liquiden Mitteln, Bereitstellung von Haushaltsmitteln, gegen Kasse, Geschäft im Freiverkehr, Grundsatz von Treu und Glauben, Kauf gegen Kasse, Kauf in Bausch und Bogen, Rücklage für laufende Risiken, Zeichnung von Aktien.

4) Kompositum

123 feste Wortverbindungen dieser Äquivalenzgruppe konnten als Komposita erfasst werden. Folgende wirtschaftssprachlichen Komposita sind in dieser Gruppe zu verzeichnen: ABC-Analyse, Abrollkosten, Abstandssumme, Abstandszahlung, Aktienausgabe, Aktienmantel, Anlageklima, Arbeitsklima, Ausgabenströme, Bankapparat, Bankenapparat, Bankentitel, Barausschüttung, Beamtenlaufbahn, Bedarfsweckung, Betriebsklima, Blitzprüfung, Börsenklima, Börsenkrach, Briefkopf, Briefkurs, Buchgewinn, Bummelstreik, Ecklohn, Eckwert, Erlebensalter, Ertragseinbruch, Festlaufzeit, Geld-Brief-Schlusskurs, Geld-Brief-Spanne, Geldschwemme, Geldtitel, Geschäftsklima, Geschäftsverkehr, Geschmacksmuster, Gewinnschwelle, Griffbereich, Handelsbarriere, Handelsschranke, Hausgebrauch, Hausjurist, Industriepark, Inflationsdrosselung, Informationslücke, Investitionsklima, Kopffiliale, Kostendruck, Kostenmiete, Kräftebedarf, Kräftemangel, Kurspflege, Kursspanne, Kurssturz, Kurszettel, Kurzläufer, Leichtlohn, Lohnrunde, Löschgeld, Marktmiete, Masseschuld, Mautgebühr, Mietspiegel, Minderkaufmann, Minusbestand, Mitnahmepreis, Nachfrageberuhigung, Nachfragelücke, Nachfrageschrumpfung, Nießbrauch, Normalstreuung, Organgewinn, Organkredit, Organkreis, Patentverletzung, Platzkosten, Platzspesen, Preisspiegel, Publikumsaktie, Publikumsgesellschaft, Realtausch, Reisewelle, Rentabilitätsschwelle,

Rentenportefeuille, Rollgeld, Rückgriff, Ruhegeld, Schleichwerbung, Schönwetterperiode, Schwellenland, Sonderausschüttung, Spitzenleistung, Spitzenqualität, Stempelgeld, Stillhalter, Stoppkurs, Stopppreis, Stoßarbeit, Stoßbedarf, Stoßbetrieb, Stoßproduktion, Stückaktie, Tagesgeld, Taktstraße, Tante-Emma-Laden, Terminbörse, Termingeld, Termingeschäft, Terminhandel, Terminmarkt, Treuhandgelder, Umsatzeinbruch, Verkehrssprache, Verrechnungsverkehr, Vorratsabbau, Währungspolster, Wechselstube, Wettbewerbsklima, Wirtschaftsankurbelung, Wirtschaftsbelebung, Wirtschaftsklima, Zeichnungsgrenze, Zeichnungskurs, Zinsfuß.

5) Substantivisches Wortpaar

In dieser Gruppe sind 3 Wortpaare substantivischer Funktion zu verzeichnen. Diese sind: Geld und Brief, Grund und Boden, Kost und Logis.

6) einfaches Substantiv

Dieser Gruppe konnte kein Beleg zugeordnet werden.

2.1.2.2.2.1 Verbale Wortverbindungen

Bei den verbalen usuellen Wortverbindungen muss die syntaktische Struktur mindestens eine verbale Komponente aufweisen. Von insgesamt 289 usuellen Wortverbindungen konnten 62 als verbale Bildungen klassifiziert werden.

1) Substantiv + Verb

Dieser Typ ist sehr häufig vertreten. Mit dieser Struktur sind 43 feste Wortverbindungen zu verzeichnen. Folgende Fälle sind in dieser Gruppe vertreten: Absatz finden, Amt bekleiden, Antwort zahlt Empfänger, Arbeit aufnehmen, Arbeit niederlegen, Ausgaben aufschlüsseln, Ausgaben drosseln, Bedarf decken, Bedarf wecken, Bestände aufnehmen, Betrieb stilllegen, Bilanz ziehen, Delkredere stehen, den Markt stützen, eine Rechnung begleichen, einem Konto gutschreiben, einer Arbeit nachgehen, Fracht löschen, Geld abführen, Geld abheben, Geld vorschießen, Gericht anrufen, Gewinn abwerfen, Grundstück auflassen, Hausstand gründen, Kosten umlegen, Kredit aufnehmen, Kredit beschaffen, Kreditlinie überschreiten, Ladung löschen, Mittel bereitstellen, Muster ziehen, Prämie abwerfen, Produktion drosseln, Reingewinn abwerfen, Rente abwerfen, Rücklagen angreifen, Urteil sprechen, Vorräte abbauen, Ziel verlängern, Zinsen abwerfen, Zuschlag erhalten, Zuschlag erteilen.

2) Adjektivisch-attributiv erweitertes Substantiv

Mit dieser Struktur sind keine festen Wortverbindungen in dieser Äquivalenzgruppe vertreten.

3) Erweiterung des Substantivs oder der Verbalkomponente durch attributive Präpositionalgruppe:

Lediglich ein Fall ist zu diesem Typ zu verzeichnen: Kurse in die Höhe treiben.

4) Substantiv mit Präposition bzw. präpositionaler Entsprechung, zum Teil attributiv erweitert:

Bei den folgenden 18 Fällen handelt es sich um Substantive mit Präpositionen, die teilweise attributiv erweitert sind: am Apparat bleiben, am Kai löschen, an die Börse gehen, Arbeit außer Haus geben, auf den neuesten Stand bringen, auf die Tagesordnung setzen, auf Ziel verkaufen, aus den roten Zahlen herauskommen, in den Ausstand treten, in den Haushalt einstellen, in den Ruhestand treten, in den Ruhestand versetzen, in See stechen, mit Mitteln ausstatten, mit schwarzen Zahlen arbeiten, sich zur Ruhe setzen, von einer Pflicht entbinden, zur Schwäche neigend.

Von insgesamt 227 substantivischen Strukturen sind 123 Komposita zu sehen. Diese belegen in dieser Äquivalengruppe den ersten Platz. An zweiter Stelle ist der Typ „adjektivisches Attribut + Substantiv" zu beobachten, 38 sind Bildungen mit reinem Adjektiv und 35 Strukturvarianten mit Bildung des Partizips in adjektivischer Funktion. Im Folgenden sind die Ergebnisse der substantivischen usuellen Wortverbindungen im Deutschen zusammengestellt.

Substantivische Wortverbindungen im Deutschen	
1. adjektivisches Attribut + Substantiv	
a) mit reinem Adjektiv	38
b) Strukturvarianten mit Bildung des Partizips in adjektivischer Funktion	35
2. Substantiv + substantivisches Attribut im Genitiv	14
3. Substantiv + präpositionales Attribut bzw. präpositionale Entsprechung	14
4. Kompositum	123
5. substantivisches Wortpaar	3
6. einfaches Substantiv	-
insgesamt	227

Von insgesamt 62 Verbalbildungen sind 43 Fälle aus einem Substantiv und Verb gebildet. Bei 18 Bildungen ist folgende Struktur zu beobachten: Substantiv mit Präposition bzw. präpositionaler Entsprechung, zum Teil attributiv erweitert. Lediglich ein Fall konnte der Gruppe „Erweiterung des Substantivs oder der Verbalkomponente durch attributive Präpositionalgruppe" zugeordnet werden. Die Ergebnisse der verbalen usuellen Wortverbindungen im Deutschen sind im Folgenden veranschaulicht.

Verbale Wortverbindungen im Deutschen	
1. Substantiv + Verb	43
2. adjektivisch-attributiv erweitertes Substantiv	-
3. Erweiterung des Substantivs oder der Verbalkomponente durch attributive Präpositionalgruppe	1
4. Substantiv mit Präposition bzw. präpositionaler Entsprechung, zum Teil attributiv erweitert	18
insgesamt	62

In dieser Äquivalenzgruppe konnten im Deutschen von insgesamt 289 festen Wortverbindungen 227 als substantivische und 62 als verbale usuelle Wortverbindung klassifiziert werden. Im Folgenden sind die Ergebnisse der im Deutschen zusammengestellt.

Substantivische Wortverbindungen im Deutschen	227
Verbale Wortverbindungen im Deutschen	62
insgesamt	289

2.1.2.2.3 Morphologisch-syntaktische Klassifikation der Wortverbindungen im Türkischen

2.1.2.2.3.1 Substantivische Wortverbindungen

Auch im Türkischen sind substantivische Phraseologismen, die als Kernwort ein Substantiv, aber kein Verb, aufweisen, sehr oft vertreten. Von insgesamt 289 usuellen Wortverbindungen weisen 221 eine substantivische Struktur auf.

1) adjektivisches Attribut + Substantiv:

a) mit reinem Adjektiv

Dem Typ „Adjektiv + Substantiv" konnten aus dieser Äquivalenzgruppe 61 usuelle Wortverbindungen zugeordnet werden. In dieser Gruppe befinden sich auch einige Verbindungen mit drei Komponenten, wo allerdings entweder die ersten beiden Bestandteile zusammen gehören wie z.B. *en üstün kalite* (en üstün – Adjektiv in Superlativform + Substantiv) oder aber wie z.B. *ağır para cezası* (Adjektiv + Kompositum). Diese sind folgende: açık piyasa işlemleri, adil hak, ağır para cezası, ani denetim, ani grev, arızi giderler, asıl değer, atıl para mevcutları, cari fonlar, cari harcamalar, cari hesap, cari kur, cari prim, cari yatırımlar, daimî ihtiyat akçesi, durgun borsa, ekonomik canlanma, ekonomik ortam (2), ekonomik rant, en üstün kalite, günlük harç, hazır ihtiyatlar, karşılıksız kredi, kısa vadeli poliçe, kısa vadeli tahvil, kısmi ödeme, küçük tacir, mahallî şube, mesleki kariyer, nakit ihtiyaç, normal dağılım, olağanüstü temettü, opsiyonlu işlemler, örtülü tanıtım, periyodik ihtiyaç, periyodik iş, periyodik işletme, periyodik üretim, resmi işlemler, şartlı satış, serbest dolaşım, sürekli bilgi, sürekli getiri, sürekli giderler, sürekli iş, tam güvence, tam lot, tescilli desen, ticari engel (2), ticari işlemler, toptan satın alma, ücretsiz nakliye, uzun vadeli poliçe, vadeli işlem, yarışmalı ihale, yerel harcamalar, yoğun rekabet piyasası, yüksek konjonktür, zımni rıza.

b) Strukturvarianten mit Bildung des Partizips in adjektivischer Funktion

Bei den folgenden 13 Fällen konnte dieser Typ beobachtet werden: azalan talep, birikmiş borçlar, destekleyici önlemler, düşen fiyatlar, gelişmekte olan ülke, kullanılabilir fonlar, oynanmış veriler, tahakkuk etmiş borçlar, tahakkuk etmiş faizler, tahakkuk etmiş meblağ, tahsis edilmiş fonlar, yükselen fiyatlar (2).

2) Substantiv + substantivisches Attribut im Genitiv

Die folgenden neun Wortverbindungen konnten mit dem Typ "Substantiv + substantivisches Attribut in Genitiv" erfasst werden: ekonominin dairesel akımı, fiyatların yükselmesi, hisse senetlerin ihracı, hisse senetlerin ihracı, hisse senetlerinin ihdas ve arzı, ithalatın kısıtlanması, müflisin borçları, ödeneklerin düzenlenmesi, sürenin bitimi.

3) Substantiv + präpositionales Attribut bzw. präpositionale Entsprechung

In dieser Gruppe sind 9 feste Wortverbindungen: borsada kapanış fiyatı, dış ticarette damping, evde kullanım, fiyatlarda ani düşüş, hesap ve riske karşı, satışlarda düşme, sürüncemede bulunan dava, sürüncemede olan dava, verimde azalma.

4) Kompositum

Von insgesamt 221 wirtschaftssprachlichen usuellen Wortverbindungen dieser Äquivalenzgruppe mit substantivischer Struktur konnten bei den türkischen Entsprechungen 126 als Kompositum erfasst werden: açılış fiyat, aracı banka, arz fiyatı, arz talep kapanış fiyatı, arz talep marjı, banka kağıtları, bankacılık sistemi, bankacılık sistemi, barter işlemi, bilgi eksikliği, bireysel hisse senedi, borsa krizi, borsa ortamı, cari işlemler bilançosu, cari muhataralar ihtiyatı, çalışma ortamı, dar kredi politikası, devlet dairesi, dış satışlar, döviz bürosu, döviz rezervleri, durgun satış, düşüş trendi, emekli maaşı, emisyon fiyatı, esas ücret, faiz oranı, fiyat düzeyi, fiyat listesi, gayrimenkul maller, geri ödeme, hava parası ödemesi, hava parası tutarı, hisse sertifikası, iç borçlanma, iş alanı, iş çevresi, iş ortamı (2), işgücü eksikliği, işgücü ihtiyacı, işi yavaşlatma grevi, işsizlik parası, işyeri maliyeti, iyi niyet dürüstlük kuralı, kamu fonları, kamu harcamaları, kamu hissesi, kamu iktisadi teşebbüsü (2), kamu işi, kamu kesimi açığı, kamu mallar, kamu sağlığı, kamu sektörü, kamu tahvilleri, kâra geçiş noktası, kâra geçme noktası, kesin akit, kesin satış, kira çizelgesi, kombine taşıma, konsolidasyon kapsamı, konsolidasyon kredisi, konveyör bandı, kullanım hakkı, kur fiyat marjı, mahalle bakkalı, maksimum verim, maliyet baskısı, mektup başlığı, memurluk hayatı, merkez şubesi, montaj hattı, muhasebe kârı, nakit çıkışı, nakit kâr dağıtımı, nakit varlık, nakliye maliyeti, nominal fiyat, opsiyon sahibi, otoyol geçiş ücreti, önder şirket, özel sektör, para bolluğu, patent ihlali, peşin alım, peşin alma, peşin fiyat, rayiç kira, refah dönemi, rekabet ortamı, resmi dil, sabit vade, sanayi merkezi, serbest rekabet, sermaye girdisi, sigortalanma yaşı, sosyal ortam, stok azaltma, stok eksikliği, şirket avukatı, şirket kârı, taahhüt limiti, taban ücret, tahliye ücreti, tahvil portföyü, takas işlemleri, talep durulması, talep eksikliği, talep gerilemesi, taşıma parası, tavan fiyat (3), transit kargo, tröst paraları, turist akımı, ücret pazarlığı, vadeli işlemler borsası, vadeli işlemler piyasası, vadeli mevduat, vakıflar idaresi, yatırım ortamı (2), yönetici banka.

5) Substantivisches Wortpaar

Dieser Gruppe konnten folgende drei Fälle zugeordnet werden: fiyat destekleme ve istikrar, teklif ve talep und yeme, içme ve yatma.

6) einfaches Substantiv

Diesem Typ entspricht kein einziger Beleg.

2.1.2.2.3.2 Verbale Wortverbindungen

Von insgesamt 289 usuellen Wortverbindungen in dieser Äquivalenzgruppe konnten 68 Strukturen als verbal erfasst werden.

1) Substantiv + Verb

In dieser Gruppe der verbalen Bildungen befinden sich neben einem einfachen Substantiv und einem einfachen Verb auch Beispiele, die aus drei Komponenten bestehen. Entweder ist es ein zusammengesetztes Verb wie z.b. bei *fon tahsis etmek* (tahsis etmek - zur Verfügung stellen) oder ein zusammengesetzes Substantiv wie z.b. bei *kredi limitini aşmak* (kredi limiti – Kreditgrenze). Mit diesem Typ konnten 53 feste Wortverbindungen erfasst werden: aile kurmak, arsayı devretmek, avans vermek, bilanço yapmak, bir hesabı ödemek, ekonomiyi pompalama, emekli olmak, enflasyonu azaltma, envanteri değerlendirme, faiz getirmek (2), fiyatları düşürmek, fiyatları yükseltmek, fon tahsis etmek, giderleri dağıtmak, greve başlamak, gündeme koymak, harcamaları kısma, harcamaları kısmak, ihaleyi kazanmak, ihaleyi vermek, ihtiyacı karşılamak, ihtiyatları kullanmak, iş yapmak, işe başlamak, işi bırakmak, işletmeyi kapatmak, kâr bırakmak (2), karar vermek, kaynak oluşturmak, kredi almak, kredi bulmak, kredi limitini aşmak, kredi riskini üstlenme, mahkemeye başvurmak, maliyeti dağıtmak, numune almak, para çekmek, para göndermek, pazar bulmak, piyasayı desteklemek, prim vermek, resmi görevde bulunmak, stokları azaltmak, stokları sayma, talep yaratmak (2), üretimi kısma (2), vadeyi uzatmak, yük boşaltmak (2).

2) Adjektivisch-attributiv erweitertes Substantiv

Zu diesem Typ sind keine Belege in dieser Gruppe verzeichnet.

3) Erweiterung des Substantivs oder der Verbalkomponente durch attributive Präpositionalgruppe

Zu diesem Typ konnte lediglich folgender Beleg zugeordnet werden: modernize etmek.

4) Substantiv mit Präposition bzw. präpositionaler Entsprechung, zum Teil attributiv erweitert

Mit dem Typ ‚Substantiv mit Präposition bzw. präpositionaler Entsprechung, zum Teil attributiv erweitert' gibt es 14 usuelle Wortverbindungenin dieser Gruppe: borsaya girmek, bütçeye katmak, cevap alıcı tarafından ödenir, denize açılmak, dışarıya iş vermek, hesaba alacak geçirmek, emekliliğe ayırmak, emekliliğe ayrılmak, görevden almak, hatta kalmak, pozitif bilançoyla çalışmak, rıhtımda boşaltmak, vadeli satmak, zararı kapatmak.

Auch in dieser Äquivalenzgruppe sind von 221 festen Wortverbindungen die Komposita mit 126 Belegen am meisten vertreten. Die zweite Stelle belegen mit 61 Strukturen die Bildungen mit reinem Adjektiv. Im Folgenden sind die Ergebnisse der substantivischen usuellen Wortverbindungen im Türkischen zusammengestellt.

Substantivische Wortverbindungen im Türkischen	
1. adjektivisches Attribut + Substantiv	
a) mit reinem Adjektiv	61
b) Strukturvarianten mit Bildung des Partizips in adjektivischer Funktion	13
2. Substantiv + substantivisches Attribut im Genitiv	9
3. Substantiv + präpositionales Attribut bzw. präpositionale Entsprechung	9
4. Kompositum	126
5. substantivisches Wortpaar	3
6. einfaches Substantiv	-
insgesamt	221

Bei insgesamt 68 Verbalbildungen im Türkischen sind in dieser Gruppe die Substantive mit Verben in 53 Fällen zu beobachten. 14 Fälle entsprechen dem Typ „Substantiv mit Präposition bzw. präpositionaler Entsprechung, zum Teil attributiv erweitert". Die Ergebnisse der verbalen usuellen Wortverbindungen im Türkischen sind im Folgenden angegeben.

Verbale Wortverbindungen im Türkischen	
1. Substantiv + Verb	53
2. adjektivisch-attributiv erweitertes Substantiv	-
3. Erweiterung des Substantivs oder der Verbalkomponente durch attributive Präpositionalgruppe	1
4. Substantiv mit Präposition bzw. präpositionaler Entsprechung, zum Teil attributiv erweitert	14
insgesamt	68

In der Äquivalenzgruppe ‚Wortverbindungen mit partieller Äquivalenz - Typ II' sind von insgesamt 289 usuellen Wortverbindungen 221 mit substantivischen und 68 mit verbalen Strukturen.

Im Folgenden ist die Darstellung der Ergebnisse der substantivischen und verbalen usuellen Wortverbindungen im Türkischen.

Substantivische Wortverbindungen im Türkischen	221
Verbale Wortverbindungen im Türkischen	68
insgesamt	289

2.1.2.2.4 Auswertung der deutsch-türkischen Ergebnisse

Tabelle 7 veranschaulicht die Ergebnisse der substantivischen Wortverbindungen im Deutschen und im Türkischen. Bei den Gesamtbelegen sind in dieser Äquivalenzgruppe kleine Abweichungen zu sehen. Insgesamt sind im Deutschen 227, im Türkischen dagegen 221 Fälle erkennbar. Die stärkste Gruppe ist im Deutschen mit 123 Beispielen die Gruppe der Komposita. Auch im Türkischen sind die Komposita mit 126 Belegen an erster Stelle. Wenn man die zweite Stelle in beiden Sprachen betrachtet, so belegt der Typ „adjektivisches Attribut + Substantiv" im Deutschen mit 73, im Türkischen mit 74 Wortverbindungen diese Stelle. Allerdings weichen die Strukturen voneinander etwas ab. Von 73 Bildungen sind im Deutschen 38 Fälle mit reinem Adjektiv, 35 Fälle mit einem Partizip in adjektivischer Funktion. Im Türkischen ist die Zahl der Bildungen mit reinem Adjektiv weit höher, 61 Bildungen sind mit dieser Struktur 13 Wortverbindungen in Verbindung mit einem Partizip in adjektivischer Funktion zu beobachten.

Tabelle 7: Das Ergebnis der substantivischen Wortverbindungen im Deutschen und im Türkischen

Substantivische Wortverbindungen	im Deutschen	im Türkischen
1. adjektivisches Attribut + Substantiv		
a) mit reinem Adjektiv	38	61
b) Strukturvarianten mit Bildung des Partizips in adjektivischer Funktion	35	13
2. Substantiv + substantivisches Attribut im Genitiv	14	9
3. Substantiv + präpositionales Attribut bzw. präpositionale Entsprechung	14	9
4. Kompositum	123	126
5. Substantivisches Wortpaar	3	3
6. einfaches Substantiv	-	-
insgesamt	227	221

Bei den Verbalbildungen sind im Deutschen von insgesamt 62 Fällen 43 Substantive in Verbindung mit einem Verb. Im Türkischen sind von insgesamt 68 Wortverbindungen 53 als „Substantiv + Verb" klassifiziert worden. Eine Erweiterung des Substantivs oder der Verbalkomponente durch attributive Präpositionalgruppe ist in beiden Sprachen jeweils einmal zu beobachten.

Tabelle 8: Das Ergebnis der verbalen Wortverbindungen im Deutschen und im Türkischen

Verbale Wortverbindungen	im Deutschen	im Türkischen
1. Substantiv + Verb	43	53
2. adjektivisch-attributiv erweitertes Substantiv	-	-
3. Erweiterung des Substantivs oder der Verbalkomponente durch attributive Präpositionalgruppe	1	1
4. Substantiv mit Präposition bzw. präpositionaler Entsprechung, zum Teil attributiv erweitert	18	14
insgesamt	62	68

In dieser Äquivalenzgruppe sind von insgesamt 289 festen Wortverbindungen im Deutschen 227, im Türkischen 221 Bildungen als substantivisch klassifiziert worden. Die Anzahl der Verbalbildungen ist im Deutschen 62, im Türkischen dagegen 68.

Tabelle 9: Das Ergebnis der substantivischen und verbalen Wortverbindungen im Deutschen und im Türkischen

	im Deutschen	im Türkischen
Substantivische usuelle Wortverbindungen	227	221
Verbale usuelle Wortverbindungen	62	68
insgesamt	289	289

2.1.2.3 Wortverbindungen mit partieller Äquivalenz – Typ III

Die festen Wortverbindungen dieser Gruppe bereiten bei der Übersetzung ebenfalls keine besonderen Schwierigkeiten, da sie in beiden Sprachen lexikalisch und semantisch identisch sind, wie z.B. im Deutschen *auf eigene Rechnung* ‚auf eigenes Risiko' (Duden 2007: 605), im Türkischen *kendi hesabına*. Auch bei dem folgenden Beispiel *Starthilfe* ‚meist, finanzielle Hilfe für jmdn. zu Beginn seiner

Laufbahn oder für ein Unternehmen, um es in Gang zu bringen' (Wahrig 2000: 1194) besteht zur türkischen Entsprechung *başlangıç yardımı* eine weitgehend totale Äquivalenz in Semantik und Lexik. Ein weiteres Beispiel zu dieser Kategorie zählt das Kompositum *Nachfragekurve* mit der Definition ‚eine Nachfrage zeigt, wieviel von einem Gut zu welchem Preis nachgefragt wird' (vgl. Grüske/Schneider 2003: 367) mit dem Inhalt in der türkischen Entsprechung *talep eğrisi*. Ebenfalls zu dieser Gruppe gehört die usuelle Wortverbindung *unsichtbare Einfuhr* mit dem semantischen Inhalt ‚im Gegensatz zum reinen Warenhandel alle sonstigen eingeführten Leistungen und Wertübertragungen, die im zwischenstaatlichen Verkehr eine Rolle spielen, ohne in der Außenhandelsstatistik sichtbar zu werden' (Grüske/Schneider 2003: 542); im Türkischen *görünmeyen ithalat*.

2.1.2.3.1 Inventar der Wortverbindungen mit partieller Äquivalenz – Typ III

usuelle Wortverbindungen im Deutschen	usuelle Wortverbindungen im Türkischen
auf die Tagesordnung setzen	gündeme koymak
auf offener See	açık denizde
fremdes Kapital	yabancı sermaye
Grundgeschäft	temel işlem
innere Nachfrage	iç talep
Marktposition	pazardaki pozisyon
Muster nehmen	numune almak
Nachfrage übersteigen	talebi aşmak
Nachfragekurve	talep eğrisi
Nachfragemacht	talep gücü
Nachfrageverhalten	talep davranışı
Nachfragewachstum	talep büyümesi
Nullwachstum	sıfır ekonomik büyüme
öffentliche Nachfrage	kamu talebi
öffentlicher Kredit	kamu kredisi
private Nachfrage	özel talep
Startfinanzierung	başlangıç finansmanı
Starthilfe	başlangıç yardımı
Startkapital	başlangıç sermayesi
steigende Nachfrage	artan talep
Tageskasse	günlük kasa
unsichtbare Einfuhr	görünmeyen ithalat
Vereinbarung brechen	anlaşmayı bozmak
versteckter Fehler	saklı kusur

2.1.2.3.2 Morphologisch-syntaktische Klassifikation der Wortverbindungen im Deutschen

In dieser kleinen Gruppe sind 24 usuelle Wortverbindungen zu verzeichnen.

2.1.2.3.2.1 Substantivische Wortverbindungen

Mit dieser Struktur befinden sich 20 substantivische usuelle Wortverbindungen.

1)adjektivisches Attribut + Substantiv:

a) mit reinem Adjektiv

Dieser Gruppe konnten 5 feste Wortverbindungen, die aus einem Adjektiv und einem Substantiv bestehen, zugeordnet werden. Diese sind folgende: fremdes Kapital, innere Nachfrage, öffentliche Nachfrage, öffentlicher Kredit, private Nachfrage.

b) Strukturvarianten mit Bildung des Partizips in adjektivischer Funktion

Mit drei Beispielen ist diese Gruppe vertreten: steigende Nachfrage, unsichtbare Einfuhr, versteckter Fehler.

2) Substantiv + substantivisches Attribut im Genitiv

Zu diesem Typ gibt es in dieser Gruppe keine Beispiele.

3) Substantiv + präpositionales Attribut bzw. präpositionale Entsprechung

Lediglich folgendes Beispiel ist zu diesem Typ zu verzeichnen: auf offener See.

4) Kompositum

11 wirtschaftssprachliche Komposita sind vertreten: Grundgeschäft, Marktposition, Nachfragekurve, Nachfragemacht, Nachfrageverhalten, Nachfragewachstum, Nullwachstum, Startfinanzierung, Starthilfe, Startkapital, Tageskasse.

5) Substantivisches Wortpaar

Auch zu diesem Typ gibt es keine Beispiele.

6) einfaches Substantiv

Diesem Typ entspricht ebenfalls kein Beispiel.

2.1.2.3.3.2 Verbale Wortverbindungen

1) Substantiv + Verb

Zu dem Typ „Substantiv + Verb" gibt es in dieser Gruppe drei Beispiele: Muster nehmen, Nachfrage übersteigen, Vereinbarung brechen.

2) adjektivisch-attributiv erweitertes Substantiv

Diese Gruppe weist ebenfalls keine Beispiele auf.

3) Erweiterung des Substantivs oder der Verbalkomponente durch attributive Präpositionalgruppe

Auch diese Gruppe ist mit keinem Beleg vertreten.

4) Substantiv mit Präposition bzw. präpositionaler Entsprechung, zum Teil attributiv erweitert:

Dieser Typ ist lediglich mit folgendem Beispiel vertreten: auf die Tagesordnung setzen.
Im Folgenden sind die deutschen substantivischen Wortverbindungen dargestellt.

Substantivische Wortverbindungen im Deutschen	
1. adjektivisches Attribut + Substantiv	
a) mit reinem Adjektiv	5
b) Strukturvarianten mit Bildung des Partizips in adjektivischer Funktion	3
2. Substantiv + substantivisches Attribut im Genitiv	-
3. Substantiv + präpositionales Attribut bzw. präpositionale Entsprechung	1
4. Kompositum	11
5. substantivisches Wortpaar	-
6. einfaches Substantiv	-
insgesamt	20

Wie aus der obigen Darstellung ersichtlich, besteht diese kleine Gruppe aus 20 substantivischen Wortverbindungen. 11 von diesen konnten als Komposita klassifiziert werden. Fünf Strukturen sind Bildungen mit einem reinen Adjektiv und drei Kontruktionen sind Strukturvarianten mit Bildung des Partizips in adjektivischer Funktion. Im Folgenden sind die Ergebnisse der substantivischen usuellen Wortverbindungen im Deutschen zusammengestellt.

Die Darstellung der Ergebnisse der verbalen usuellen Wortverbindungen im Deutschen ist im Folgenden zu sehen. Von insgesamt vier Bildungen sind drei Substantive mit Verben und ein Fall konnte der Gruppe „Strukturvarianten mit Bildung des Partizips in adjektivischer Funktion" zugeordnet werden.

Verbale Wortverbindungen im Deutschen	
1. Substantiv + Verb	3
2. adjektivisch-attributiv erweitertes Substantiv	-
3. Erweiterung des Substantivs oder der Verbalkomponente durch attributive Präpositionalgruppe	-
4. Substantiv mit Präposition bzw. präpositionaler Entsprechung, zum Teil attributiv erweitert	1
insgesamt	4

In der folgenden Übersicht sind die Ergebnisse der substantivischen und verbalen usuellen Wortverbindungen im Deutschen zusammengestellt.

Substantivische Wortverbindungen im Deutschen	20
Verbale Wortverbindungen im Deutschen	4
insgesamt	24

2.1.2.3.3 Morphologisch-syntaktische Klassifikation der Wortverbindungen im Türkischen

In dieser kleinen Gruppe sind substantivischen Bildungen mit 20, die verbalen Bildungen mit lediglich 4 Beispielen vertreten.

2.1.2.3.3.1 Substantivische Wortverbindungen

Insgesamt 20 Bildungen sind substantivisch. Auch in dieser Gruppe ist in der festen Wortverbindung mindestens ein Substantiv ohne ein Verb vertreten.

1) adjektivisches Attribut + Substantiv

a) mit reinem Adjektiv

In dieser kleinen Gruppe befinden sich fünf feste Wortverbindungen mit diesem Typ: günlük kasa, iç talep, özel talep, yabancı sermaye, saklı kusur.

b) Strukturvarianten mit Bildung des Partizips in adjektivischer Funktion

Zwei Verbindungen konnten zu dieser Gruppe erfasst werden. Diese sind folgende: artan talep, görünmeyen ithalat.

2) Substantiv + substantivisches Attribut im Genitiv

Genitivstrukturen kommen in dieser Gruppe nicht vor.

3) Substantiv + präpositionales Attribut bzw. präpositionale Entsprechung

Zu diesem Typ konnten zwei usuelle Wortverbindungen zugeordnet werden: açık denizde, pazardaki pozisyon.

4) Kompositum

Von insgesamt 20 festen Wortverbindungen in dieser Äquivalenzgruppe konnten 11 als Kompositum erfasst werden: başlangıç finansmanı, başlangıç sermayesi, başlangıç yardımı, kamu kredisi, kamu talebi, sıfır ekonomik büyüme, talep büyümesi, talep davranışı, talep eğrisi, talep gücü, temel işlem.

5) Substantivisches Wortpaar

Zu diesem Typ konnte keine usuelle Wortverbindung erfasst werden.

6) einfaches Substantiv

Diese Gruppe ist mit keinem Beispiel vertreten.

2.1.2.3.3.2 Verbale Wortverbindungen im Türkischen

1) Substantiv + Verb

Zu diesem Wortverbindungstyp befinden sich vier Belege: anlaşmayı bozmak, gündeme koymak, numune almak, talebi aşmak.

2) adjektivisch-attributiv erweitertes Substantiv

Mit dieser Struktur gibt es in dieser Gruppe keine Beispiele.

3) Erweiterung des Substantivs oder der Verbalkomponente durch attributive Präpositionalgruppe

Auch zu dieser Gruppe konnte keine feste Wortverbindung erfasst werden.

4) Substantiv mit Präposition bzw. präpositionaler Entsprechung, zum Teil attributiv erweitert

Dieser Typ ist in dieser Gruppe ebenfalls nicht vertreten.

Von insgesamt 20 substantivischen Wortverbindungen konnten im Türkischen 11
als Komposita erfasst werden. Sieben gehören zum Typ „adjektivisches Attribut +
Substantiv" und zwei konnten als Substantive in Verbindung mit einem präpositionalen Attribut bzw. mit einer präpositionalen Entsprechung erfasst werden. Im
Folgenden sind die Ergebnisse der substantivischen und verbalen Wortverbindungen im Türkischen zusammengestellt.

Substantivische Wortverbindungen im Türkischen	
1. adjektivisches Attribut + Substantiv	
a) mit reinem Adjektiv	5
b) Strukturvarianten mit Bildung des Partizips in adjektivischer Funktion	2
2. Substantiv + substantivisches Attribut im Genitiv	-
3. Substantiv + präpositionales Attribut bzw. präpositionale Entsprechung	2
4. Kompositum	11
5. substantivisches Wortpaar	-
6. einfaches Substantiv	-
insgesamt	20

Verbale Wortverbindungen im Türkischen	
1. Substantiv + Verb	4
2. adjektivisch-attributiv erweitertes Substantiv	-
3. Erweiterung des Substantivs oder der Verbalkomponente durch attributive Präpositionalgruppe	-
4. Substantiv mit Präposition bzw. präpositionaler Entsprechung, zum Teil attributiv erweitert	-
insgesamt	4

In der folgenden Übersicht sind die Ergebnisse der substantivischen und verbalen usuellen Wortverbindungen im Türkischen zusammengestellt.

Substantivische Wortverbindungen im Türkischen	20
Verbale Wortverbindungen im Türkischen	4
insgesamt	24

2.1.2.3.4   Auswertung der deutsch-türkischen Ergebnisse

Aus Tabelle 10 gehen die Ergebnisse der substantivischen usuellen Wortverbindungen im Deutschen und im Türkischen hervor. Von insgesamt 20 Bildungen sind sowohl im Deutschen als auch im Türkischen mit elf Vertretungen die Komposita an erster Stelle. An zweiter Stelle sind die Substantive mit adjektivischem Attribut. Im Deutschen ist diese Struktur in 8 Fällen, im Türkischen in sieben Fällen zu beobachten. Im Deutschen konnte eine Wortverbindung, im Türkischen dagegen zwei Wortverbindungen als Substantive mit präpositionalem Attribut bzw. präpositionaler Entsprechung klassifiziert werden.

Tabelle 10: Das Ergebnis der substantivischen Wortverbindungen im Deutschen und im Türkischen

Substantivische Wortverbindungen	im Deutschen	im Türkischen
1. adjektivisches Attribut + Substantiv		
a) mit reinem Adjektiv	5	5
b) Strukturvarianten mit Bildung des Partizips in adjektivischer Funktion	3	2
2. Substantiv + substantivisches Attribut im Genitiv	-	-
3. Substantiv + präpositionales Attribut bzw. präpositionale Entsprechung	1	2
4. Kompositum	11	11
5. substantivisches Wortpaar	-	-
6. einfaches Substantiv	-	-
insgesamt	20	20

Diese kleine Gruppe besteht aus vier verbalen Bildungen. Im Türkischen konnten alle Beispiele als „Substantiv + Verb" klassifiziert werden. Im Deutschen sind es drei Fälle mit dieser Struktur und eine Wortverbindung ist ein Substantiv mit Präposition bzw. präpositionaler Entsprechung.

Tabelle 11: Das Ergebnis der verbalen Wortverbindungen im Deutschen und im Türkischen

Verbale usuelle Wortverbindungen	im Deutschen	im Türkischen
1. Substantiv + Verb	3	4
2. adjektivisch-attributiv erweitertes Substantiv	-	-
3. Erweiterung des Substantivs oder der Verbalkomponente durch attributive Präpositionalgruppe	-	-
4. Substantiv mit Präposition bzw. präpositionaler Entsprechung, zum Teil attributiv erweitert	1	-
insgesamt	4	4

In dieser Äquivalenzgruppe sind insgesamt 24 Fälle zu beobachten. Sowohl im Deutschen als auch im Türkischen konnten 20 als substantivische und vier als verbale Bildung klassifiziert werden.

Tabelle 12: Das Ergebnis der substantivischen und verbalen Wortverbindungen im Deutschen und im Türkischen

	im Deutschen	im Türkischen
Substantivische usuelle Wortverbindungen	20	20
Verbale usuelle Wortverbindungen	4	4
insgesamt	24	24

2.1.3 Wortverbindungen ohne phraseologisches Äquivalent (Nulläquivalenz)

Die "fehlende Äquivalenz" bzw. "Nulläquivalenz" kommt bei 276 deutsch-türkischen festen Wortverbindungen des Korpus der vorliegenden Arbeit vor. Bei diesem Äquivalenztyp geht die pragmatische Potenz der Fügung in der Ausgangssprache teilweise verloren. Somit wird keine weitgehende stilistisch-kommunikative Äquivalenz, sondern lediglich Übersetzungsäquivalenz erreicht (Földes 1996: 125). Wenn man z.B. im Deutschen *rote Zahlen schreibt* 'macht man Verluste' (Duden 2002: 889), im Türkischen gibt es jedoch keine ähnlich Wiedergabe wie z.B. **kırmızı sayılar yazmak*, deshalb kann man nur den Inhalt ‚Verluste machen' übersetzen, sodass die Entsprechung im Türkischen dann ‚zarar yapmak' lautet. Ähnlich ist es bei dem Beispiel *schwarze Zahlen schreiben* mit der Bedeutung ‚Gewinne machen' (Duden 2002: 889). Auch dieses Beispiel hat in der türkischen Sprache, wie das obige Beispiel, keine phraseologische Entsprechung und kann lediglich nur als *kâr yapmak* übersetzt werden, was nur den semantischen Inhalt wiedergibt. Die *Elefantenhochzeit* ist im Deutschen ein ‚Zusammenschluss von mächtigen, großen Unternehmen' (Duden 2007: 482). Bei der Übersetzung dieses Begriffs ins Türkische stoßt man ebenfalls auf Schwierigkeiten, denn wortwörtlich würde es im Türkischen **fillerin düğünü* lauten, was in der türkischen Sprache überhaupt keine Bedeutung hat. Deshalb kann man es nur umschreiben und mit folgender Ausdrucksweise wiedergeben: *büyük şirketlerin birleşmesi*. Was versteht man in der deutschen Kaufmannssprache unter *in Bausch und Bogen*? Obwohl es früher einen anderen semantischen Inhalt hatte, bedeutet es synchronisch gesehen ‚insgesamt, ganz und gar, ohne das Einzelne zu berücksichtigen' (Duden 2007: 253). Auch in diesem Fall gibt es im Türkischen keine phraseologische Entsprechung, deshalb sucht man, je nach Kontext, nach Kompensationsmöglichkeiten durch eine Umschreibung, die jedoch im Türkischen eventuell nur mit einem Lexem wie folgt lauten könnte: *toptan*. Wenn jedoch der Bedeutungsunterschied nicht aus dem Kontext zu erschließen ist, und dem Übersetzer diese feste Wortverbindung fremd ist, kann es zu ernsthaften Übersetzungsfehlern führen. Bei allen Übersetzungsmöglichkeiten ist jedoch zu erwarten, dass bei der Übersetzung die pragmatische Wirkung verloren geht (Kahramantürk 2001: 65). Ein weiteres Beispiel, an dem die Übersetzungsäquivalenz dieser Gruppe noch einmal veranschaulicht werden kann, ist das Kompositum *Preisbrecher* mit der Bedeutung ‚jemand, der eine bestimmte Ware weit unter dem bei den Konkurrenzbetrieben geltenden Preis anbietet' (Duden 2007: 1313), das der erklärenden Wiedergabe *fiyatı kıran kişi* im Türkischen entspricht. Ein weiteres Beispiel ist die usuelle Wortverbindung aus dem Börsenbereich *Abbröckeln von Kursen* mit der Bedeutung ‚Kurse bzw. Preise gehen leicht zurück' (Duden 2007: 79). Im Türkischen kann es nur mit dem Bedeutungsinhalt wiedergegeben werden wie *borsadaki fiyatların yavaş yavaş düşmesi*. Laut Duden ist ein *Bummelstreik* im Deutschen ‚ein Streik, bei dem zwar vorschriftsgemäß, aber bewusst langsam gearbeitet wird' (Duden 2007: 343). Die türkische Entsprechung für das deutsche Kompositum *Bummelstreik* ist folgende: *işi yavaşlatma grevi*.

2.1.3.1 Inventar der Wortverbindungen ohne phraseologisches Äquivalent (Nulläquivalenz)

usuelle Wortverbindungen im Deutschen	Entsprechungen im Türkischen
Abbau von Arbeitsplätzen	iş yerlerinin tasfiyesi
Abbauen von Arbeitsplätzen	iş yerlerini tasfiye etmek
Abbröckeln von Kursen	borsadaki fiyatların yavaş yavaş düşmesi
Abbröckeln von Preisen	fiyatların yavaş yavaş düşmesi

Abnahme finden	satılma
Aktien notieren	hisse senetlerini kote etmek
Aktien stehen gut	hisse senetlerin durumu iyi
Aktien unterbringen	hisse senetlerine alıcı bulmak
Aktien zeichnen	hisse senetlerini taahhüt etmek
am Apparat	telefondayım
an der Börse notieren	borsada koteli olmak
an der Quelle kaufen	yerinde satın almak
an die tote Hand veräußern	vakıflar idaresine devretmek
Antwort zahlt Empfänger	cevap alıcı tarafından ödenir
Anziehen der Steuerschraube	vergi tahsilinin hızlandırılması
Auffanggesellschaft	teslim alan şirket
aufgenommene Mittel	borçlanmalar
Aufruf von Wertpapieren	değerli kağıtların geri toplanma çağrısı
aus eigener Tasche zahlen	cepten kendisinin ödemesi
ausgeliehene Mittel	borçlanmalar
Auszahlung der Gläubiger	alacaklara ödemede bulunma
Bandbreite für Kursschwankungen	döviz kurları arasındaki kur farkı
bedachte Person	lehtar
Besichtigung an Ort und Stelle	yerinde görme
Besprechung auf höchster Ebene	en üst düzeyde görüşme
Bestände abbauen	stokları tasfiye etmek
bewegliche Sachen	taşınırlar
bezahlt Papier	satıcının alıcıdan çok olması
bezugsfertiges Objekt	boş emlak
billige Forderung	adil alacak talebi
Blindschreiben	tuşlara bakmadan yazmak
Börse fest eröffnen	borsa açılışında fiyatların istikrarlı olması
Börse leichter eröffnen	borsa açılışında fiyatların düşük olması
brieflicher Verkehr	yazışma
Deckungsschutz	karşılayıcı teminat
Deckungsstock	karşılayıcı stoklar
den Markt überschwemmen	piyasayı yoğun arzla basmak
dicht besetzter Markt	yoğun rekabet piyasası
Doppelveranlagung	çifte mükellefiyet
Drahtantwort	telegrafla cevap
Drahtbericht	telegrafla rapor
Drahtüberweisung	telli havale
Draufgeld	bahşiş

123

Dreiecksgeschäft	üç taraflı iş
Dreieckshandel	üç taraflı ticaret
Dreiecksverkehr	üç taraflı ulaştırma
Drosselung des Wachstumstempos	büyüme hızını kesme
durchlaufender Posten	tranzituar kalem
Durchlaufposten	asıl hesaplara geçmemiş kalem
Durchschlupf	kalite kontrolünden geçen ortalama
Eckartikel	müracaat numunesi
Einnahmen in laufender Rechnung	cari hesaptaki tahsilat
Elefantenhochzeit	büyük şirketlerin birleşmesi
Enkelgesellschaft	ana şirkete bağlı yabancı ortaklı şirket
Ergebnis des laufenden Geschäfts	cari işlemler sonucu
Ermessensspielraum	takdir olanağı
erste Adressen	en önemli ilk adresler
Erträge aus dem laufenden Geschäft	cari faaliyetlerden oluşan getiriler
Erwartungstreue	kusursuzluk
Federführung	yönetim
feste Haltung zeigen	israrlı tutum göstermek
Festgeld	kesin vadeli mevduat
festgesetzer Termin	tayin edilen gün
Flurbereinigung	parselleri birleştirme
Forderung(en) fallen lassen	alacaktan feragat etmek, vazgeçmek
Fracht nachnehmen	ek yük almak
freibleibender Auftrag	yerine getirilmesi zorunlu olmayan emir
freie Sendung	taşıma ücreti ödenmiş
freie Stücke	işlem görebilir senetler
freihändiger Auftrag	elden açık sipariş
Freiheit der Meere	denizlerin özgürlüğü
freiwillige Abwicklung	isteğe bağlı tasfiye
fremde Mittel	borçlanmalar
Freundliche Börse	borsada iyimser piyasa
für Null und nichtig erklären	kayıtsız şartsız gerçersiz olduğunu beyan etmek
gebrochener Schluss	buçuklu lot
gedeckte Gefahren	tazminat karşılığı olan riziko
gedeckter Kredit	karşılığı olan kredi
gedeckter Scheck	karşılığı olan çek
Geld zuschießen	para katkısında bulunmak
Geldbetrag zeichnen	para bedelini taahhüt etmek
Geldbeutel	cüzdan

Geldwechsler	sarraf
Geschäftemacher	vurguncu
geschäftsfreier Nachmittag	işyerlerinin kapalı olduğu öğleden sonra
gesonderte Befriedigung	özel muameleli ödeme
gewogene Auswahl	çeşitli gruplardan örnek
gezogener Wechsel	poliçe
Gitterkiste	kasa
Glattstellung	düzeltme
gleitende Bandbreite	alış ve satışlarda değişen fiyat tespitleri
gleitender Zoll	değişen gümrük tarifesi
Handelsschranken abbauen	ticari engelleri kaldırmak
Hausbank	kendi bankamız
Hausseengagement	tavan angajmanı
Hausseposition	zirve durumu
Hauszeitschrift	şirketin kendi dergisi
Heimfall	eski sahibine intikal
im Kredit stehen	kredisi olmak,
im Soll buchen	borçlandırmak
in Auftrag geben	siparişin yapılması için emir vermek
in Bausch und Bogen	toptan
in Betrieb gehen	çalışmaya başlamak
in Betrieb nehmen	çalışmaya başlatmak
in die eigene Tasche wirtschaften	kendi cebine çalışmak
in die Höhe treiben	yükseltmek
in die Tat umsetzen	gerçekleştirmek
in Kraft treten	yürürlüğe girmek
in Misskredit bringen	itibarsız duruma düşürmek
in Misskredit geraten	itibarsız duruma düşmek
Inflationsherd	enflasyonun merkezi
Investitionen in Menschen	işgücüne dönük yatırımlar
Jagd nach Sonderangeboten	indirimli satışlarda fırsatları kollama
junge Aktien	yeni hisse senetleri
Jungfernfahrt	ilk sefer
Jungfernflug	ilk uçuş
Kapazität stilllegen	işletmeyi kapatmak
Kapital abschreiben	sermayeyi amorti etmek
Kapital nachschießen	yeni sermaye katmak
Kapital zeichnen	sermaye taahhüt etmek
Kapitalmarktklima	sermaye piyasası ortamı

Kapitalsanierung	sermayeyi yeniden düzenleme
Kassensturz machen	ihbarsız kasa denetimi yapmak
Kauf auf Abruf	emir üzerine satın alma
Kauf auf Baisse	taban fiyattan satın alma
Kauf auf Hausse	tavan fiyattan satın alma
Kettenladen	mağazalar zincirine bağlı dükkan
Kettenunternehmen	şirketler zincirine bağlı şirket
kleingestückelte Obligation	buçuklu obligasyon
Konjunkturtal	konjonktürün dip aşaması
Kredit abtragen	krediyi geri ödemek
Kreditexpansion	kredilerin çoğalması
Kreislaufmaterial	dolanımlı malzeme
krisensicherer Arbeitsplatz	iş güvencesi olan işyeri
Kursanstieg auf breiter Front	fiyatların genel düzeyinin yükselmesi
Ladenhüter	satılamayan mal
langer Samstag	mağazaların geç kapandığı cumartesi
Lauf einer Frist	vade
Laufbahn	kariyer
laufende Bestellung	daimi sipariş
laufende Nachfrage	cari talep
laufender Monat	bu ay
laufendes Girokonto	cari işlemler hesabı
Laufzeit	vade
leerer Arbeitsmarkt	durgun iş piyasası
Leergut	içi boş mallar
Leerkauf	karşılıksız alım
Leibrente	ömür boyu emeklilik
Leichtbrief	uçak ile mektup
Leistung verweigern	ödemeden kaçınmak
Leistung Zug um Zug	parça parça ödeme
Leistungen anbieten	ödemede yardım teklifinde bulunmak
Leistungen erbringen	ödemede yardımda bulunmak
Leitfaden	rehber
Löschung durch Leichter	mavnalarla boşaltma
lustlose Tendenz	durgunluk
lustloses Geschäft	isteksiz alım satım
mangelnde Ausnutzung	eksik istihdam
Marktführer	en iyi satılan mal
Marktnähe	piyasaya olan yakınlık
Marktpapier	piyasaya sürülebilir değerli kağıt
Marktteilnehmer	borsadaki müşteri

126

Maschinenpark	makine
Material beistellen	malzemeyi kullanmak için vermek
Materialknappheit	hisse senetlerinde kıtlık
maßgebliche Meinung	esas görüş
Meinungskäufe	spekülasyon amaçlı satın almalar
Meinungsverkäufe	spekülasyon amaçlı satışlar
Mindestzeichnung	asgari abonman
Mischkonzern	konglomera
mit allen Mängeln und sonstigen Fehlern	tüm eksiklik ve sair kusurlarla
mit Deckung versehen	karşılığı gösterilmiş
Mittelabfluss	dışa doğru para akımı
Mittelaufnahme	borçlanma
Mobilisierung stiller Reserven	ihtiyatların paraya çevrilmesi
mündelsichere Effekten	sağlam menkul değerler
nach billigem Ermessen	gönülce takdir
nach Sicht	görüldükten sonra
Nachmittagsbörse	borsa sonrası piyasa
nachrangige Verbindlichkeiten	ikinci derecede borçlar
Nachwuchskraft	yetişmek üzere olan genç eleman
Namensaktie	ada yazılı hisse senedi
Namenspapier	ada yazılı kıymetli kağıt
neuer Abschluss	yeni sipariş
Notadresse	geçici adres
Null und nichtig (erklären)	hükümsüz kılmak
Nullbewertung	Katma Değer Vergisi muafiyeti
Nutznießung haben	intifa hakkı olmak
oberer Marktbereich	piyasa üst sektörü
offene Verbindlichkeiten	ödenmemiş borçlar
offenstehendes Konto	düzeltilmemiş hesap
öffentliche Meinung	kamuoyu
ohne Kurs	kayıtsız, kotesiz
operatives Geschäft	faaliyetler
Organkonto	şirketlerarası hesap
Organverlust	şirketlerarası zarar
Organvertrag	grup oluşturma sözleşmesi
Patent verletzten	patenti ihlal etmek
Pflicht verletzen	göreve karşı harekette bulunmak
Position auflösen	kaydı kaldırmak
Position glattstellen	kaydı düzeltmek
Positionen über dem Strich	çizgi üstü kalemler

Positionsbereinigung	kalem arındırma
potentielle Nachfrage	birikimli talep
Preisbindung	fiyat sabitleştirmesi
Preisbindung der zweiten Hand	perakendede fiyat sabitleştirmesi
Preisfreigabe	fiyatları serbest bırakma
Primärgeschäft	yeni emisyon işlemi
Primawechsel	poliçenin birinci nüshası
Prüfung an Ort und Stelle	yerinde denetim
Publikumsverkehr	kamuya açık saatler
Rentenmarkt	sabit faizli bono piyasası
repräsentative Befragung	temsili araştırma
Schiff löschen	gemi boşaltmak
Schmiergeld	rüşvet
Schönwetterlage	iyimser ekonomik ortam
schwarze Zahlen schreiben	pozitif bilançoya sahip olmak
schwebender Schaden	çözümlenmemiş hasar
sich der Stimme enthalten	çekimser kalmak
sich von der Arbeit freistellen	işten muaf olmak
sich vorzeitig zur Ruhe setzen	erken emekli olmak
sich zur Arbeit melden	işe hazır olduğunu bildirmek
Sparen am falschen Ende	hatalı tasarruf etme
Sparschwein	kumbara
Spitzenangebot	en yüksek teklif
Stelle streichen	işyerini kaldırmak
Stellenjäger	iş arayan
Stelllage	çift ikramiyeli muamele
stille Beteiligung	komanditer olarak katılm
Stoßzeiten	işin yoğun olduğu saatler
Stückdepot	menkul değerler portföyü
Stücklohn	parça başına ücret
Talfahrt	düşüş
Talsohle	dip
Terminkauf und -verkauf	çift ikramiyeli muamele
Tiefpunkt	en düşük nokta
Tochtergesellschaft	ana şirkete bağlı şirket
Totalperiode	şirketin ömrü
Treuhand	yediemin
Trinkgeld	bahşiş
übertragbare Stimme	devredilebilir oy
Umlaufmaterial	arzlar
Umsatz mit Dritten	müşteriye yönelik satışlar

unerledigte Punkte	bitirilmemiş işler
ungerade Partie	buçuklu lot
ungültige Stimme	geçersiz oy
unlauteres Geschäftsgebaren	haksız iş davranışı
unter den Hammer bringen	artırmalı satmak
unter den Hammer kommen	artırmalı satılmak
unter Preis kaufen	maliyetin altında satın almak
unter Preis verkaufen	maliyetin altında satmak
unterer Marktbereich	piyasa alt sektörü
Urteil anfechten	karara karşı üst mahkemeye müracaat etmek
verkaufsoffener Samstag	mağazaların açık olduğu Cumartesi günü
verkaufsoffener Sonntag	mağazaların açık olduğu Pazar günü
Verlegung des Sitzes	şirket merkezinin nakli
verlorener Zuschuss	kayıp sübvansiyon
vermögenswirksame Leistungen	varlık oluşturan ödeme
Verschuldungsspielraum	borçlanma marjı
vom Kauf zurücktreten	satın almadan vazgeçmek
vom Stapel laufen	kızaktan inmek
Vorschriften verletzen	kurallara karşı gelmek
werbende Geldanlagen	gelir getiren para yatırımları
zahlende Fracht	ödeyen kargo
Zollplombe	gümrük kurşun damgası
zu jmds. Lasten gehen	tarafından ödenmek üzere
zu Lasten von	tarafından ödemek üzere
zugewiesene Mittel	tahsis edilmiş fonlar
zur Notierung zulassen	kotasyona tahsis etmek
Zusammenbruch des Aktienmarkts	menkul kıymetler piyasasının çökmesi
Zwangsgeld	yürütme makamlarınca uygulanan para cezası
zweckgebundene Mittel	amaca bağlı fonlar
Zweigfiliale	şube
Zweiggeschäft	şube
Zweigniederlassung	şube
Zweigstelle	şube

2.1.3.2 Morphologisch-syntaktische Klassifikation der Wortverbindungen im Deutschen

Von insgesamt 276 usuellen Wortverbindungen im Deutschen konnten 208 als substantivische und 68 als verbale usuelle Wortverbindung klassifiziert werden.

2.1.3.2.1 Substantivische Wortverbindungen

In dieser Äquivalenzgruppe konnten 208 substantivische phraseologische Einheiten erfasst werden.

1) adjektivisches Attribut + Substantiv:

a) mit reinem Adjektiv

Mit dieser Struktur sind 38 feste Wortverbindungen in dieser Gruppe vorhanden: bewegliche Sachen, bezugsfertiges Objekt, billige Forderung, brieflicher Verkehr, erste Adressen, freie Sendung, freie Stücke, freihändiger Auftrag, freiwillige Abwicklung, fremde Mittel, freundliche Börse, geschäftsfreier Nachmittag, junge Aktien, krisensicherer Arbeitsplatz, langer Samstag, leerer Arbeitsmarkt, lustlose Tendenz, lustloses Geschäft, maßgebliche Meinung, mündelsichere Effekten, nachrangige Verbindlichkeiten, neuer Abschluss, oberer Marktbereich, offene Verbindlichkeiten, öffentliche Meinung, operatives Geschäft, potentielle Nachfrage, repräsentative Befragung, stille Beteiligung, übertragbare Stimme, ungerade Partie, ungültige Stimme, unlauteres Geschäftsgebaren, unterer Marktbereich, verkaufsoffener Samstag, verkaufsoffener Sonntag, vermögenswirksame Leistungen, zweckgebundene Mittel.

b) Strukturvarianten mit Bildung des Partizips in adjektivischer Funktion

In dieser Gruppe sind 29 usuelle Wortverbindungen als Strukturvarianten mit Bildung des Partizips in adjektivischer Funktion zu verzeichnen: Diese sind folgende: aufgenommene Mittel, ausgeliehene Mittel, bedachte Person, dicht besetzter Markt, durchlaufender Posten, festgesetzer Termin, freibleibender Auftrag, gebrochener Schluss, gedeckte Gefahren, gedeckter Kredit, gedeckter Scheck, gesonderte Befriedigung, gewogene Auswahl, gezogener Wechsel, gleitende Bandbreite, gleitender Zoll, kleingestückelte Obligation, laufende Bestellung, laufende Nachfrage, laufender Monat, laufendes Girokonto, mangelnde Ausnutzung, offenstehendes Konto, schwebender Schaden, unerledigte Punkte, verlorener Zuschuss, werbende Geldanlagen, zahlende Fracht, zugewiesene Mittel.

2) Substantiv + substantivisches Attribut im Genitiv

In 10 Fällen ist diese Struktur zu verzeichnen: Anziehen der Steuerschraube, Auszahlung der Gläubiger, Drosselung des Wachstumstempos, Ergebnis des laufenden Geschäfts, Freiheit der Meere, Lauf einer Frist, Mobilisierung stiller Reserven, Preisbindung der zweiten Hand, Verlegung des Sitzes, Zusammenbruch des Aktienmarkts.

3) Substantiv + präpositionales Attribut bzw. präpositionale Entsprechung

In dieser Gruppe handelt es sich um feste Wortverbindungen mit zwei substantivischen Komponenten, die durch eine Präposition verbunden werden wie die folgenden 28 Beispiele: Abbau von Arbeitsplätzen, Abbauen von Arbeitsplätzen, Abbröckeln von Kursen, Abbröckeln von Preisen, am Apparat, Aufruf von Wertpapieren, Bandbreite für Kursschwankungen, Besichtigung an Ort und Stelle, Besprechung auf höchster Ebene, Einnahmen in laufender Rechnung, Erträge aus dem laufenden Geschäft, in Bausch und Bogen, Investitionen in Menschen, Jagd nach Sonderangeboten, Kauf auf Abruf, Kauf auf Baisse, Kauf auf Hausse, Kursanstieg auf breiter Front, Leistung Zug um Zug, Löschung durch Leichter, nach billigem Ermessen, nach Sicht, ohne Kurs, Positionen über dem Strich, Prüfung an Ort und Stelle, Sparen am falschen Ende, Umsatz mit Dritten, zu Lasten von.

4) Kompositum

Die größte Gruppe bilden die wirtschaftlichen Komposita mit 103 Vertretungen: Auffanggesellschaft, Blindschreiben, Deckungsschutz, Deckungsstock, Doppelveranlagung, Drahtantwort, Drahtbericht, Drahtüberweisung, Draufgeld, Dreiecksgeschäft, Dreieckshandel, Dreiecksverkehr, Durchlaufposten, Durchschlupf, Eckartikel, Elefantenhochzeit, Enkelgesellschaft, Ermessensspielraum, Erwartungstreue, Federführung, Festgeld, Flurbereinigung, Geldbeutel, Geldwechsler, Geschäftemacher, Gitterkiste, Glattstellung, Hausbank, Hausseengagement, Hausseposition, Hauszeitschrift, Heimfall, Inflationsherd, Jungfernfahrt, Jungfernflug, Kapitalmarktklima, Kapitalsanierung, Kettenladen, Kettenunternehmen, Konjunkturtal, Kreditexpansion, Kreislaufmaterial, Ladenhüter, Laufbahn, Laufzeit, Leergut, Leerkauf, Leibrente, Leichtbrief, Leitfaden, Marktführer, Marktnähe, Marktpapier, Marktteilnehmer, Maschinenpark, Materialknappheit, Meinungskäufe, Meinungsverkäufe, Mindeszeichnung, Mischkonzern, Mittelabfluss, Mittelaufnahme, Nachmittagsbörse, Nachwuchskraft, Namensaktie, Namenspapier, Notadresse, Nullbewertung, Organkonto, Organverlust, Organvertrag, Positionsbereinigung, Preisbindung, Preisfreigabe, Primärgeschäft, Primawechsel, Publikumsverkehr, Rentenmarkt, Schmiergeld, Schönwetterlage, Sparschwein, Spitzenangebot, Stellenjäger, Stelllage, Stoßzeiten, Stückdepot, Stücklohn, Tal-

fahrt, Talsohle, Terminkauf und -verkauf, Tiefpunkt, Tochtergesellschaft, Total-
periode, Treuhand, Trinkgeld, Umlaufmaterial, Verschuldungsspielraum, Zoll-
plombe, Zwangsgeld, Zweigfiliale, Zweiggeschäft, Zweigniederlassung, Zweig-
stelle.

5) Substantivisches Wortpaar

Zu diesem Typ konnte keine feste Wortverbindung erfasst werden.

6) einfaches Substantiv

Dieser Gruppe konnte kein Beispiel zugeordnet werden.

2.1.3.2.2 Verbale Wortverbindungen

Verbale Strukturen weisen neben anderen syntaktischen Partnern mindestens eine
verbale Komponente auf.

1) Substantiv + Verb

Zu der ersten Gruppe der verbalen Strukturen mit dem Typ „Substantiv + Verb"
konnten 35 usuelle Wortverbindungen zugeordnet werden: Abnahme finden, Aktien notieren, Aktien stehen gut, Aktien unterbringen, Aktien zeichnen, Antwort
zahlt Empfänger, Bestände abbauen, bezahlt Papier, den Markt überschwemmen,
Forderung(en) fallen lassen, Fracht nachnehmen, Geld zuschießen, Geldbetrag
zeichnen, Handelsschranken abbauen, Kapazität stilllegen, Kapital abschreiben,
Kapital nachschießen, Kapital zeichnen, Kassensturz machen, Kredit abtragen,
Leistung verweigern, Leistungen anbieten, Leistungen erbringen, Material beistel-
len, Null und nichtig (erklären), Nutznießung haben, Patent verletzten, Pflicht
verletzen, Position auflösen, Position glattstellen, Schiff löschen, sich der Stimme
enthalten, Stelle streichen, Urteil anfechten, Vorschriften verletzen.

2) Adjektivisch-attributiv erweitertes Substantiv

Diese kleine Gruppe besteht aus folgenden vier festen Wortverbindungen: Börse
fest eröffnen, Börse leichter eröffnen, feste Haltung zeigen, schwarze Zahlen
schreiben.

3) Erweiterung des Substantivs oder der Verbalkomponente durch attributive Präpositionalgruppe

Zu diesem Typ konnte kein einziges Beispiel erfasst werden.

132

4) Substantiv mit Präposition bzw. präpositionaler Entsprechung, zum Teil attributiv erweitert

29 Substantive mit Präposition, die zum Teil attributiv erweitert sind, fanden in dieser Gruppe ihren Platz: an der Börse notieren, an der Quelle kaufen, an die tote Hand veräußern, aus eigener Tasche zahlen, für Null und nichtig erklären, im Kredit stehen, im Soll buchen, in Auftrag geben, in Betrieb gehen, in Betrieb nehmen, in die eigene Tasche wirtschaften, in die Höhe treiben, in die Tat umsetzen, in Kraft treten, in Misskredit bringen, in Misskredit geraten, mit allen Mängeln und sonstigen Fehlern, mit Deckung versehen, sich von der Arbeit freistellen, sich vorzeitig zur Ruhe setzen, sich zur Arbeit melden, unter den Hammer bringen, unter den Hammer kommen, unter Preis kaufen, unter Preis verkaufen, vom Kauf zurücktreten, vom Stapel laufen, zu jmds. Lasten gehen, zur Notierung zulassen.

In dieser Äquivalenzgruppe bilden die Komposita mit 103 Fällen von insgesamt 208 substantivischen Wortverbindungen die stärkste Gruppe. Die zweite Stelle belegen mit 38 Beispielen die Bildungen mit reinem Adjektiv. An dritter Stelle sind die Strukturvarianten mit Bildung des Partizips mit 29 Beispielen und an der vierten Stelle sind 28 Wortverbindungen, die die Struktur der Substantivbildungen mit präpositionalem Attribut bzw. präpositionaler Entsprechung aufweisen. Im Folgenden sind die Ergebnisse der substantivischen usuellen Wortverbindungen im Deutschen zusammengestellt.

Substantivische Wortverbindungen im Deutschen	
1. adjektivisches Attribut + Substantiv	
a) mit reinem Adjektiv	38
b) Strukturvarianten mit Bildung des Partizips in adjektivischer Funktion	29
2. Substantiv + substantivisches Attribut im Genitiv	10
3. Substantiv + präpositionales Attribut bzw. präpositionale Entsprechung	28
4. Kompositum	103
5. substantivisches Wortpaar	-
6. einfaches Substantiv	-
insgesamt	208

Mit 68 verbalen Wortverbindungen ist diese Gruppe im Deutschen vertreten. Von 68 Verbalbildungen sind 35 Belege des Typs „Substantiv + Verb". Die Anzahl der Bildungen mit der Struktur „Substantiv mit Präposition bzw. präpositionaler Entsprechung, zum Teil attributiv erweitert" ist 29 und somit die zweitstärkste Gruppe unter den Verbalbildungen. Lediglich vier Beispiele konnten als adjektivisch-attributiv erweitertes Substantiv klassifiziert werden. Die Darstellung der verbalen usuellen Wortverbindungen im Deutschen ist im Folgenden zu sehen.

Verbale Wortverbindungen im Deutschen	
1. Substantiv + Verb	35
2. adjektivisch-attributiv erweitertes Substantiv	4
3. Erweiterung des Substantivs oder der Verbalkomponente durch attributive Präpositionalgruppe	-
4. Substantiv mit Präposition bzw. präpositionaler Entsprechung, zum Teil attributiv erweitert	29
insgesamt	68

In dieser Äquivalenzgruppe sind insgesamt 276 feste Wortverbindungen. 208 Belege konnten als substantivische usuelle Wortverbindungen im Deutschen klassifiziert werden. 68 Fälle sind dieser Gruppe als verbale Bildungen zugeordnet worden. In der folgenden Übersicht sind die Ergebnisse der substantivischen und verbalen usuellen Wortverbindungen im Deutschen zusammengestellt.

Substantivische Wortverbindungen im Deutschen	208
Verbale Wortverbindungen im Deutschen	68
insgesamt	276

2.1.3.3 Morphologisch-syntaktische Klassifikation im Türkischen

2.1.3.3.1 Substantivische Wortverbindungen

Von 276 festen Wortverbindungen im Deutschen konnten 200 türkische Entsprechungen als substantivische Einheiten erfasst werden.

1) adjektivisches Attribut + Substantiv

a) mit reinem Adjektiv

In dieser Gruppe befinden sich 54 usuelle Wortverbindungen mit dieser Struktur. Unter den Belegen dieser Gruppe sind auch Wortverbindungen wie z.B. durgun iş piyasası oder sağlam menkul değerler vertreten, die aus mehr als zwei Komponenten bestehen, da diese entweder Komposita oder Superlative sind. Folgende Verbindungen sind in dieser Gruppe: adil alacak talebi, asgari abonman, birikimli talep, boş emlak, bu ay, buçuklu lot (2), buçuklu obligasyon, cari işlemler sonucu, cari talep, çift ikramiyeli muamele (2), çifte mükellefiyet, daimî sipariş, dolanımlı malzeme, durgun iş piyasası, eksik istihdam, en düşük nokta, en önemli ilk adresler, en yüksek teklif, esas görüş, geçici adres, gerçersiz oy, gönülce takdir, haksız iş davranışı, içi boş mallar, ilk sefer, ilk uçuş, isteksiz alım satım, iyimser ekonomik ortam, karşılayıcı stoklar, karşılayıcı teminat, karşılıksız alım, kayıp sübvansiyon, kesin vadeli mevduat, ömür boyu emeklilik, özel muameleli ödeme, parça parça ödeme, sabit faizli bono piyasası, sağlam menkul değerler, spekülasyon amaçlı satın almalar, spekülasyon amaçlı satışlar, şirketlerarası hesap, şirketlerarası zarar, telli havale, temsilî araştırma, tranzituar kalem, üç taraflı iş, üç taraflı ticaret, üç taraflı ulaştırma, yeni emisyon işlemi, yeni hissesenetleri, yeni sipariş, yoğun rekabet piyasası.

b) Strukturvarianten mit Bildung des Partizips in adjektivischer Funktion

Mit dieser Struktur sind 26 dieser Gruppe zuzuordnen. Diese sind: bitirilmemiş işler, çözümlenmemiş hasar, değişen gümrük tarifesi, devredilebilir oy, düzeltilmemiş hesap, en iyi satılan mal, gelir getiren para yatırımları, iş güvencesi olan işyeri, işin yoğun olduğu saatler, işlem görebilir senetler, işyerlerinin kapalı olduğu öğleden sonra, karşılığı olan çek, karşılığı olan kredi, mağazaların açık olduğu Cumartesi günü, mağazaların açık olduğu Pazar günü, mağazaların geç kapandığı uzun cumartesi, ödenmemiş borçlar, ödeyen kargo, satılamayan mal, tahsis edilmiş fonlar, tazminat karşılığı olan riziko, varlık oluşturan ödeme, yerine getirilmesi zorunlu olmayan emir, yetişmek üzere olan genç eleman, tayin edilen gün, teslim alan şirket.

2) Substantiv + substantivisches Attribut im Genitiv

Insgesamt 16 Wortverbindungen aus der türkischen Wirtschaftssprache weisen diese Struktur auf: büyük şirketlerin birleşmesi, değerli kağıtların geri toplanma çağrısı, denizlerin özgürlüğü, fiyatların genel düzeyinin yükselmesi, fiyatların yavaş yavaş düsmesi, ihtiyatların paraya çevrilmesi, iş yerlerinin tasfiyesi, kendi bankamız, konjonktürün dip aşaması, kredilerin çoğalması, menkul kıymetler piyasasının çökmesi, poliçenin birinci nüshası, şirket merkezinin nakli, şirketin kendi dergisi, şirketin ömrü, vergi tahsilinin hızlandırılması.

3) Substantiv + präpositionales Attribut bzw. präpositionale Entsprechung

In dieser Gruppe handelt es sich im Deutschen um feste Wortverbindungen mit zwei substantivischen Komponenten, die durch eine Präposition verbunden werden. Da es im Türkischen keine Präpositionen gibt, handelt es bei den türkischen Entsprechungen um Kontruktionen, die entweder eine postpositionale Funktion tragen oder im Dativ bzw. Ablativ stehen. Mit dieser Funktion sind in dieser Gruppe 48 Belege: ada yazılı hisse senedi, ada yazılı kıymetli kağıt, alacaklara ödemede bulunma, alış ve satışlarda değişen fiyat tespitleri, amaca bağlı fonlar, ana şirkete bağlı şirket, ana şirkete bağlı yabancı ortaklı şirket, asıl hesaplara geçmemiş kalem, borsa sonrası piyasa, borsada iyimser piyasa, borsadaki müşteri, cari faaliyetlerden oluşan getiriler, cari hesaptaki tahsilat, çeşitli gruplardan örnek, çizgi üstü kalemler, dışa doğru para akımı, döviz kurları arasındaki kur farkı, elden açık sipariş, emir üzerine satın alma, en üst düzeyde görüşme, eski sahibine intikal, hisse senetlerinde kıtlık, ikinci derecede borçlar, indirimli satışlarda fırsatları kollama, isteğe bağlı tasfiye, işgücüne dönük yatırımlar, kalite kontrolünden geçen ortalama, kamuya açık saatler, komanditer olarak katılma, mağazalar zincirine bağlı dükkan, mavnalarla boşaltma, müşteriye yönelik satışlar, parça başına ücret, perakendede fiyat sabitleştirmesi, piyasaya olan yakınlık, piyasaya sürülebilir değerli kağıt, sermayeyi yeniden düzenleme, şirketler zincirine bağlı şirket, tabandan satın alma, tarafından ödemek üzere, tavandan satın alma, telegrafla cevap, telegrafla rapor, tüm eksiklik ve sair kusurlarla, uçak ile mektup, yerinde denetim, yerinde görme, yürütme makamlarınca uygulanan para cezası.

4) Kompositum

Insgesamt 17 syntaktische Strukturen entsprechen diesem Typ: borçlanma marjı, cari işlemler hesabı, enflasyon merkezi, fiyat sabitleştirmesi, grup oluşturma sözleşmesi, gümrük kurşun damgası, kalem arındırma, Katma Değer Vergisi muafiyeti, menkul değerler portföyü, müracaat numunesi, parselleri birleştirme, piyasa alt sektörü, piyasa üst sektörü, sermaye piyasası ortamı, takdir olanağı, tavan angajmanı, zirve durumu.

5) Substantivisches Wortpaar

Zu dieser Gruppe konnte kein Beleg erfasst werden.

6) einfaches Substantiv bzw. Adjektiv

In dieser Gruppe befinden sich 39 einfache Substantive und Adjektive, wobei 37 Substantive und lediglich zwei Adjektive (kayıtsız, toptan) sind: arzlar, bahşiş (2), borçlanma, borçlanmalar (3), cüzdan, dip, durgunluk, düşüş, düzeltme, faaliyetler, kamuoyu, kariyer, kasa, kayıtsız, konglomera, kumbara, kusursuzluk, lehtar, makine, poliçe, rehber, rüşvet, sarraf, satılma, şube (4), taşınırlar, toptan, vade (2), vurguncu, yazışma, yediemin, yönetim.

2.1.3.3.2 Verbale Wortverbindungen

1) Substantiv + Verb

Dieser Typ ist in 25 Wortverbindungen dieser Gruppe vertreten. Diese sind: büyüme hızını kesme, ek yük almak, fiyatları serbest bırakma, gemi boşaltmak, hatalı tasarruf, hisse senetlerini kote etmek, hisse senetlerini taahhüt etmek, intifa hakkı olmak, iş arayan, işletmeyi kapatmak, işyerini kaldırmak, işyerlerini tasfiye etmek, karşılığı gösterilmiş, kaydı düzeltmek, kaydı kaldırmak, kredisi olmak, krediyi geri ödemek, para bedelini taahhüt etmek, patenti ihlal etmek, sermaye taahhüt etmek, sermayeyi amorti etmek, stokları tasfiye etmek, taşıma ücreti ödenmiş, telefondayım, yürürlüğe girmek.

a) Die folgenden 3 Verben sind einfache Verben, die in dieser Gruppe als Untergruppe erscheinen, da man bei allen Verben etw. oder jmdn. zufügen könnte. Diese Verben sind folgende: gerçekleştirmek, yükseltmek, borçlandırmak.

2) Adjektivisch-attributiv erweitertes Substantiv

Lediglich vier Beispiele sind in dieser Gruppe mit dieser Struktur zu beobachten: artırmalı satılmak, artırmalı satmak, ısrarlı tutum göstermek, yeni sermaye katmak.

3) Erweiterung des Substantivs oder der Verbalkomponente durch attributive Präpositionalgruppen-Entsprechung

Dieser Gruppe konnten 23 Beispiele zugeordnet werden: borsa açılışında fiyatların düşük olması, borsa açılışında fiyatların istikrarlı olması, borsadaki fiyatların yavaş yavaş düşmesi, cepten kendisinin ödemesi, cevap alıcı tarafından ödenir, çekimser kalmak, erken emekli olmak, göreve karşı harekette bulunmak, görüldükten sonra, hisse senetlerin durumu iyi, hisse senetlerine alıcı bulmak, ihbarsız kasa denetimi yapmak, işe hazır olduğunu bildirmek, karara karşı üst mahkemeye müracaat etmek, kayıtsız şartsız gerçersiz olduğunu beyan etmek, kendi cebine çalışmak, malzemeyi kullanmak için vermek, ödeme de yardım teklifinde bulunmak, ödemede yardımda bulunmak, piyasayı yoğun arzla basmak, pozitif bilançoya sahip olmak, satıcının alıcıdan çok olması, siparişin yapılması için emir vermek.

4) Substantiv mit Präposition bzw. präpositionaler Entsprechung, zum Teil attributiv erweitert

Mit diesem Typ sind in dieser Gruppe 21 Belege vorhanden: alacaktan vazgeçmek, borsada koteli olmak, çalışmaya başlamak, çalışmaya başlatmak, hükümsüz
kılmak, işten muaf olmak, itibarsız duruma düşmek, itibarsız duruma düşürmek,
kızaktan inmek, kotasyona tahsis etmek, kurallara karşı gelmek, maliyetin altında
satın almak, maliyetin altında satmak, ödemeden kaçınmak, para katkısında bulunmak, satın almadan vazgeçmek, tarafından ödenmek üzere, ticari engelleri kaldırmak, tuşlara bakmadan yazmak, vakıflar idaresine devretmek, yerinde satın
almak.

In dieser Äquivalenzgruppe sind insgesamt 200 substantivische Strukturen im
Türkischen. Am häufigsten sind die Bildungen mit reinem Adjektiv mit 54 Beispielen vertreten. 48 Belege weisen die Struktur „Substantiv + präpositionales
Attribut bzw. präpositionale Entsprechung" auf. Die dritte Stelle belegen mit 39
Beispielen die einfachen Substantiva im Türkischen. Die Anzahl der Strukturvarianten mit Bildung des Partizips in adjektivischer Funktion ist 26. An fünfter Stelle
sind die Komposita mit 17 Fällen. Genitivbildungen sind in 16 Belegen zu beobachten. Im Folgenden sind die Ergebnisse der substantivischen usuellen Wortverbindungen im Türkischen zusammengestellt.

Substantivische Wortverbindungen im Türkischen	
1. adjektivisches Attribut + Substantiv	
a) mit reinem Adjektiv	54
b) Strukturvarianten mit Bildung des Partizips in adjektivischer Funktion	26
2. Substantiv + substantivisches Attribut im Genitiv	16
3. Substantiv + präpositionales Attribut bzw. präpositionale Entsprechung	48
4. Kompositum	17
5. substantivisches Wortpaar	-
6. einfaches Substantiv	39
insgesamt	200

Die Anzahl der Belege in der Verbalgruppe im Türkischen ist 76. Von insgesamt
76 Bildungen weisen 28 Fälle die Struktur „Substantiv + Verb" auf. Die zweite
Stelle belegt in dieser Gruppe der Typ „Erweiterung des Substantivs oder der
Verbalkomponente durch attributive Präpositionalgruppe" mit 23 Beispielen. Die
Substantive mit Präposition oder präpositionaler Entsprechung weisen 21 Fälle
auf. Lediglich vier Strukturen sind mit dem Typ des adjektivisch-attributiv erweitertes Substantivs. Die folgende Darstellung veranschaulicht die Ergebnisse der
verbalen usuellen Wortverbindungen im Türkischen.

Verbale Wortverbindungen im Türkischen	
1. Substantiv + Verb	28
2. adjektivisch-attributiv erweitertes Substantiv	4
3. Erweiterung des Substantivs oder der Verbalkomponente durch attributive Präpositionalgruppe	23
4. Substantiv mit Präposition bzw. präpositionaler Entsprechung, zum Teil attributiv erweitert	21
insgesamt	76

Dieser Äquivalenztyp weist insgesamt 276 Belege auf. In den türkischen Entsprechungen sind 200 Fälle als substantivische, 76 Fälle als verbale Strukturen zu klassifizieren. In der folgenden Übersicht sind die Ergebnisse der substantivischen und verbalen usuellen Wortverbindungen im Türkischen zusammengestellt.

Substantivische Wortverbindungen im Türkischen	200
Verbale Wortverbindungen im Türkischen	76
insgesamt	276

2.1.3.4 Auswertung der deutsch-türkischen Ergebnisse

Bei den festen Wortverbindungen mit Nulläquivalenz sind im Deutschen insgesamt 208, im Türkischen dagegen 200 Bildungen mit nominaler Struktur.

Tabelle 13: Das Ergebnis der substantivischen Wortverbindungen im Deutschen und im Türkischen

Substantivische Wortverbindungen	im Deutschen	im Türkischen
1. adjektivisches Attribut + Substantiv		
a) mit reinem Adjektiv	38	54
b) Strukturvarianten mit Bildung des Partizips in adjektivischer Funktion	29	26
2. Substantiv + substantivisches Attribut im Genitiv	10	16
3. Substantiv + präpositionales Attribut bzw. präpositionale Entsprechung	28	48
4. Kompositum	103	17
5. substantivisches Wortpaar	-	-
6. einfaches Substantiv	-	39
insgesamt	208	200

Aus Tabelle 13 geht hervor, dass sich die Strukturen der Wortverbindungen aufgrund der Nulläquivalenz in dieser Gruppe ändern, deshalb sind die Bildungen auch nicht identisch. Im Deutschen belegen die Komposita mit 103 Bildungen die erste Stelle, wobei im Türkischen lediglich 17 Komposita zu verzeichnen sind. Die zweitstärkste Gruppe sind im Deutschen die Substantive mit Adjektiven. Diese Struktur ist im Türkischen mit 54 Bildungen am meisten vertreten. Im Türkischen weisen 48 Fälle die Struktur „Substantiv + präpositionales Attribut bzw. präpositionale Entsprechung" auf. 39 usuellen Wortverbindungen im Deutschen stehen 39 einfache Substantive im Türkischen gegenüber. Die substantivischen Wortpaare sind weder im Deutschen noch im Türkischen zu verzeichnen.

In Tabelle 14 werden die Ergebnisse der verbalen Worverbindungen im Deutschen und im Türkischen angegeben und aus dieser Tabelle geht hervor, dass in dieser Äquivalenzgruppe im Deutschen insgesamt 68, im Türkischen dagegen 76 verbale Bildungen zugeordnet werden konnten. In beiden Sprachen sind die Substantive in Verbindung mit einem Verb am häufigsten zu sehen. Im Deutschen sind es 35, im Türkischen 28 Bildungen. Jeweils vier Fälle sind als adjektivisch-attributiv erweitertes Substantiv zu definieren. Den 29 deutschen Wortverbindungen mit dem Typ „Substantiv mit Präposition bzw. präpositionaler Entsprechung, zum Teil attributiv erweitert" stehen im Türkischen 21 Bildungen gegenüber. Wortverbindungen mit der Struktur „Erweiterung des Substantivs oder der Verbalkomponente durch attributive Präpositionalgruppe" sind im Deutschen nicht vertreten, wobei es im Türkischen 23 Fälle zu verzeichnen gibt.

Tabelle 14: Das Ergebnis der verbalen Wortverbindungen im Deutschen und im Türkischen

Verbale Wortverbindungen	im Deutschen	im Türkischen
1. Substantiv + Verb	35	28
2. adjektivisch-attributiv erweitertes Substantiv	4	4
3. Erweiterung des Substantivs oder der Verbalkomponente durch attributive Präpositionalgruppe	-	23
4. Substantiv mit Präposition bzw. präpositionaler Entsprechung, zum Teil attributiv erweitert	29	21
insgesamt	68	76

In Tabelle 15 sind die Ergebnisse der substantivischen und verbalen Wortverbindungen im Deutschen und im Türkischen verzeichnet. Von insgesamt 276 usuellen Wortverbindungen konnten im Deutschen 208 als substantivische Bildungen, 68 als verbale Bildungen klassifizert werden. Im Türkischen sind es 200 substantivische Entsprechungen und 76 verbale Strukturen.

Tabelle 15: Das Ergebnis der substantivischen und verbalen Wortverbindungen im Deutschen und im Türkischen

	im Deutschen	im Türkischen
Substantivische Wortverbindungen	208	200
Verbale Wortverbindungen	68	76
insgesamt	276	276

2.1.4 Scheinbare Äquivalenz (Pseudo-Äquivalenz)

Diese Gruppe ist eine zusätzliche Gruppe zu den oben genannten Äquivalenztypen. Bei dieser Gruppe zeichnen sich die Einträge in interlingualer Relation durch Konvergenz in der Struktur und in der wörtlichen Bedeutung aus (Chrissou 2001: 98). Bei den Beispielen dieser Gruppe handelt es sich um sogenannte ‚falsche Freunde', die auch ‚faux amis' genannt werden, d.h. Scheinentsprechungen bzw. Pseudo-Äquivalenz darstellen (Földes/Kühnert 1990: 45). Da die Beispiele dieser Gruppe sehr gering sind und schon in den vorher genannten Äquivalenztypen bewertet und klassifiziert wurden, bleiben diese phraseologischen Einheiten außerhalb der Bewertung. Da diese Vorkommnisse aus interkultureller Sicht jedoch sehr interessant sind, soll an einigen Beispielen veranschaulicht werden, in welchen usuellen Wortverbindungen aus dem vorliegenden Korpus „scheinbare Äquivalenz" erfasst werden konnte.

Bei dem deutschen Phraseologismus *heißes Geld* handelt es sich zwar um Geld, aber ‚durch Raub, Erpressung und dergl. erworbene Münzen und Noten' (Duden 2006: 663), somit um illegal verdientes Geld, mit der türkischen Entsprechung *kara para* (TDK 2005: 1080). Wenn wir es jedoch wortwörtlich ins Türkische übertragen würden als *sıcak para*, würde es im Türkischen einen ganz anderen Sinn erhalten. *Sıcak para* ist auch im Türkischen ein Phraseologismus, allerdings mit der Bedeutung 'frisches, neuerhaltenes Geld' (TDK 2005: 1747). Auch für das Türkische gibt es ähnliche Beispiele wie das folgende: Bei dem türkischen Phraseologismus *karaborsa* handelt es sich zwar um einen Markt, aber um einen 'Markt, wo illegal Geld verdient wird' (TDK 2005: 1075) mit der deutschen Entsprechung *Schwarzmarkt*. Wenn wir es jedoch wortwörtlich ins Deutsche als *Schwarze Börse* übertragen würden, würde es im Deutschen einen ganz anderen Sinn erhalten. *Schwarze Börse* ist auch in der deutschen Sprache ein Phraseologismus, jedoch mit der Bedeutung 'eine vom Staat nicht genehmigte Aktienbörse, an der Wertpapierhandel betrieben werden' (http://www.shadowhelix.de/ Schwarze_B%C3%B6rse). Ein weiteres Beispiel zu dieser Gruppe ist *aus erster Hand* mit der zweiten Bedeutung ‚aus sicherer Quelle' (Duden 2002: 322), wobei die wörtliche Entsprechung im Türkischen *birinci elden* die Bedeutung ‚neu bzw. ungebraucht' hat. Wenn man den deutschen Phraseologismus *aus erster Hand* mit der im Duden angegebenen zweiten Bedeutung ins Türkische übertragen würde, müsste es *ilk ağızdan* heißen, was wörtlich im Deutschen *aus erstem Mund* lauten würde. Ein weiteres Beispiel für diese Kategorie ist das Kompositum *Handgeld* mit der türkischen Entsprechung *pazarlık parası*, das im Deutschen die Bedeutung ‚beim Abschluss bestimmter Arbeitsverträge gezahlte Geldsumme an die sich verdingte Person' (Duden 2005: 754) bzw. ‚Feilschgeld' hat. *Handgeld* kann jedoch auch wortwörtlich ins Türkische als *el parası* übertragen werden, so würde es allerdings einen ganz anderen Sinn haben. *El parası* bedeutet in der Umgangssprache, dass 'das Geld einer dritten Person gehört'. Ein weiteres Beispiel ist das deutsche *Abstandsgeld*, wobei die türkische Entsprechung *hava parası* ist. Die wortwörtliche Übersetzung für diesen Begriff ist im Deutschen *Luftgeld* mit folgender Bedeutung: *Luftgeld* ist ‚im Gegensatz zum realen Geld, das Geld, das der Staat durch den Zinseffekt den Banken schuldet' (http://www.koinae.de/ Schulden4.htm). Das deutsche Kompositum *Währungsschlange* ist ‚ein bildhafter Ausdruck für Abweichungen des Dollar-Kurses der Währungen vom Dollar-Leitkurs bzw. Schwankungen, die sich als Kursband wie eine Schlange bewegen' (Grüske-Schneider 2003: 578) mit der türkischen Entsprechung *para yılanı*, wortwörtlich übersetzt bedeutet sie *Geldschlange*. Dieses Wort ist zwar in den meisten Wörterbüchern nicht eingetragen, aber es wird im Rheinischen Wörterbuch als Begriff für ‚gierige Menschen' gebraucht. In der Umgangssprache wird der Begriff *Geldschlange* besonders für geldgierige Frauen benutzt. (http://germazope. unitrier.de/Projects/WBB/woerterbuecher/rhwb). Für den Übersetzer zeichnet sich diese Gruppe von Phraseologismen, die somit auf lexikalischer Ebene kongruent, aber auf semantischer Ebene inkongruent sind, wie die obigen Beispielpaare *heißes Geld - sıcak para*, *karaborsa – Schwarzmarkt* und *Handgeld – el parası* u.a. durch ihren Schwierigkeitsgrad aus, da diese scheinbare Äquivalenz (Pseudo-Äquivalenz) zu besonderen Interferenzfehlern führt. Dieser Äquivalenztyp hat sich in vielen Arbeiten im Ganzen "als Sammelbecken für eine sehr heterogen zusammengestellte Menge von Übereinstimmungen/ Nichtübereinstimmungen" (Worbs 1994: 157), die sich auf den Äquivalenzgrad unterschiedlich auswirken, erwiesen (Korhonen 2007: 579).

2.2   Auswertung der Untersuchungsergebnisse des 2. Kapitels

2.2.1   Auswertung der Ergebnisse der Äquivalenztypen

In Teil II der vorliegenden Arbeit wurden insgesamt 1170 usuelle Wortverbindungen im Deutschen mit ihren türkischen Entsprechungen aus der Wirtschaftssprache hinsichtlich ihrer Äquivalenztypen untersucht. Von 1170 usuellen Wortverbindungen konnten 215 (18,38%) als phraseologische Einheiten mit vollständiger Äquivalenz in ihrer Lexik und Semantik erfasst werden. Die größte Gruppe bilden mit 366 (31,28%) Belegen die usuellen Wortverbindungen mit partieller Äquivalenz bzw. Teiläquivalenz, die zwar eine semantische Entsprechung vorweisen, aber unterschiedliche Komponente in ihrer Verbindung haben.

Die zweitgrößte Äquivalenzgruppe ist mit 289 festen Wortverbindungen und 24,70% des Gesamtbestands der Typ: Usuelle Wortverbindungen mit partieller Äquivalenz und semantischer Entsprechung, aber unterschiedlicher Komponente und funktionaler Bedeutungsäquivalenz (Typ II). Bei diesem Äquivalenztyp handelt es sich um nicht-phraseologische Entsprechungen, aber feste Wortverbindungen im Türkischen.

Die Nulläquivalenz ist in 276 usuellen Wortverbindungen zu beobachten. Die meisten türkischen Entsprechungen werden in dieser Gruppe durch Paraphrasierungen ausgedrückt wie z. B. *Marktnähe*, im Türkischen *piyasaya olan yakınlık*, *verkaufsoffener Sonntag*, im Türkischen *mağazaların açık olduğu Pazar günü*, *Tochtergesellschaft*, im Türkischen *ana şirkete bağlı şirket*.

Tabelle 16: Äquivalenzytpen und quantitative Verteilung

Äquivalenztyp	Anzahl der Belege	Anteil in %
2.1.1	215	18,38
2.1.2.1	366	31,28
2.1.2.2	289	24,70
2.1.2.3	24	2,05
2.1.3	276	23,59
Gesamtbelege	1170	100%

Die Gruppen 3.1, 3.2 und 3.3 sind Äquivalenztypen mit partieller Äquivalenz bzw. Teiläquivalenz, haben jedoch einige Unterschiede in ihren Strukturen und wurden deshalb als einzelne Gruppen aufgeführt. Wenn man jedoch diese drei Gruppen zusammenfassen würde, würden die Zahlen wie folgt lauten:

Tabelle 17: zusammengefasste Äquivalenzytpen und quantitative Verteilung

Äquivalenztyp	Anzahl der Belege	Anteil in %
Volläquivalenz (2.1.1)	215	18,38
Teiläquivalenz (2.1.2)	679	58,03
Nulläquivalenz (2.1.3)	276	23,59
Gesamtbelege	1170	100%

Aus der Tabelle 17 geht hervor, dass von insgesamt 1170 usuellen Wortverbindungen in 679 Bildungen, das sind 58,03% und über die Hälfte des Gesamtbestandes, Teiläquivalenz erfasst werden konnte. Die zweitgrößte Gruppe ist mit 276 Belegen (23,59 %) der Typ „Nulläquivalenz". Bei 215 Belegen und 18,38 % konnte Volläquivalenz bei den usuellen Wortverbindungen im Deutschen und Türkischen beobachtet werden.

2.2.2 Auswertung der morphologisch-syntaktischen Klassifikation

Bei der morphologisch-syntaktischen Klassifikation des Korpus hat sich herausgestellt, dass die Nominalgruppe sowohl im Deutschen als auch im Türkischen weit mehr vertreten ist als die Verbalgruppe. Von insgesamt 1170 usuellen Wortverbindungen sind es im Deutschen 964 substantivische Bildungen, prozentual gesehen ist es 82,39% des Gesamtbestands. Die Anzahl der Verbalbildungen ist 206, prozentual ist es 17,61% des gesamten Korpus. Obwohl die türkische Sprache einer völlig anderen Sprachfamilie angehört, ist es erstaunlich, dass die Resultate der türkischen Wortverbindungen mit den deutschen Ergebnissen fast identisch sind. Von insgesamt 1170 usuellen Wortverbindungen konnten im Türkischen 950 als substantivische Bildungen und 220 als verbale Bildungen klassifiziert werden. Prozentual gesehen sind 81,20% des Gesamtbestands substantivische Bildungen, 18,80% dagegen verbale Bildungen.

In Tabelle 18a werden die gesamten Ergebnisse der morphologisch-syntaktischen Klassifikation der usuellen Wortverbindungen im Deutschen und Türkischen zahlenmäßig angegeben.

Tabelle 18a: Gesamtdarstellung der Ergebnisse der substantivischen und verbalen Wortverbindungen im Deutschen und Türkischen

	im Deutschen	im Türkischen
Substantivische usuelle Wortverbindungen	**964**	**950**
Verbale usuelle Wortverbindungen	206	220
insgesamt	1170	1170

In Tabelle 18b sind die gesamten Ergebnisse der morphologisch-syntaktischen Klassifikation der usuellen Wortverbindungen im Deutschen und Türkischen prozentual zusammengestellt.

Tabelle 18b: Gesamtdarstellung der Ergebnisse der substantivischen und verbalen usuellen Wortverbindungen im Deutschen und Türkischen in Prozenten

	im Deutschen %	im Türkischen %
Substantivische usuelle Wortverbindungen	82,39	81,20
Verbale usuelle Wortverbindungen	17,61	18,80
insgesamt:1170	100	100

In Tabelle 19a und Tabelle 19b werden die gesamten Ergebnisse der Nominalgruppe je nach der Bildungsform zahlenmäßig und prozentual angegeben.

Tabelle 19a: Gesamtdarstellung der Ergebnisse der substantivischen Wortverbindungen im Deutschen und im Türkischen

Substantivische Wortverbindungen	im Deutschen	im Türkischen
1. adjektivisches Attribut + Substantiv		
a) mit reinem Adjektiv	194	253
b) Strukturvarianten mit Bildung des Partizips in adjektivischer Funktion	150	68
2. Substantiv + substantivisches Attribut im Genitiv	46	42
3. Substantiv + präpositionales Attribut bzw. präpositionale Entsprechung	71	108
4. Kompositum	498	430
5. Substantivisches Wortpaar	5	6
6. einfaches Substantiv	-	43
insgesamt	964	950

In dieser Gruppe nehmen sowohl im Deutschen als auch im Türkischen die Komposita einen besonderen Platz ein und liegen in beiden Sprachen an erster Stelle. Im Deutschen sind von insgesamt 964 substantivischen Bildungen 498 Komposita. Prozentual gesehen ist es 51,66%. Im Türkischen sind es insgesamt 950 Nominalbildungen, 430 davon sind Komposita, prozentual ist es 45,26% des Gesamtbestands. An zweiter Stelle liegen in beiden Sprachen die substantivischen Bildungen mit reinem Adjektiv. Von insgesamt 964 Nominalbildungen im Deutschen weisen 194 Wortverbindungen diese Struktur auf, das ist 20,13% des Gesamtbestands. Im Türkischen ist die Anzahl der Substantivbildungen mit reinem Adjektiv etwas höher. Die Anzahl dieser Struktur beträgt 253, prozentual ist es 26,63 % der gesamten Nominalbildungen. Bei der drittstärksten Gruppe ist eine Abweichung zu sehen. An dritter Stelle ist im Deutschen die Gruppe „Strukturvarianten mit Bildung des Partizips in adjektivischer Funktion" mit 150 usuellen Wortverbindungen vertreten, prozentual gesehen ist das 15,56%. Im Türkischen belegt die dritte Stelle mit 108 usuellen Wortverbindungen die Struktur „Substantiv + präpositionales Attribut bzw. präpositionale Entsprechung", pozentual ist 11,37% des Gesamtbestands. Da die Ausgangssprache des Korpus die deutsche Sprache ist, können einfache Substantive folglich nicht als Wortverbindungen erscheinen, Deshalb ist die Gruppe „Substantiv" im Deutschen nicht vertreten. In 43 Fällen werden deutsche usuelle Wortverbindungen als einfache Substantive ins Türkische übertragen. Die Anzahl der Genitiv-Bildungen ist in beiden Sprachen fast gleich. Im Deutschen sind es 46 Bildungen, im Türkischen 42. Die prozentualen Angaben sind jedoch etwas verschieden: im Deutschen sind 7,37% des Gesamtbestands Genitivbildungen, im Türkischen liegt der Prozentsatz dagegen etwas höher: 11,37% der gesamten substantivischen Bildungen sind Genitivbildungen. Substantivische Wortpaare erscheinen in beiden Sprachen nicht sehr häufig. Von insgesamt 964 Wortverbindungen ist diese Gruppe im Deutschen mit 5 Beispielen, im Türkischen dagegen von insgesamt 950 usuellen Wortverbindung mit 6 Beispielen vertreten.

Tabelle 19b: Gesamtdarstellung der Ergebnisse der substantivischen Wortverbindungen im Deutschen und im Türkischen in Prozenten

Substantivische Wortverbindungen	im Deutschen %	im Türkischen %
1. adjektivisches Attribut + Substantiv		
a) mit reinem Adjektiv	20,13	26,63
b) Strukturvarianten mit Bildung des Partizips in adjektivischer Funktion	15,56	7,16
2. Substantiv + substantivisches Attribut im Genitiv	4,77	4,42
3. Substantiv + präpositionales Attribut bzw. präpositionale Entsprechung	7,37	11,37
4. Kompositum	**51,66**	**45,26**
5. Substantivisches Wortpaar	0,52	0,63
6. einfaches Substantiv	-	4,53
insgesamt	100	100

In den Tabellen 20a und 20b werden die gesamten Ergebnisse der verbalen usuellen Wortverbindungen im Deutschen und Türkischen angegeben. Die morphologisch-syntaktische Klassifikation hat auch bei der Verbalgruppe gezeigt, dass die Strukturen der deutschen usuellen Wortverbindungen zu ihren türkischen Entsprechungen fast identisch ist. Von insgesamt 206 verbalen Bildungen belegt die Gruppe „Substantiv + Verb" mit 128 Fällen die erste Stelle. Auch bei den türkischen Entsprechungen ist diese Gruppe mit 132 Wortverbindungen von insgesamt 220 an erster Stelle. Prozentual gesehen, ist es im Deutschen 62,14%, im Türkischen 60% des Gesamtbestands. Die zweite Stelle belegt in beiden Sprachen die Gruppe „Substantiv mit Präposition bzw. präpositionaler Entsprechung, zum Teil attributiv erweitert". Von insgesamt 206 verbalen Wortverbindungen im Deutschen sind 69 mit dieser Struktur, das ist 33,49%, und im Türkischen sind es 57 mit dieser Bildungweise, prozentual ist es 58,64% des Gesamtbestands.

Tabelle 20a: Gesamtdarstellung der Ergebnisse der verbalen Wortverbindungen im Deutschen und im Türkischen

Verbale Wortverbindungen	im Deutschen	im Türkischen
1. Substantiv + Verb	**128**	**132**
2. adjektivisch-attributiv erweitertes Substantiv	5	6
3. Erweiterung des Substantivs od. der Verbalkomponente durch attributive Präpositionalgruppe	4	25
4. Substantiv mit Präposition bzw. präpositionaler Entsprechung, zum Teil attributiv erweitert	69	57
insgesamt	206	220

Tabelle 20b: Gesamtdarstellung der Ergebnisse der verbalen Wortverbindungen im Deutschen und im Türkischen in Prozenten

Verbale Wortverbindungen	im Deutschen %	im Türkischen %
1. Substantiv + Verb	**62,14**	**60,0**
2. adjektivisch-attributiv erweitertes Substantiv	2,43	2,73
3. Erweiterung des Substantivs od. der Verbalkomponente durch attributive Präpositionalgruppe	1,94	11,36
4. Substantiv mit Präposition bzw. präpositionaler Entsprechung, zum Teil attributiv erweitert	33,49	25,91
insgesamt	100	100

3. Korpusbasierte Vergleichsanalysen

Im folgenden Kapitel sollen nun die Resultate meines Untersuchungskorpus einer vergleichenden Korpusanalyse unterzogen werden. Dies scheint geboten, um z.b. die Entscheidung dessen, was in ein Wörterbuch von Wortverbindungen der Wirtschaftssprache aufgenommen wird, empirisch gesichert zu fundieren. Denn „unsere Korpusanalysen haben sehr deutlich gezeigt, dass eine Mehrwortklassifikation nach dem Grad der Idiomatizität, also danach, ob es sich um eine voll-, teil- oder nicht-idiomatische Wortverbindung handelt, kein hinreichendes Kriterium ist, um den Status einer usuellen Wortverbindung angemessen zu erklären und um als alleinige Entscheidungsgrundlage für die Lemmaauswahl in einem Wörterbuch zu dienen" (Brunner/Steyer 2007: 2). Nach Steyer muss sich der Philologe in erster Hinsicht auf neue Denkweisen, auf automatische Analysemethoden und korpusstatistische Prämissen einlassen (Steyer 2002: 215). In der Tat wird die Verwendung von elektronischen Korpora immer mehr zum methodischen Standard. Es gibt zwei Arten, wie man mit den Korpusdaten vorgeht, entweder ‚korpusbasiert' (*corpus-based*) oder ‚korpusgesteuert' (*corpus-driven*) (u.a. Sinclair 1991; Tognini-Bonelli 2001; vgl. dazu auch Belica/Steyer i.Dr.; Steyer/Lauer 2007). Die Analysen, die dieser Arbeit zu Grunde liegen, sind vorrangig als korpusbasierte Vorgehensweise anzusehen. Diese wird von vielen Linguisten verfolgt, indem die empirische Basis dazu genutzt wird, bereits bestehende Hypothesen anhand von Korpusdaten zu verifizieren (Brunner/Steyer 2007: 1).

3.1 Frequenzverhalten analysierter deutscher Wortverbindungen

Die naheliegendste Methode hierbei ist die Phrasensuche in den Korpora, die uns Erkenntnisse zur Vorkommenshäufigkeit der untersuchten Wortverbindungen liefert. Da unser Untersuchungskorpus aus wirtschaftssprachlichen Wortverbindungen besteht, kann bei der Analyse zugleich überprüft werden, ob diese tatsächlich in wirtschaftlichen Texten vorkommen, denn das Vorkommen von Phraseologismen sowie ihre Häufigkeit in verschiedenen Textsorten ist in vielen Untersuchungen untersucht worden, wobei sich herausgestellt hat, dass Phraseologismen in einigen Textsorten häufig verwendet werden. Ferner gibt es Unterschiede in der Frequenz der verschiedenen phraseologischen Klassen in verschiedenen Textsorten. Von besonderem Interesse ist hier jedoch der Umstand, dass Phraseologismen in verschiedenen Textsorten offenbar unterschiedliche Funktionen übernehmen (Vesalainen 2007: 292; Burger 2003: 161ff.; Burger/Buhofer/Sialm 1982: 144ff.; Fleischer 1997: 264ff.). Um zu weiterführenden Erkenntnissen über die reine Vorkommenshäufigkeit der Wortverbindungen hinaus zu gelangen, z.B. zu variierende syntagmatischen Einbettungen oder einer variierenden Textsortenzugehörigkeit wurden die Kontextzeilen (KWICs) und Korpusstellen (größere Volltextausschnitte) der Treffer systematisch in die Analyse einbezogen.

Unser WB-Korpus mit 1170 usuellen Wortverbindungen wird mittels der Frequenzanalyse auf die Häufigkeit hin, also auf das Vorkommen, im aktuellen Sprachgebrauch in den elektronischen Korpora durch Cosmas II untersucht. Die Frequenzangaben sind natürlich keine absoluten Größen. Sie bilden nur das Frequenzverhalten auf einer bestimmten Korpusbasis zu einem bestimmten Zeitpunkt mit einer bestimmten Suchanfrage ab[17]. Ändert sich einer dieser Parameter, können sich auch die Zahlen ändern. Es geht hier also eher um „Häufigkeitstrends" als um objektivierbare quantitative Fakten:

Frequenzanalyse im Cosmas II

in Kraft treten	37.330
öffentlicher Dienst	35.574
Laufzeit	24.146
öffentliche Hand	20.085
Tochtergesellschaft	17.219
auf der Tagesordnung stehen	16.290
in Auftrag geben	15.157
in Betrieb nehmen	14.399
Laufbahn	12.654
in letzter Minute	12.416
Treuhand	12.070
Engpass	11.530
Talfahrt	10.696
Arbeit aufnehmen	10.469
Leistungen erbringen	10.025
Stelle streichen	8.715
in Betrieb gehen	8.653
pro Kopf	8.619
Marktführer	8.098
Rentenmarkt	8.069
zu jmds. Lasten gehen	8.004
Schwarzarbeit	7.868
Zuschlag erhalten	7.670
in die Tat umsetzen	7.476
Tiefpunkt	7.431
öffentliche Mittel	7.358
Schlange stehen	7.209

---

17 Diese Frequenzanalysen wurden auf der Basis aller IDS-Korpora der geschriebenen Sprache (uneingeschränkter Zugang), Stand Oktober 2007, durchgeführt

außer Kraft setzen	7.046
öffentliche Meinung	6.956
Federführung	6.736
in die Höhe treiben	6.648
Taschengeld	6.256
Geldwäsche	6.181
Muttergesellschaft	5.942
Grund und Boden	5.932
in den Ruhestand treten	5.890
Wirtschaftszweig	5.706
Teufelskreis	5.653
schwarze Zahlen schreiben	5.629
aus dem Verkehr ziehen	5.456
Abbauen von Arbeitsplätzen	5.210
Stimme abgeben	5.209
Zweigstelle	5.170
Bilanz ziehen	5.140
an die Börse gehen	5.106
sich der Stimme enthalten	5.097
aus erster Hand	4.960
Geld verlieren	4.847
Schwarzmarkt	4.816
starke Nachfrage	4.811
verkaufsoffener Sonntag	4.805
Kredit aufnehmen	4.788
Leitfaden	4.701
Schwellenland	4.491
Abbau von Arbeitsplätzen	4.455
aus etwas Kapital schlagen	4.395
Kleingeld	4.367
Geldbeutel	4.339
unter der Hand verkaufen	4.330
Urteil sprechen	4.309
attraktives Angebot	4.113
an der Börse notieren	4.069
Bedarf decken	4.031
Mischkonzern	3.928
Talsohle	3.906
Rückgriff	3.532
Dachorganisation	3.523
Stammhaus	3.469

Handelskette	3.389
auf hoher See	3.342
Marktlücke	3.200
operatives Geschäft	3.199
Trinkgeld	3.102
auf die Tagesordnung setzen	3.068
Amt bekleiden	3.019
Aktien notieren	2.986
unter den Hammer kommen	2.970
Starthilfe	2.946
Preiskampf	2.851
Marktposition	2.840
Schmiergeld	2.620
von Haus zu Haus	2.557
Kurssturz	2.557
Spitzenleistung	2.548
Kostenexplosion	2.507
Startkapital	2.462
laufende Kosten	2.452
Kostendruck	2.431
Mittel bereitstellen	2.426
stille Reserven	2.403
flankierende Maßnahmen	2.326
Hab und Gut	2.321
Dividende ausschütten	2.295
Geschäftswelt	2.272
aus zweiter Hand	2.216
Schwarzgeld	2.213
steigende Nachfrage	2.210
auf den neuesten Stand bringen	2.203
Industriepark	2.181
einer Arbeit nachgehen	2.155
Mietspiegel	2.134
Auffanggesellschaft	2.102
Nachwuchskraft	2.086
Konjunkturflaute	2.083
Ladenhüter	2.064
Marktteilnehmer	2.012
Arbeit niederlegen	2.002
Hausbank	1.999
Sparschwein	1.956

Geldquelle	1.943
Geschäftemacher	1.894
Kopfgeld	1.872
langer Samstag	1.843
Leistungen anbieten	1.834
starke Währung	1.819
Kassenschlager	1.818
am laufenden Band	1.815
verfahrene Situation	1.801
ungültige Stimme	1.801
Karriereleiter	1.788
frei Haus	1.734
Betriebsklima	1.730
Terminbörse	1.688
in See stechen	1.650
Terminmarkt	1.633
offene Rechnung	1.630
Ermessensspielraum	1.627
laufende Ausgaben	1.618
Umsatzeinbruch	1.611
Rettungsanker	1.606
Marktnische	1.596
Geld abheben	1.595
Jungfernfahrt	1.595
erste Adressen	1.539
laufende Rechnung	1.527
feste Börse	1.513
Tageskasse	1.509
öffentliche Arbeit	1.504
Briefkopf	1.501
Publikumsverkehr	1.499
Wechselstube	1.488
Geldfluss	1.477
Rekordhöhe	1.465
in Verkehr bringen	1.453
Zentralorgan	1.450
Lohnrunde	1.447
Informationsfluss	1.444
harte Währung	1.407
berufliche Laufbahn	1.405
Preisbindung	1.402

in Misskredit bringen	1.386
Arbeitsklima	1.385
Zwangsgeld	1.365
eine Rechnung begleichen	1.357
in den Ruhestand versetzen	1.347
teures Geld	1.342
liquide Mittel	1.314
Geschäftszweig	1.297
Schleichwerbung	1.295
Kontrollorgan	1.265
steigende Kurse	1.263
Steueroase	1.252
Eckwert	1.250
Maschinenpark	1.210
verlockendes Angebot	1.203
Preiskrieg	1.189
knappes Geld	1.188
fliegender Händler	1.167
Börsenparkett	1.161
Pleitewelle	1.158
Ende der Laufzeit	1.151
Hausgebrauch	1.150
Gesetz verletzen	1.145
zu Lasten von	1.142
ins Haus liefern	1.120
Spottpreis	1.103
offener Markt	1.085
Pro-Kopf-Verbrauch	1.080
Schattenwirtschaft	1.079
Gewinn abwerfen	1.074
Stückaktie	1.067
Nachfrage befriedigen	1.062
Dachgesellschaft	1.052
erster Kurs (Börse)	1.046
umkämpfter Markt	1.029
freier Verkehr	1.016
Mautgebühr	1.015
öffentlicher Grund	1.007
Schnäppchenjäger	996
Flurbereinigung	995
verfügbare Mittel	995

freundliche Börse	989
Elefantenhochzeit	977
schwache Währung	977
Geschäftsverkehr	972
gesättigter Markt	964
Ausschüttung einer Dividende	961
feste Arbeit	951
Mammutprojekt	951
Ausgabe von Aktien	949
richtiges Geld	949
gutes Geschäft machen	945
Buchgewinn	944
Börsenkrach	941
Kilometergeld	941
in den Ausstand treten	939
Handelskrieg	930
Münzgeld	925
Aktien zeichnen	924
wirtschaftliche Macht	921
Kost und Logis	906
aus eigener Tasche zahlen	901
Termingeschäft	898
Geschäftsklima	894
wachsende Nachfrage	891
Null und nichtig	889
Geld waschen	857
Blankoscheck	854
Investitionsklima	852
Jungfernflug	852
Preise binden	851
Tagesgeld	851
Namensaktie	840
laufender Ertrag	839
feste Währung	839
Zuschlag erteilen	839
Gericht anrufen	830
Kurszettel	829
Einzelhandelskette	817
Hand aufhalten	802
Kapitalspritze	801
Geldstrom	798

den Markt überschwemmen	795
in den Haushalt einstellen	794
Tante-Emma-Laden	787
Kapitalstrom	778
Kapitalflucht	775
Verteilungsschlüssel	773
freier Aktionär	771
Manteltarifvertrag	758
stille Beteiligung	754
Wirtschaft ankurbeln	750
am Apparat	748
Unternehmen der öffentlichen Hand	748
vom Stapel laufen	745
Nachfrage übersteigen	744
Kosten umlegen	735
Handgeld	714
Leithammel	713
in Bausch und Bogen	712
Pflicht verletzen	709
magisches Dreieck	705
Schwarzhändler	700
Konjunktur ankurbeln	699
Grundsatz von Treu und Glauben	697
unsichtbare Hand	695
Nachfrage schaffen	688
Urteil anfechten	688
schwebendes Verfahren	684
Blitzumfrage	682
vermögenswirksame Leistungen	677
fallende Kurse	675
soziales Klima	675
junge Aktien	671
Preissturz	671
Absatz finden	662
Muster nehmen	662
Preis drücken	658
in die eigene Tasche wirtschaften	651
Mittel binden	650
flüssige Mittel	649
Preise freigeben	649
bei Null anfangen	646

notleidender Kredit	643
Maßnahmenbündel	616
Nachfrage decken	612
Briefkastenfirma	611
Leergut	611
Wirtschaftsgipfel	610
ungedeckter Scheck	596
angespannter Arbeitsmarkt	594
Wirtschaftsklima	594
geschlossene Fonds	592
in Misskredit geraten	591
dunkle Geschäfte	583
Gewinnausschüttung	581
Anziehen der Steuerschraube	578
Laufkundschaft	565
Preissprung	565
Gewinnschwelle	559
Scheinfirma	548
Werbefeldzug	537
Kapitalabfluss	526
Kurserholung	525
weiße Waren	517
Schwestergesellschaft	515
auf offener See	512
schwarzer Markt	507
Ertragseinbruch	502
Reisewelle	493
repräsentative Befragung	482
für Null und nichtig erklären	480
billiges Geld	473
neuer Abschluss	472
Sitz der Gesellschaft	472
öffentliche Gesundheit	464
verkaufsoffener Samstag	456
Zeichnung von Aktien	455
Zweigniederlassung	453
von einer Pflicht entbinden	448
Inflation anheizen	447
Notgroschen	445
mit Mitteln ausstatten	444
wilder Streik	432

einem Konto gutschreiben	431
Mittel anlegen	424
Nullwachstum	422
offene Fonds	422
Schmuggelware	421
Muster ziehen	418
Kopfsteuer	412
Geldwechsler	410
unter Preis verkaufen	402
Ruhegeld	401
Preisbrecher	400
Kapital binden	394
Sonderausschüttung	393
private Wirtschaft	393
Kundenfang	392
Nachfrage beleben	377
eiserne Reserve	377
Geldverkehr	375
freie Sendung	370
Spitzenqualität	368
Nachfrage ankurbeln	365
Preisfreigabe	365
Leistung verweigern	364
Schönwetterperiode	364
private Nachfrage	360
ab Werk	360
Verkehrssprache	358
Konjunktur dämpfen	354
galoppierende Inflation	354
Leibrente	353
Vereinbarung brechen	350
Kurspflege	349
Handelsschranke	347
Marktdurchdringung	347
auf die Minute genau	344
Informationsnetz	342
vertrauliche Unterlagen	341
Bummelstreik	337
Ladenkette	336
Kostenmiete	334
stiller Gesellschafter	328

Dividendenausschüttung	327
bewegliche Sachen	323
Beamtenlaufbahn	322
stiller Teilhaber	319
Kopfjäger	316
laufende Nachfrage	316
zweckgebundene Mittel	315
Fluchtgeld	313
verlorener Zuschuss	312
Kurse in die Höhe treiben	309
Termingeld	309
Defizit abdecken	308
Trennungsgeld	300
Goldader	298
Börsenhausse	296
Kassensturz machen	294
Wirtschaftskreislauf	294
Vorschriften verletzen	292
Handelsbarriere	291
Lebenskampf	291
Geld abführen	290
Warenhauskette	286
Schwarzmarktpreis	285
fremde Mittel	284
auf eigene Rechnung	283
Abwarten und Tee trinken	282
laufende Aufwendungen	279
Forderung(en) fallen lassen	274
Börsenklima	271
offenes Ziel	268
sich von der Arbeit freistellen	268
Risiko streuen	265
empfindliche Geldstrafe	263
Marktmiete	263
laufende Verpflichtungen	259
freihändige Vergabe	256
weiche Währung	254
laufender Monat	253
Ladung löschen	252
Publikumsgesellschaft	245
Antwort zahlt Empfänger	243

Festgeld	241
Absatzkanal	240
Nachfrageboom	238
Bankentitel	237
Nachfragemacht	237
Bestände aufnehmen	234
Wirtschaftsbelebung	233
Terminhandel	233
Hartgeld	231
Verschmelzungsvertrag	229
aufgelaufene Zinsen	228
gebundenes Kapital	226
im/in Geld schwimmen	225
Konjunkturspritze	221
bereitgestellte Mittel	221
Sturm auf die Bank	219
offene Verpflichtungen	219
Marktnähe	216
Wirtschaftskrieg	213
Produktion drosseln	212
Marktsättigung	210
Treuhandgelder	210
Verlustquelle	208
Informationslücke	206
laufende Information	205
Witterung aufnehmen	203
Ausgaben der öffentlichen Hand	202
auf Zeit verkaufen	202
stillschweigende Duldung	199
volle Deckung	194
Konjunkturtal	193
Hausjurist	192
Streikbrecher	190
schwarzes Geld	188
laufende Versicherung	182
Kredit sperren	180
spürbare Erhöhung	179
Kopfarbeiter	179
Preise einfrieren	179
Zufluss des Kapitals	175
Ziel verlängern	174

Abnahme finden	173
schleppender Absatz	172
unter den Hammer bringen	172
Preisgrenze	171
Zinsen abwerfen	171
Schiff löschen	166
Zinsfuß	166
schlechtes Geld	165
Abkühlung der Konjunktur	165
freihändiger Auftrag	164
stillschweigendes Einverständnis	163
Preise stoppen	163
Politik der offenen Tür	162
Kundenansturm	161
Stelllage	159
Marktbarometer	156
Bodendienst	154
totes Kapital	154
gleitende Arbeitszeit	153
federführende Bank	152
Hauszeitschrift	150
Fluchtkapital	149
Platzwechsel	149
Schlüsselbranche	148
pro-Kopf-Umsatz	148
Kostenschere	146
Stillhalter	143
Defizit der öffentlichen Hand	142
gebundener Kredit	141
Aktien stehen gut	140
laufende Nummer	140
Heimfall	139
Patentverletzung	139
Arbeit außer Haus geben	137
Inflation dämpfen	137
wirtschaftliches Klima	137
Sparpreis	136
qualifizierte Minderheit	135
an der Quelle kaufen	135
Mammutunternehmen	134
vom Kauf zurücktreten	133

festgesetzter Termin	133
Teuerungswelle	133
hartes Geld	132
Verbrauch pro Kopf	132
Kredit eröffnen	131
abbauen von Preisen	130
Geld zuschießen	129
Abstandszahlung	128
Bestände abbauen	128
offene Deckung	128
gegen Kasse	128
sich zur Ruhe setzen	128
Kostenschlüssel	127
Geld und Brief	126
Dreiecksgeschäft	125
Inflationsschub	125
führendes Haus	125
Kredit beschaffen	125
Kurzläufer	125
Durchlaufposten	122
sich zur Arbeit melden	121
laufender Kurs	121
Aktienausgabe	121
auf die schwarze Liste setzen	120
Betrieb stilllegen	120
Notgeld	119
mörderischer Wettbewerb	118
Kapitalbewegungen	116
Währungsschlange	115
Deckungsstock	114
den Scheck decken	114
nach Sicht	113
Ansturm auf eine Bank	112
Nießbrauch	112
Versicherungszweig	112
Hausstand gründen	111
Effektenbank	109
unter Preis kaufen	108
freundliche Stimmung	108
aus den roten Zahlen herauskommen	108
bewegliche Güter	107

den Markt versorgen	107
Durchschlupf	106
Lieferung frei Haus	105
Kapitalkraft	104
stille Übereinkunft	104
Firmenmantel	103
mit Kapital ausstatten	102
Mutterbank	102
Stempelgeld	102
öffentlicher Kredit	101
Strom von Besuchern	101
festes Geld	100
flüssiges Geld	100
bewegliches Vermögen	97
Startfinanzierung	95
Position auflösen	94
wachsende Wirtschaft	94
Bedarf wecken	93
heißes Geld	92
frei Grenze	92
überhitzte Konjunktur	92
Kapitalexport	90
laufende Verschuldung	90
mit schwarzen Zahlen arbeiten	90
Grundgeschäft	89
laufende Investitionen	89
freie Reserven	89
Ecklohn	88
offene Verbindlichkeiten	88
leerer Arbeitsmarkt	87
verbundene Nachfrage	87
Bankenapparat	86
garantierter Mindestpreis	86
offener Posten	86
Kreditklemme	84
mit Plus Minus Null abschließen	83
in Schulden stecken	83
Kapitalbindung	82
Kaufwelle	81
langer Wechsel	81
stille Gesellschaft	79

Wachstum ankurbeln	79
den Markt stützen	78
lustloses Geschäft	78
Geschmacksmuster	78
Mittelaufnahme	78
Nachfrageverhalten	78
Schönwetterlage	78
Gesetz der großen Zahlen	77
Kursspanne	77
offene Reserven	77
Konjunkturfrühling	76
flaue Börse	75
geschönte Statistik	75
Glockenkurve	74
Kapital zeichnen	74
dynamische Rente	74
Fracht löschen	73
Kapital aufzehren	72
nach billigem Ermessen	71
Mammutkonzern	71
Drosselung der Produktion	71
versteckter Mangel	71
Nummer besetzt	71
Rücklagen angreifen	71
kurzer Wechsel	71
flüssige Anlagen	70
Spitzenmarke	69
finanzielle Quelle	68
Preiselastizität	68
Spitzenbedarf	68
eingefrorene Guthaben	67
Windhundverfahren	67
menschliches Kapital	66
Freiheit der Meere	65
freier Kapitalmarkt	65
Kapitalquelle	65
Marktbelebung	65
laufende Verbindlichkeiten	65
stillschweigender Vertrag	65
Glattstellung	64
amtlicher Verkehr	64

ausschüttungsfähiger Reingewinn	62
Schleichhandel	62
Schwindelfirma	62
Stammfirma	61
zugewiesene Mittel	60
Preisspiegel	60
lebendes Inventar	59
mörderische Konkurrenz	59
offener Kredit	59
laufende Prämie	59
wirtschaftliches Tief	58
wirtschaftliche Abkühlung	57
anziehende Kurse	57
Kapital nachschießen	56
Matrixorganisation	56
Briefkurs	55
Ergebnis des laufenden Geschäfts	55
Abfluss von Geld	54
Geld binden	54
Inflation drosseln	54
Kapital und Rücklagen	54
laufende Bestellung	53
Geldschwemme	53
schlechter Schuldner	53
Nachfragewachstum	52
Einnahmen in laufender Rechnung	51
flüssiges Kapital	51
Paketverkauf	51
krisensicherer Arbeitsplatz	50
Spitzenangebot	50
billige Forderung	48
Rentabilitätsschwelle	48
Untergrundwirtschaft	48
junger Wirtschaftszweig	48
Arbeitsfluss	47
Materialknappheit	47
öffentliche Nachfrage	47
Nachfragespitze	46
stille Rücklagen	46
laufende Schuld	46
laufende Schulden	46

außerhalb der Stoßzeiten	46
Wirtschaftsankurbelung	45
Mindestzeichnung	45
Kapital abschreiben	44
Karte abstempeln	44
Kettenladen	44
Patent verletzen	44
an der Quelle besteuern	44
Verlegung des Sitzes	44
Lauf einer Frist	43
Marktpflege	43
aufgenommene Mittel	43
Stammgesellschaft	43
schleichende Inflation	42
Laufkunde	41
Öldollar	41
Politik des billigen Geldes	41
auf Ziel verkaufen	41
Inflationsschraube	40
Kräftebedarf	40
Preiswelle	40
auf Rechnung und Gefahr	40
frei an Bord	39
schwankende Nachfrage	39
Namenspapier	39
Nullserie	39
Barausschüttung	38
falsches Geld	38
Flut von Aufträgen	38
Geld einschießen	38
laufendes Konto	38
nachrangige Verbindlichkeiten	38
Aktien unterbringen	37
Erträge aus dem laufenden Geschäft	37
versteckter Fehler	37
freihändiger Verkauf	37
Ausgaben drosseln	36
aus zweiter Hand kaufen	36
außer Kurs setzen	36
innere Nachfrage	36
stillschweigendes Übereinkommen	36

Auszahlung der Gläubiger	34
Bereitstellung von Haushaltsmitteln	34
Break-Even-Punkt	34
Gleichgewichtspreis	34
fauler Kunde	34
Nutzen abwerfen	34
Position glattstellen	34
Spitzenumsatz	34
Zollplombe	34
offenes Konto	33
ungedeckter Kredit	33
ohne Kurs	33
gedeckter Scheck	33
offener Scheck	33
Umsatz mit Dritten	33
aufgelaufene Verbindlichkeiten	33
Dreieckshandel	32
stille Teilhaberschaft	31
betriebliches Umfeld	31
durchlaufender Posten	30
Enkelgesellschaft	30
in runden Zahlen	30
Handelszweig	29
Ausfuhr von Waren zu Schleuderpreisen	29
gesperrtes Geld	29
freies Spiel des Wettbewerbs	29
Käuferansturm	29
auf Baisse spekulieren	28
Preisbarometer	28
Windhundprinzip	28
aufgelaufener Betrag	27
hausgemachte Inflation	27
örtliche Niederlassung	27
fremder Umsatz	27
Verschuldungsspielraum	27
Kapazität stilllegen	26
fortlaufende Notierung	26
Publikumsaktie	26
Deckungsschutz	25
auf Hausse kaufen	25
Nachfragelücke	25

bedachte Person	25
Deckung des Schecks	25
uneinheitliche Stimmung	25
abnehmende Nachfrage	25
Drahtbericht	24
florierende Konjunktur	24
Inflationswelle	24
Nachfragekurve	24
Positionsbereinigung	24
durchlaufende Gelder	23
bezugsfertiges Objekt	23
Handelsschranken abbauen	23
im Soll buchen	23
Preisbindung der zweiten Hand	22
Produktionsfluss	22
gezogener Wechsel	22
ab Kai	21
Kauf aus zweiter Hand	21
Kopf eines Briefes	21
Geld stilllegen	21
Kräftemangel	21
Meinungskäufe	21
Platzverkauf	21
abgelaufener Termin	21
Abwanderung von Kapital	20
fester Abschluss	20
Besichtigung an Ort und Stelle	20
Scheinunternehmen	20
Kreditexpansion	19
eingeschaltete Bank	19
gesperrtes Depot	19
Vorräte abbauen	19
Investitionen in Menschen	19
eingefrorener Kredit	19
Mammutinvestitionen	19
Wettbewerbsklima	19
stillschweigende Bedingungen	18
gedeckter Kredit	18
knapper Kredit	18
Kreditinstrument	18
Kreditspritze	18

potentielle Nachfrage	18
Preiselastizität der Nachfrage	18
Preiszusammenbruch	18
Stand unter freiem Himmel	18
Stücklohn	18
lustlose Tendenz	18
freiwillige Abwicklung	17
Aktienmantel	17
stillschweigende Genehmigung	17
Jagd nach Sonderangeboten	17
Kapitaleinschuss	17
Kapitalsanierung	17
Kreditstrom	17
maßgebliche Meinung	17
beweglicher Preis	17
Rente abwerfen	17
Schwindelunternehmen	17
Tagesstempel	17
gebrochener Verkehr	17
Verrechnungsverkehr	17
Absatzbelebung	16
Abstandssumme	16
Ausgleich in bar	16
Bedarfsweckung	16
frei Hafen	16
zur gesamten Hand	16
Inflationsdämpfung	16
totes Inventar	16
Kassapreis	16
Kopfbetrag	16
Primärgeschäft	16
wattierter Umschlag	16
offener Wechsel	16
ABC-Analyse	15
Kapitalmarktklima	15
Kapitalverwässerung	15
zur Notierung zulassen	15
voller Schluss	15
Zollkrieg	15
Briefkastengesellschaft	14
Wachstumsspielraum	14

Geld-Brief-Spanne	14
dehnbare Grenze	14
Kauf auf Hausse	14
Zusammenbruch des Aktienmarkts	14
Platzkosten	14
offene Police	14
offenstehende Rechnung	14
Taktstraße	14
aufgelaufene Verpflichtungen	14
Ausgaben aufschlüsseln	13
monetäres Gleichgewicht	13
Preis-Kosten-Schere	13
Prüfung an Ort und Stelle	13
Schwindelgeschäft	13
gedrückte Stimmung	13
Umsatzschwankungen	13
billiger Anspruch	12
Baissemarkt	12
gesperrte Effekten	12
laufendes Girokonto	12
Haussebewegung	12
Kapitalabwanderung	12
Kreditquelle	12
dicht besetzter Markt	12
sich vorzeitig zur Ruhe setzen	12
fauler Schuldner	12
Terminkauf und –verkauf	12
flüssiger Geldmarkt	11
Mobilisierung stiller Reserven	11
eingefrorener Preis	11
flüssige Reserven	11
drückende Schulden	11
Stoßbetrieb	11
holländische Versteigerung	11
Abschlusskurs an der Börse	10
Leistung Zug um Zug	10
Nachfrageelastizität	10
Organgesellschaft	10
Kreislauf der Wirtschaft	10
laufende Police	10
Zeichnungskurs	10

bezahlter Abstand	9
Anlageklima	9
Anziehen der Kreditschraube	9
arbeitendes Kapital	9
mangelnde Ausnutzung	9
teilweise Befriedigung	9
neutrales Geld	9
weggeworfenes Geld	9
arbeitgeberfreundliche Gewerkschaft	9
feste Haltung zeigen	9
angeheizte Inflation	9
stille Jahreszeit	9
Laufjunge	9
zum Materialwert	9
Mitnahmepreis	9
ausgeliehene Mittel	9
stillschweigende Pflicht	9
Schlüsselarbeit	9
Stoßarbeit	9
Auftauung eingefrorener Forderungen	8
eingefrorene Forderungen	8
Absatzkette	8
Draufgeld	8
Eigentum zur gesamten Hand	8
vagabundierendes Geld	8
Griffbereich	8
Haussemarkt	8
Haussespekulant	8
totes Konto	8
gesprochener Kurs	8
Mittelabfluss	8
Nutznießung haben	8
Reingewinn abwerfen	8
Rentenportefeuille	8
Ressourcenfluss	8
Scheingesellschaft	8
tief in Schulden stecken	8
zur Schwäche neigend	8
tote Hand	8
am Apparat bleiben	7
Bankapparat	7

Kapital verwässern	7
äußerster Kurs	7
Minderkaufmann	7
Mundwerbung	7
Organkredit	7
Prämie abwerfen	7
optimistische Stimmung	7
Stoppkurs	7
Ziehung eines Wechsels	7
abbröckeln von Kursen	6
laufendes Band	6
Break-Even-Analyse	6
Grundstück auflassen	6
produktives Kapital	6
Kauf auf Baisse	6
harter Kern der Arbeitslosigkeit	6
Kreislauf des Geldes	6
haussierende Kurse	6
Kreditlinie überschreiten	6
bewegliche Ladung	6
Leerkauf	6
Leichtlohn	6
ungerade Partie	6
trabende Inflation	6
fester Verkauf	6
mit Deckung versehen	5
Dreiecksverkehr	5
Elastizität des Angebots	5
Geldschleier	5
Inflationsklima	5
Konkurrenz anschwärzen	5
im Kredit stehen	5
Kursanstieg auf breiter Front	5
Organkreis	5
Organvertrag	5
übertragbare Stimme	5
lustlose Stimmung (Börse)	5
Umlaufkapital	5
brieflicher Verkehr	5
Vermögenssperre	5
fauler Wechsel	5

reiner Wechsel	5
Absatznetz	4
Ausgabenströme	4
Bandbreite für Kursschwankungen	4
Bedarf an liquiden Mitteln	4
Besprechung auf höchster Ebene	4
Bilanz der laufenden Posten	4
Blindbuchung	4
Elastizität der Nachfrage	4
Erwartungstreue	4
tote Fracht	4
Geschäft im Freiverkehr	4
Kosten-Preis-Schere	4
Organtochter	4
Lebenskenner	4
Leerfracht	4
oberer Marktbereich	4
Notadresse	4
Realtausch	4
weißer Scheck	4
Stellenjäger	4
flüssige Vermögenswerte	4
stillschweigend geschlossener Vertrag	4
unerledigte Punkte	4
Streuung der Aktien	4
Zweiggeschäft	4
abbröckeln von Preisen	3
versteckte Abwertung	3
Blitzstreik	3
stillgelegtes Geld	3
Geldillusion	3
gekreuzter Scheck	3
Hausseposition	3
Inflationsherd	3
Drosselung der Ausgaben	3
Drosselung der Einfuhr	3
Inflationsschraube	3
Kettenunternehmen	3
Kosten-Erlös-Schere	3
Kostenzange	3
heimische Kreditaufnahme	3

Mammutgesellschaft	3
Minusbestand	3
harmonischer Mittelwert	3
Obligation der öffentlichen Hand	3
Organverlust	3
Rollgeld	3
faule Schulden	3
Stopppreis	3
schwebende Sache	3
bewegliche Vermögensgegenstände	3
Börsenorgane	3
notleidender Wechsel	3
Wechsel hereinnehmen	3
Angebotssprünge	2
aus erster Hand kaufen	2
betriebsfremder Aufwand	2
Börse fest eröffnen	2
Doppelveranlagung	2
durchlaufende Mittel	2
Eckartikel	2
Festlaufzeit	2
bürgerliche Früchte	2
Geldtitel	2
unlauteres Geschäftsgebaren	2
Gitterkiste	2
Inflationsdrosselung	2
Investitionskette	2
frei Kai	2
umlaufendes Kapital	2
Kapital festlegen	2
Kauf auf Abruf	2
Kostenfluss	2
Kredit abtragen	2
Kreditkette	2
unterer Marktbereich	2
Marktzersplitterung	2
Masseschuld	2
Materialfluss	2
lustlose Nachfrage	2
Nachfrageberuhigung	2
Nettoausschüttung	2

Platzgeschäft	2
Positionen über dem Strich	2
schwebender Prozess	2
freibleibender Verkauf	2
Zeichnungsgrenze	2
Zweigfiliale	2
Abstandsgeld	1
Angebotselastizität	1
Anziehen der Preise	1
Aufruf von Wertpapieren	1
Wachstumspfad	1
betriebsfremde Aufwendungen	1
kapitalisierte Aufwendungen	1
gleitende Bandbreite	1
Blindschreiben	1
Blitzprüfung	1
verschleiertes Dumping	1
Geldbetrag zeichnen	1
am Kai löschen	1
Drosselung des Wachstumstempos	1
fremdes Kapital	1
Kapitalaufzehrung	1
Kapitalklemme	1
Leerabgabe	1
Vorratsabbau	1
Leichtbrief	1
Meinungsverkäufe	1
anlagebereite Mittel	1
Nachfrageschrumpfung	1
Nullbewertung	1
Organabrechnung	1
unsichtbare Reserven	1
gebrochener Schluss	1
Kreuzelastizität der Nachfrage	1
die Ohren in Schulden stecken	1
Schwindelgesellschaft	1
Straffung der Kreditzügel	1
Strohgesellschaft	1
gleitender Tarif	1
umlaufendes Vermögen	1
Währungspolster	1

Zeitkauf	1
freie Stücke	1

Insgesamt waren nur 116 feste Wortverbindungen[18] von insgesamt 1170 Wortverbindungen nicht in den IDS-Korpora zu finden, sodass die Anzahl der Wortverbindungen in der Frequenzliste 1054 ist. Allerdings gab es bei der Suche Fälle, bei denen zwar die gesuchte Wortverbindung nicht in den Korpora zu finden war, aber in unterschiedlicher syntagmatischer Form zu sehen war.

In Tabelle 21 sind die Zahlenangaben zur Frequenzanalyse aufgeführt. Von den untersuchten 1170 festen Wortverbindungen waren 116 (9,9%) in den elektronischen Sprachkorpora nicht zu finden. Von insgesamt 1170 Verbindungen sind 640 (99 + 425 + 116) unter der Frequenzzahl 100 zu sehen, prozentual gesehen ist das 54, 7%. Lediglich 188 (15 + 31 + 142) Wortverbindungen haben die Trefferzahl über 1000, das sind 16,1% des Gesamtbestands. Diese Untersuchung bestätigt somit frühere Arbeiten, dass der aktuelle Bestand in Wörterbüchern nicht existiert. Denn auch in der vorliegenden Arbeit ist das aktuelle Vorkommen der 1170 usuellen Wortverbindungen nicht sehr stark.

Tabelle 21: Zahlenangaben zur Frequenzanalyse

Trefferzahl	Vorkommen der usuellen Wortverbindungen im Cosmas II	%
38.000 - 10.001	15	1,3
10.000 - 5.001	31	2,7
5.000 - 1.001	142	12,1
1.000 – 501	111	9,5
500 - 101	231	19,7
100 - 51	99	8,5
50 – 1	425	36,3
0	116	9,9
insgesamt	1170	100,0

Im Folgenden sind die Wortverbindungen aus der Liste aufgezeichnet, die in der angegebenen syntagmatischen Form bei der Frequenzanalyse nicht zu finden waren, aber in unterschiedlicher syntagmatischer Verbindung im aktuellen Sprachgebrauch zu verzeichnen sind. Um exakte Angaben über das Vorkommen der Wortverbindungen in den elektronischen Korpora zu bekommen, wurden die einzelnen Belege in den Frequenzlisten manuell gezählt, denn u. a. sind manche Par-

---

18 siehe Anlage: Liste „0-Treffer"

tizipien lemmatisiert und manche nicht. Manchmal sondert das Programm die attributive Verwendung der Partizipien als eigenes Lemma aus und manchmal nicht. Aus den Trefferzahlen ist auch nicht sofort zu erkennen, ob lediglich das Gesuchte in den Resultaten berechnet worden ist. Deshalb gibt es bei den Zahlenangaben der angegebenen Beispiele Abweichungen zu den Trefferzahlen der Frequenzanalyse. An einigen Beispielen soll die Vorgehensweise veranschaulicht werden:

1) Suchanfrage: *&Kapital /s0 &arbeiten*
Anzahl der Treffer: 415
Anzahl der Belege: 659

Das Partizip *arbeitend* ist nicht lemmatisiert und muss jetzt auch unter dem Verb *arbeiten* gesucht werden. Insgesamt erscheinen 46 Belege mit dieser partizipialer Form, unter diesen allerdings 27 als Substantiv (*Arbeitende*). Somit bleiben 19 übrig. Bei der verbalen Ausdrucksweise ist die Zählung auch sehr schwierig gewesen. Denn das gesuchte Verb *arbeiten* erschien in folgenden Formen und Frequenzen: *arbeiten* (415), *arbeitet* (134), *gearbeitet* (51), *arbeitete* (17), *arbeiteten* (10), *arbeite* (13). Das Resultat setzt sich aus insgesamt 640 verbalen plus 19 partizipialen Ausdruckweisen zusammen. Die Gesamtbelege sind, wie oben angegeben, 659.

2) Suchanfrage: *&Kapital /s0 &gebunden*
Anzahl der Treffer: 226
Anzahl der Belege: 548

Da das Partizip *gebunden* bei diesem Beispiel lemmatisiert ist, sucht man nicht mit der Infinitvform des Verbes, sondern direkt mit der Partizipform. Allerdings erscheinen auch hier Probleme, denn wenn man nach der festen Wortverbindung *gebundes Kapital* sucht, muss man die verbale Ausdrucksweise *gebunden* (301) ausklammern und nur die attributiven Formen wie folgt zählen: *gebundenes* (55), *gebundenem* (10), *gebundenen* (79), *gebundene* (103). Insgesamt erscheint die attributive Form 247 mal. Das Resultat setzt sich somit aus 301 verbalen und 247 attributiven Ausdruckweisen zusammen. Insgesamt sind es 548 Belege.

3) Suchanfrage: *&Kapital /s0 &binden*
Anzahl der Treffer: 400
Anzahl der Belege: 1.057

Obwohl das Partizip *gebunden* des Verbs *binden* lemmatisiert ist, erscheint bei diesem dritten Beispiel ein anderes Problem: die substantivische Bildung vom Verb *binden*. Von insgesamt 1.057 Belegen erscheinen 509 in verbaler Form. Die restlichen 548 sind als folgende Substantive zu sehen: *Band* (409), *Bände* (107), *Bänden* (32). Die Gesamtbelege bei dieser Suchanfrage sind 1.057.

Nach der Frequenzanalyse gibt es Beispiele, die zwar in der angegebenen Struktur vorhanden sind, aber in unterschiedlicher syntagmatischer Form häufiger zu sehen sind. In den meisten Fällen handelt es sich bei diesen Wortverbindungen aus dem deutschen Korpus um Beispiele in folgender grammatischer Form (mit Frequenzangaben):

Partizip I + Substaniv	Anzahl der Belege	Substantiv + Verb	Anzahl der Belege
abbröckelnde Kurse	0	Kurse abbröckeln	4
verwässertes Kapital	0	Kapital verwässern	8
werbendes Kapital	0	Kapital werben	129
trabende Inflation	7	Inflation traben	2
schwebende Schuld	8	Schuld schweben	11
schwebender Prozess	11	Prozess schweben	46
haussierende Kurse	12	Kurse haussieren	12
arbeitendes Kapital	19	Kapital arbeiten	662
angeheizte Inflation	25	Inflation anheizen	1.288
florierende Konjunktur	74	Konjunktur florieren	47
abnehmende Nachfrage	82	Nachfrage abnehmen	258
durchlaufender Posten	196	Posten durchlaufen	31
wachsende Wirtschaft	455	Wirtschaft wachsen	3.318
galoppierende Inflation	783	Inflation galoppieren	172
fallende Kurse	1.818	Kurse fallen	7.128
flankierende Maßnahmen	3.869	Maßnahmen flankieren	147

Aus der obigen Liste geht hervor, dass sich bei manchen Wortverbindungen des Korpus andere sprachliche Formen als usuell erwiesen haben. Denn die verbale Ausdrucksform kommt in vielen Fällen weit häufiger vor als die Kombination von Partizip I und Substantiv. Bei manchen Wortverbindungen sind sehr große Unterschiede bei der Usualität zu sehen wie *angeheizte Inflation* mit der Trefferzahl 25, die verbale Aussageform *Inflation anheizen* dagegen mit der Trefferzahl 1.288; die Form *fallende Kurse* kommt in dieser Ausdrucksform 1.818 Mal vor, die verbale Ausdrucksform *Kurse fallen* kommt dagegen 7.128 Mal vor. Für *wachsende Wirtschaft* gibt es 455 Belege, für die verbale Ausdrucksform *Wirtschaft wachsen* dagegen 3.318 Belege. Allerdings sind auch Fälle zu beobachten, die in der partizipialen Ausdrucksweise weit häufiger vertreten sind als die verbale wie z.B. *flankierende Maßnahmen* mit der Trefferzahl 3.869, die verbale Ausdrucksweise *Maßnahmen flankieren* dagegen mit der Trefferzahl 147 sowie *gallopierende Inflation* mit 783 Belegen, *Inflation gallopieren* dagegen mit 172 Belegen. Auch die partizipiale Ausdrucksweise *durchlaufender Posten* ist mit 196 Belegen häufiger vertreten als die verbale Form *Posten durchlaufen* mit 31 Treffern.

Partizip II + Substaniv	Anzahl der Belege	Substantiv + Verb	Anzahl der Belege
ausgeliehene Mittel	7	Mittel ausleihen	25
eingefrorener Kredit	30	Kredit einfrieren	211
gedeckter Scheck	77	Scheck decken	275
überhitzte Konjunktur	189	Konjunktur überhitzen	138
bereitgestellte Mittel	553	Mittel bereitstellen	5.419
gebundenes Kapital	247	Kapital binden	509

Wie aus der obigen Liste ersichtlich, ist die verbale Ausdrucksweise im Gegensatz zu der Partizip II + Substantiv-Kombination weit mehr vertreten wie z.B. *bereitgestellte Mittel* mit 553 Belegen, die Kombination Substantiv + Verb *Mittel bereitstellen* dagegen mit 5.419 Belegen; *gedeckter Scheck* mit der Trefferzahl 77, den *Scheck decken* dagegen mit der Trefferzahl 275. Es gibt aber auch Fälle, in denen die partizipiale Ausdrucksform häufiger vertreten ist wie z.B. *überhitzte Konjunktur* mit der Trefferzahl 189 sowie die verbale Ausdrucksform *Konjunktur überhitzen* mit der Trefferzahl 138.

Substantiv-Kompositum	Anzahl der Belege	Substantiv + Verb	Anzahl der Belege
Kapitalbindung	360	Kapital binden	509
Wirtschaftsankurbelung	73	Wirtschaft ankurbeln	3.143
Bedarfsweckung	29	Bedarf wecken	175
Kapitalaufzehrung	1	Kapital aufzehren	187
Vermögensaufzehrung	0	Vermögen aufzehren	25
Vermögensverzehr	0	Vermögen verzehren	24
Kapitalverzehr	0	Kapital verzehren	23
Umlaufmarkt	0	Markt umlaufen	2

Aus der obigen Liste geht hervor, dass die verbale Ausdrucksweise häufiger vorkommt als die nominale Ausdrucksweise wie z.B. das Kompositum *Wirtschaft ankurbeln* mit 3.143 Belegen, das Kompositum *Wirtschaftsankurbelung* dagegen mit 73 Belegen; *Kapitalbindung* mit der Trefferzahl 360, die Ausdrucksweise Substantiv + Verb *Kapital binden* dagegen mit der Trefferzahl 509; das Kompositum *Kapitalverzehr* ist mit der Trefferzahl 0 in der Häufigkeitsliste anzutreffen, die verbale Ausdrucksform *Kapital verzehren* dagegen mit der Trefferzahl 23; ein einziges Mal kommt das Kompositum *Kapitalaufzehrung* in der Frequenzanalyse vor, die verbale Ausdrucksform *Kapital aufzehren* dagegen 187 Mal.

Im Folgenden sind die usuellen Wortverbindungen aus dem WB-Korpus angegeben, deren verbale Ausdruckformen in den Korpora des IDS entweder häufiger oder mit geringen Unterschieden ebenfalls anzutreffen waren als die gesuchten Wortverbindungen, diese jedoch in Kıygıs Wirtschaftswörterbuch überhaupt nicht eingetragen sind.

usuelle Wortverbindungen aus dem WB-Korpus		usuelle Wortverbindungen, die nicht in Kıygıs Wirtschaftswörterbuch eingetragen sind	
steigende Nachfrage	5.496	Nachfrage steigen	5.348
wachsende Nachfrage	2.081	Nachfrage wachsen	1.384
Nachfrage übersteigen	1.353	Nachfrage steigen	5.348
galoppierende Inflation	783	Inflation galoppieren	172
Wirtschaftsbelebung	731	Wirtschaft beleben	1.266
wachsende Wirtschaft	455	Wirtschaft wachsen	3.318
durchlaufender Posten	196	Posten durchlaufen	31
überhitzte Konjunktur	189	Konjunktur überhitzen	138
Vorräte abbauen	84	Abbau der Vorräte	75
abnehmende Nachfrage	82	Nachfrage abnehmen	258
gedeckter Scheck	77	Scheck decken	275
florierende Konjunktur	74	Konjunktur florieren	47
Kapitaleinschuss	62	Kapital einschießen	169
Anziehen der Preise	51	Preise anziehen	1.715
aufgenommene Mittel	39	Mittel aufnehmen	1.048
eingefrorener Kredit	30	Kredit einfrieren	211
arbeitendes Kapital	19	Kapital arbeiten	643
haussierende Kurse	12	Kurse haussieren	12
ausgeliehene Mittel	7	Mittel ausleihen	25
Drosselung der Einfuhr	5	Einfuhr drosseln	27
übertragbare Stimme	2	Stimme übertragen	506

Wie aus der obigen Darstellung ersichtlich, gibt es sehr hohe Trefferzahlen unter den im Wirtschaftswörterbuch nicht aufgeführten Strukturen wie z. B. *Nachfrage steigen* mit 5.348 Treffern, *Nachfrage wachsen* mit 1.384 Treffern und *Wirtschaft wachsen* mit 3.318 Treffern. Es ist ferner festzustellen, dass unter den im Wörterbuch nicht aufgenommenen Strukturen äußerst wirtschaftsspezifische Erscheinungen sind, die ohne Zweifel in einem zweisprachigen Wirtschaftswörterbuch zu finden sein müssten wie z.b. *Inflation galloppieren, Kapital arbeiten, Kredit einfrieren, Mittel aufnehmen, Nachfrage steigen, Nachfrage wachsen, Preise anziehen, Scheck decken, Wirtschaft beleben, Wirtschaft wachsen* u.a.

3.1.1 Auswertung der Frequenzanalyse

Bei der Durchführung der Frequenzanalyse wurde besonders darauf geachtet, dass alle Korpuselemente im wirtschaftlichen Kontext[19] zu finden waren. Wenn wir z.b. den Ausdruck *die gedrückte Stimmung* allgemeinsprachlich untersucht hätten, hätte diese Ausdrucksform 681 Treffer. Da jedoch nur auf die Beispiele aus den wirtschaftssprachlichen Kontexten geachtet wurde, gab es für *die gedrückte Stimmung*, wirtschaftssprachlich benutzt, nur 13 Treffer. Lediglich diese Trefferzahl ist in der Liste angegeben. Weitere Beispiele dieser Art sind: die Wortverbindung *zur Schwäche neigend*, die allgemeinsprachlich 234 Treffer hatte, wirtschaftssprachlich jedoch nur 8 Treffer; *die optimistische Stimmung* hatte allgemeinsprachlich 508 Treffer. Wenn man dagegen von der *optimistischen Stimmung* in der Börse spricht, kam diese Wortverbindung 7 Mal in den Sprachkorpora vor. Als letztes Beispiel ist die usuelle Wortverbindung *freie Stücke* zu nennen: allgemeinsprachlich benutzt, ist die Trefferzahl 1.721, wirtschaftssprachlich bzw. börsensprachlich benutzt, dagegen lediglich 1.

Eine weitere isteressante Gruppe bilden die festen Wortverbindungen aus dem WB-Korpus, die wesentlich geringer im aktuellen Gebrauch sind als ihre sprachlichen Ausdrucksvarianten wie z.B.: *Steigende Nachfrage* ist in der Frequenzanalyse 5.496 Mal anzutreffen und *Nachfrage übersteigen* 1.353 Mal. Diese beiden festen Wortverbindungen stammen aus dem WB-Korpus, wobei *Nachfrage steigen* nicht im WB-Korpus vorhanden ist, aber 5.348 Mal in den Sprachkorpora des IDS vertreten ist. Ein weiteres Beispiel ist *wachsende Nachfrage*, das 2.081 Treffer vorzuweisen hat, wobei die Ausdrucksweise *Nachfrage wachsen* ebenfalls sehr oft vertreten ist, 1.384 Mal. Ebenso ist es bei den usuellen Wortverbindungen *aufgenommene Mittel* mit 39 Treffern und *Mittel aufnehmen* mit 1.048 Treffern in

---

19 Zur Überprüfung der usuellen Wortverbindungen in Texten: vgl. 4.2 KWIC-Übersichten, Volltext-Belege.

der Frequenzanalyse. Trotz dieser hohen Frequenzzahlen sind diese festen Wortverbindungen nicht im zweisprachigen Wirtschaftswörterbuch, aus dem wir das Korpus zusammengestellt haben, eingetragen, sodass diese Wortverbindungen nicht in den Korpus aufgenommen werden konnten. Angesichts dieser Tatsache sehen wir, dass auch in diesem Wirtschaftswörterbuch die im aktuellen Sprachgebrauch sehr frequenten festen Wortverbindungen nicht eingetragen sind. Auch die Zahlenangaben über die Häufigkeit der gesuchten Wortverbindungen bestätigen frühere Arbeiten, dass der aktuelle Bestand in Print-Wörterbüchern nicht erfasst worden konnte. Denn 116 (9,9%) Wortverbindungen waren Null-Treffer. 640 usuelle Wortverbindungen waren unter der Frequenzzahl 100 zu beobachten, das ist 54,7% des Gesamtbestands, wobei ca. 16,1% der Wortverbindungen die Trefferzahl über 1000 haben.

3.2 Kontextuelle Analyse durch KWIC-Übersichten und Volltextstellen

Es besteht kein Zweifel darüber, dass feste Wortverbindungen immer in einem Text untersucht werden sollten, da sie dann nicht nur eine Aufgabe erfüllen, sondern zugleich mehrere Funktionen aufweisen können. Wenn man die Funktionen von festen Wortverbindungen analysieren möchte, so muss man die Verwendung der einzelnen festen Wortverbindungen immer in ihrem Kontext betrachten, da es keine spezielle Funktion der vom Kontext isolierten Phraseologismen gibt (Vesalainen 2007: 296f.; Burger 2003: 148; Koller 1977: 69). Im Folgenden stützen wir uns auf diese Aussage und möchten an einigen Beispielen stichprobenartig zeigen, wie die zur Untersuchung vorliegenden usuellen Wortverbindungen überprüft worden sind und ob sie tatsächlich in wirtschaftsspezifischen Texten vorkommen oder nicht.

Denn, ein weiteres Ergebnis durch die Suchmethoden im Cosmas II sind die KWIC-Übersichten (Keyword In Context), die die freien, festen, typischen phraseologischen Verbindungen dokumentieren. Wir können die kurzen Minimalkontexte auf das Vorkommen von usuellen Wortverbindungen prüfen, indem wir mit einigen Beispielen aus unserem WB-Korpus arbeiten. Im Folgenden soll ein Einblick in diese Suchmethoden gegeben werden. Sehen wir uns nun einige hochfrequente Beispiele aus unserem Korpus an (vgl. Ďurčo 2006). Für die folgenden fünf Beispiele wurden je fünf KWIC-Übersichten mit ihren Texten (Volltext-Belege) aufgeführt.

Beispiel 1: *in Kraft treten*

Die Wortverbindung *in Kraft treten* hat eine Frequenz von über 37.330 Treffern und liegt damit an der ersten Stelle unserer Liste.

KWIC-Übersicht (original/unsortiert)

T00 rückwirkend zum 1. Februar **in Kraft treten** kann, erklärt Firmensprecherin
T00 von rund 17 Milliarden Dollar endgültig **in Kraft treten.**
E00 an. Die Verschmelzung soll im Jahre 2001 **in Kraft treten.**Frankfurt.
P00 und Firmen führen würden, sollen 2003 **in Kraft treten.** Noch bis Ende März wird
P00 Die Umstrukturierung der Firma soll im Mai **in Kraft treten.** In Moskau sagte der

Neben den KWIC-Übersichten können in einem weiteren Schritt auch die dazu-gehörigen Volltexte abgerufen werden, um die Kontextualität der angegebenen usuellen Wortverbindungen zu überprüfen. Damit der Text nicht sehr lang ist, haben wir bei jedem Volltext einen Satz links von der angegebenen Wortverbin-dung und einen Satz rechts vom Cosmas II abgerufen. Die Belege werden in ihrer Originalform und unsortiert angegeben, wie sie vom Cosmas II abgerufen worden sind.

Volltext-Belege (original/unsortiert)

"Damit haben die Arbeitnehmer eine realistische Chance, ihre befristete Mehrarbeit ausgeglichen zu bekommen", sagt IG-BAU-Sprecher Michael Knoche. Holzmann gibt sich nach der Einigung zuversichtlich: "Wir sind sehr optimistisch, dass der Sanierungstarifvertrag rückwirkend zum 1. Februar **in Kraft treten** kann", erklärt Firmensprecherin Petra Rob. Doch so leicht wird die Gre-mienarbeit bei den Arbeitgebern nicht werden. **(T00/JAN.03180 die tageszeitung, 22.01.2000, S. 8, Ressort: Wirtschaft und Umwelt; Fünf Stunden für das Konzernwohl)**

Südafrika muss nach einer Übergangszeit von fünf Jahren auf die strittigen Alkoholbezeichnungen Grappa, Ouzo, Korn, Kornbrand, Jagertee und Pacharan verzichten. Jetzt kann das Handelsab-kommen zwischen der EU und Südafrika mit einem Volumen von rund 17 Milliarden Dollar end-gültig **in Kraft treten. (T00/FEB.07439 die tageszeitung, 18.02.2000, S. 8, Ressort: Wirtschaft und Umwelt; Kompromiss im Grappa-Streit)**

Die Deutsche Bank und die Dresdner Bank streben eine "Vollfusion" an. Die Verschmelzung soll im Jahre 2001 **in Kraft treten.** Er rechne mit einem Abbau von 14 000 Stellen in Deutschland, sagte der Deutsche-Bank-Aufsichtsrat und Bundesvorstand der Deutschen Angestellten Gewerk-schaft (DAD), Gerhard Renner, am Mittwochabend nach einer Aufsichtsratssitzung der Deutschen Bank in Frankfurt. **(E00/MÄR.06674 Züricher Tagesanzeiger, 09.03.2000, S. 35, Ressort: Wirtschaft; Fusion kostet über 16 000 Arbeitsplätze)**

Österreichs Banken wären auch deshalb stark benachteiligt, weil sie stark in Zentral- und Osteuro-pa engagiert sind, wo Ratings eine deutlich geringere Rolle spielen als etwa im anglo-amerikanischen Raum. Die neuen Regeln, die laut IHS auch zu einer weiteren Konzentration bei Banken und Firmen führen würden, sollen 2003 **in Kraft treten.** Noch bis Ende März wird so-wohl in der BIZ als auch in der EU über die Endfassung beraten. **(P00/JAN.01359 Die Presse, 14.01.2000, Ressort: Economist; Banken und Firmen droht empfindliche Mehrbelastung)**

Die "Financial Times" wertete in ihrer Samstag-Ausgabe die Einigung als Rückkehr Rußlands auf die internationalen Finanzmärkte. Die Umstrukturierung der Firma soll im Mai **in Kraft treten**. In Moskau sagte der Finanzpolitiker Alexander Schochin, die Reduzierung der Schuldenlast sei eine große Entlastung für den russischen Staatshaushalt. **(P00/FEB.05516 Die Presse, 14.02.2000, Ressort: Economist; Gläubigerbanken lassen Rußland Schulden in Milliardenhöhe nach)**

Beispiel 2: *Leistungen erbringen*

Die Wortverbindung *Leistungen erbringen* hat eine Frequenz von über 10.025 Treffern und liegt damit an der 15. Stelle unserer Liste.

A99 ein. Einerseits können sie ihre **Leistung** kostengünstig **erbringen**, andererseits

A99 Beiträge für die gemeinwirtschaftlichen **Leistungen**, die sie **erbringen**.

A99 Wirtschaft, jene freiwilligen **Leistungen** zu **erbringen**, welche die Stadt

B99 für Unternehmen nur noch **Leistungen** gegen Bezahlung zu **erbringen**. Die

N99 Der Einzelne darf heute als Unternehmer **Leistungen erbringen**, die über sein

Volltext- Belege (original/unsortiert)

Die Mitglieder setzen ihre Berufs- und Lebenserfahrung vor allem für Klein- und Mittelunternehmen ein. Einerseits können sie ihre **Leistung** kostengünstig **erbringen**, andererseits stehen sie ausserhalb der Hektik und haben deshalb genügend Zeit, sich gewissenhaft der Probleme ihrer Klienten anzunehmen. Ihre fachmännische Unterstützung bietet «Adlatus» vor allem jenen Betrieben, für die hauptberufliche Berater unerschwinglich sind. **(A99/APR.27313 St. Galler Tagblatt, 19.04.1999; Lebenserfahrungen weitergeben)**

Ich möchte Ihnen aber sagen, dass in meinem Aufgabenbereich, bei den ehemaligen Bundesbetrieben, genau der gleiche Wandel im Gang ist: Wir haben die Märkte geöffnet; Swisscom, Post und SBB müssen agiler, kundenfreundlicher und effizienter werden und können nicht mehr mit Subventionen rechnen. Stattdessen erhalten sie, wo es die Grundversorgung erfordert, Beiträge für die gemeinwirtschaftlichen **Leistungen**, die sie **erbringen**. Im Strommarkt tut sich Ähnliches. **(A99/OKT.70404 St. Galler Tagblatt, 08.10.1999; Zu den Gräben Sorge tragen)**

Güntzel: Dass der wirtschaftliche Aufschwung nicht ganz an der Stadt vorübergeht. Denn schliesslich ermöglicht es eine prosperierende Wirtschaft, jene freiwilligen **Leistungen** zu **erbringen**, welche die Stadt attraktiv machen. Interview: Josef Osterwalder **(A99/DEZ.84337 St. Galler Tagblatt, 07.12.1999; «Wohnliche, lebenswerte Stadt»)**

"Ich gehe davon aus, dass letztendlich alle Reisebüros mitziehen werden, weil sie keine andere Wahl haben", sagte er. Unter anderem die HTU Business Travel hat bereits angekündigt, ab kommendem Jahr im Geschäftsreisebereich für Unternehmen nur noch **Leistungen** gegen Bezahlung zu **erbringen**. Die C&N Touristic AG gehört zu den drei führenden Reiseveranstaltern Europas und liegt in Deutschland nach der HTU-Gruppe auf Platz zwei. **(B99/911.95907 Berliner Zeitung, 02.11.1999, Ressort: Wirtschaft; C&N Touristic will Gebühren für Beratung in Reisebüros erheben, S. 32)**

Dazu setzte das Wirtschaftsministerium in den vergangenen Monaten konkrete Schritte: Seit der Gewerbeordnungsnovelle 1997 gibt es zahlreiche Berufe, die man ohne gewerbliche Beschränkungen ausüben kann, eine höhere Durchlässigkeit der verschiedenen Gewerbe untereinander und schnellere Betriebsanlagegenehmigungen. Der Einzelne darf heute als Unternehmer **Leistungen erbringen**, die über sein ursprüngliches berufliches Fachgebiet hinausgehen. Die erweiterten Öffnungszeiten haben nicht nur den Komfort der Konsumenten erhöht, sondern kommen auch den Jungbetrieben entgegen. **(N99/APR.16851 Salzburger Nachrichten, 27.04.1999, Ressort: JUNGUNTERNEHMER; Für Unternehmensgründungen ist die Zeit jetzt günstig wie nie)**

Beispiel 3: *Geldwäsche*

Die Wortverbindung *Geldwäsche* hat eine Frequenz von 6.181 Treffern, liegt auf der Frequenzliste an 33. Stelle und soll als Beispiel für die Komposita angegeben werden.

KWIC-Übersicht (original/unsortiert)

T90 Bankensystem, der sogenannten **Geldwäsche,** beteiligen sich vor allem Institute

T90 "Mischkonzerne" und ihre Spezialisten für **Geldwäsche** vor allem von der Liberalisierung

n91 unterliegt, wenn er den Verdacht der **Geldwäsche** erregt, der Strafverfolgung.

n91 Besonders dem Kampf gegen die **Geldwäsche** und der Einschränkung des Exports

n91 das die Währungspolitik gefährden." **Geldwäsche,** auslösendes Argument der Debatte

Volltext-Belege (original/unsortiert)

Im internationalen Drogenhandel werden nach einem Bericht des US-Senats jährlich insgesamt 300 Milliarden Dollar oder umgerechnet mehr als eine halbe Billion Mark umgesetzt. An der Kanalisierung dieser Einnahmen im internationalen Bankensystem, der sogennanten **Geldwäsche,** beteiligen sich vor allem Institute in der Schweiz, Kanada, den Bahamas, Luxemburg, Panama und Hongkong, hieß es in dem am Donnerstag in Washington veröffentlichten Bericht. **(T90/FEB. 05430 die tageszeitung, 09.02.1990, S. 2; Drogengeld: Panama fügt sich USA)**

Legale und illegale Geschäfte vermischen sich, die ökonomische Macht der Syndikate wächst. Profitieren werden diese "Mischkonzerne" und ihre Spezialisten für **Geldwäsche** vor allem von der Liberalisierung des Kapitalverkehrs, die in der EG schon in diesem Sommer in Kraft tritt. Die Forschungsabteilung des Bundeskriminalamtes (BKA) prognostiziert, so dessen Noch-Vize- und designierter Präsident Hans Zachert, daß sich in der Bundesrepublik der Anteil der organisierten Kriminalität an der Gesamtkriminalität in den nächsten zehn Jahren ungefähr verdoppeln wird. **(T90/MAR.11484 die tageszeitung, 19.03.1990, S. 7; Wie kann man Geld zum Stinken bringen?)**

Banken müssen von ihren Kunden die Bekanntgabe der Identität verlangen, wenn diese zu ihnen in Geschäftsbeziehungen treten oder für sie Transaktionen durchführen, die über 15.000 Ecu (rd. 218.000 S) hinausgehen. Auch der Umtausch und Transfer von "Vermögensgegenständen" wie Wertpapieren oder Juwelen unterliegt, wenn er den Verdacht der **Geldwäsche** erregt, der Strafverfolgung. **(N91/JUN.00204 Salzburger Nachrichten, 11.06.1991; EG bekämpft Geldwäscherei)**

"Ich denke", sagte Martinez, "die EG wird Mittel entwickeln müssen, um dieser Gefahr zu begegnen." Besonders dem Kampf gegen die **Geldwäsche** und der Einschränkung des Exports chemischer Produkte zur Kokaingewinnung käme in Europa große Bedeutung zu. Das alles koste Geld. **(N91/NOV.215 Salzburger Nachrichten, 25.11.1991; Drogenmafia gefährdet Europa Zentrale Strategien notwendig 1.8)**

Zufrieden zeigt sich Wala darüber, daß sich die Linie der OeNB in der Anonymitätsdebatte durchgesetzt hat. Die Notenbank habe sich aus volkswirtschaftlichen Überlegungen eingemischt: "Wenn es um eine Änderung der grundsätzlichen Rahmenbedingungen für die Sparer geht und sich aus diesem emotional besonderen Bereich auch irrationale Konsequenzen ergeben, könnte das die Währungspolitik gefährden. **Geldwäsche**, auslösendes Argument der Debatte, sei in Österreich aber gar nicht möglich. Denn die Anonymität gelte nur für Inländer, die Geldwäsche sei aber ein internationales Problem. **(N91/DEZ.25892 Salzburger Nachrichten, 30.12.1991; Zu hohe Einlagenzinsen, zu niedrige Spannen "Wer soll bei dieser)**

Beispiel 4: *Schlange stehen*

Die usuelle Wortverbindung *Schlange stehen* gehört mit der Trefferzahl 7.209 ebenfalls zu den hochfrequenten Beispielen der Frequenzliste und liegt an 27. Stelle.

KWIC-Übersicht (original/unsortiert)

I00 genügen würde, damit Bewerber **Schlange stehen,** müssen sich Firmen in den

I00 ausreichen. Obwohl "Interessenten **Schlange stehen**", bräuchte man rund 40 Mio.

DPA06 Bild von Tagelöhnern, die im Hafen **Schlange stehen,** um Arbeit zu bekommen.

F01 bei denen die Sponsoren geradezu **Schlange stehen.** Die brauchen sich keine

F01 **Schlange stehen** 2001 Wichtige Ausstellungen

Volltext-Belege (original/unsortiert)

Chefs, die für ihre Angestellten so gut wie alles tun würden NEW YORK (SAD). Während in weiten Teilen Europas schon die Aussicht auf einen einigermaßen sicheren Arbeitsplatz genügen würde, damit Bewerber **Schlange stehen,** müssen sich Firmen in den Aufschwung-verwöhnten USA weitaus mehr einfallen lassen, um Personal zu gewinnen: Aktienoptionen, Universalköder der Reagan-Jahre, genügen längst nicht mehr. Allein in Silicon Valley können rund 346.000 hochqualifizierte Stellen nicht besetzt werden.

(I00/FEB.05713 Tiroler Tageszeitung, 03.02.2000, Ressort: Journal; Chefs, die für ihre Angestellten so gut wie alles tun würden)

Um internationale Großprojekte an Land zu ziehen, würde das Jahresbudget der Cine Tirol mit 15 Mio. S aber nicht ausreichen. Obwohl "Interessenten **Schlange stehen**", bräuchte man rund 40 Mio. Schilling, sagt Beiratsmitglied Erich Hörtnagl. **(I00/DEZ.75317 Tiroler Tageszeitung, 30.12.2000, Ressort: Allgemein; Tirol punktet als Filmland)**

Ihre Angst: Die geplante EU-Hafenrichtlinie, mit der die EU-Kommission für mehr Wettbewerb unter den Häfen sorgen will, werde Tausende Arbeitsplätze kosten. Ver.di-Chef Frank Bsirske zeichnete sogar das Bild von Tagelöhnern, die im Hafen **Schlange stehen**, um Arbeit zu bekommen. «Wir werden nicht zulassen, dass das Rad der Geschichte zurückgedreht wird. **(DPA06/JAN.04969 dpa, 11.01.2006; «Stoppt Port Package II» - Arbeiter legen Hamburger Hafen lahm Von Stefan Waschatz und Clara Boie (Mit Bildern)**

Da gibt es die alpinen Skifahrer, von denen man derzeit zwar auch nicht behaupten kann, sie hätten eine Erfolgssträhne, die finanziell aber immer noch gut über die Runden kommen. Dann gibt es die Biathleten und die Skispringer, bei denen die Sponsoren geradezu **Schlange stehen**. Die brauchen sich keine Sorgen um ihre Gelder zu machen. **(F01/101.09567 Frankfurter Allgemeine, 26.01.2001)**

Schlange stehen 2001 Wichtige Ausstellungen der Frankfurter Museen in diesem Jahr Ob Pariser Zustände mit kilometerlangen Besucherschlangen am Frankfurter Museumsufer einziehen werden, wird sich spätestens am 8. Juni dieses Jahres zeigen: Dann eröffnet das Städel seine Ausstellung "Vincent van Gogh und die Maler des Petit Boulevard", die van Goghs Beziehung zu seinen Pariser Kollegen beleuchten will, darunter Toulouse-Lautrec, Signac oder Gauguin. Daß diese Schau viele Besucher anlocken wird, ist sicher: Zahlreiche berühmte Originale sollen bis zum 2. September 2001 ausgestellt werden. **(F01/101.03645 Frankfurter Allgemeine, 11.01.2001; Schlange stehen 2001 Wichtige Ausstellungen der Frankfurter Museen in diesem Jahr)**

Beispiel 5: *aus etw. Kapital schlagen*

Die usuelle Wortverbindung aus etw. Kapital schlagen liegt unter 1170 Wortverbindungen mit 4.395 Treffern an 56. Stelle.

KWIC-Übersicht (original/unsortiert)

B02 nicht gelingen, aus einer realen Vision **Kapital** zu **schlagen** und Arbeitsplätze

F01 der Zerstörung eines Traditionskonzerns **Kapital** zu **schlagen** schien so gar

F05 Börsenrückzug ungerechtfertigterweise **Kapital** zu **schlagen**. Zum einen habe

F05 Bindung ein. Daraus muß SAP nun **Kapital schlagen**. Viele Oracle-Kunden sind

F05 Hersteller wissen aus dieser Eigenschaft **Kapital** zu **schlagen**. Sie leiten aus

Volltext- Belege (original/unsortiert)

Der Transrapid lässt grüßen ("Cargolifter prüft Zeitplan", 26. Januar). Deutschland wird es wieder einmal nicht gelingen, aus einer realen Vision **Kapital** zu **schlagen** und Arbeitsplätze zu schaffen, weil man hierzulande nur noch bereit ist zu investieren, wenn eine hundertprozentige Erfolgsgarantie gegeben ist. Es gibt weltweit mehrere Projekte, die sich mit ähnlicher Technologie befassen, nur ist Cargolifter derzeit der Konkurrenz noch um zwei bis drei Jahre voraus. **(B02/202.08676 Berliner Zeitung, 02.02.2002, Ressort: Politik; Aus einer realen Vision Arbeitsplätze schaffen, S. 7)**

So ist es nur logisch, daß Bosch im vergangenen Jahr gemeinsam mit Siemens zugriff, als Mannesmann zerlegt wurde, und daß jetzt weitere Unternehmen ins Auge gefaßt werden, die zur Bosch-Palette passen, wie eben nun Buderus. Schon das Engagement bei Mannesmann-Atecs schien Stilbruch zu sein, denn aus der Zerstörung eines Traditionskonzerns **Kapital** zu **schlagen** schien so gar nicht zu der noblen Art der Bosch-Führung zu passen. Doch bei Bosch wird man sich wohl zu Recht gedacht haben, daß es für den Erhalt des eigenen Unternehmens mit seinen weltweit fast 200 000 Arbeitsplätzen kaum förderlich sein kann, die Beute anderen zu überlassen. **(F01/109.57047 Frankfurter Allgemeine, 22.09.2001)**

Weiterer Eigentümer der Holding GmbH ist das Unternehmen Millennium VC. Hinter der Beteiligungsverflechtung vermutet die SdK einen "Umgehungstatbestand", also den Versuch der Holding-Aktionäre, aus dem Squeeze-out und dem Börsenrückzug ungerechtfertigterweise **Kapital** zu **schlagen**. Zum einen habe Electra angekündigt, sich möglicherweise schon in drei Jahren wieder von Scholz & Friends zu trennen, und behalte sich dafür auch einen Börsengang vor. **(F05/507.32967 Frankfurter Allgemeine, 29.07.2005; Kleinaktionäre wettern gegen Börsenrückzug von Scholz & Friends Aktionärsschützer geißeln "Enteignung" und kündigen weitere Klage an / Umgehungstatbestand vermutet)**

Die Kunden gehen deshalb auch eine sehr langfristige Bindung ein. Daraus muß SAP nun **Kapital schlagen**. Viele Oracle-Kunden sind schon nach der Peoplesoft-Akquisition verunsichert. **(F05/509.37020 Frankfurter Allgemeine, 13.09.2005)**

Einige Rüstungsgüter eignen sich für "dual use" - sie sind also für militärische wie zivile Zwecke einsetzbar. Findige Hersteller wissen aus dieser Eigenschaft **Kapital** zu **schlagen**. Sie leiten aus ihren angestammten Geschäftsfeldern im Militärbereich zivile Produkte oder Systemlösungen ab, für die sich Unternehmen oder staatliche Auftraggeber als Kunden gewinnen lassen. **(F05/511.46475 Frankfurter Allgemeine, 12.11.2005; Heimatschutz und Luftüberwachung Innovation: Das wachsende Sicherheitsbedürfnis schafft Märkte)**

3.3 Kookkurrenzen zum Nomen „Kapital" im deutsch-türkischen Vergleich

Neben den reinen Phrasensuchen und den entsprechenden Analysen der KWICs und Volltextstellen kann die statistische Kookkurrenzanalyse (Belica 1995) viel Interessantes zu Verwendungszusammenhängen im Umfeld von sprachlichen Einheiten liefern. Die Kookkurrenzanalyse ist eine korpusanalytische Methode zur Strukturierung von Belegmengen (Perkuhn 2007: Homepage Tutorial). Diese empirische Methode eröffnet demzufolge einen empirischen Zugang zu Massendaten, indem sie durch Häufigkeitsbewertungen und Präferenzsetzungen hochfrequente Belegmengen ordnet und zugleich strukturiert (vgl. http://www. ids-mannheim.de/kl/projekte/methoden/: Projekt „Methoden der Korpusanalyse"). Dieses Verfahren ermöglicht eine Erfassung und Validierung fester Wortverbindungen auf einer umfassenden empirischen Basis um sie z.b. als Mehrworteinheiten wie Phraseologismen, Kollokationen, Redewendungen, Sprichwörter, kommunikative Formeln der deutschen Gegenwartssprache lexikografisch aufbereiten zu können (vgl. Perkuhn/Belica/al-Wadi/Lauer/Steyer/Weiß 2005: 57 ff.).

Bei dieser Analyse geht es nicht um Frequenzen, also um zahlreiches Vorkommen eines Wortes in der Nähe eines Bezugswortes oder um häufiges Miteinandervorkommen einer Wortverbindung, sondern um statistische Auffälligkeiten (Steyer 2004b: 96; vgl. Keibel/Belica 2007: http://corpus.bham.ac.uk/corplingproceedings 07/paper/134_Paper.pdf).

Kookkurrenz ist also das auffällig häufige Zusammenauftreten von sprachlichen Einheiten. Wie bekannt, treten Wörter in der Sprache nicht allein, sondern im Verbund mit anderen Wörtern auf. Und gerade in der vorliegenden Arbeit geht es um die Überprüfung der festen usuellen Wortverbindungen im aktuellen Sprachbestand. Da fast alle Wörter polysem sind, wird ihnen erst in einem konkreten Kontext eine bestimmte Bedeutung zugewiesen. Bis vor wenigen Jahren konnte man nur darüber spekulieren, welche Wörter am häufigsten miteinander kombiniert auftreten, heute lassen sich dank digitalen Großkorpora wie COSMAS II und „den entsprechenden Abfragewerkzeugen Kookkurrenzprofile sozusagen schon fast auf Knopfdruck erstellen". Mit welchen Adjektiven treten manche Nomen am häufigsten auf? Mit welchen Verben werden diese typischerweise kombiniert? „Es leuchtet ein, dass derartige Erkenntnisse nicht bloss die wissenschaftliche Neugier befriedigen, sondern darüber hinaus von unmittelbar praktischem Nutzen sind, in erster Linie für die dringend nötige Korrektur und Verbesserung der einsprachigen – und einem zweiten Schritt auch der zweisprachigen Wörterbücher". Deshalb ist Näf der Auffassung, dass "Kookkurrenz - ein Schlüsselbegriff der modernen Sprachwissenschaft" ist (Näf, Anton: www2.unine.ch/Jahia/site/allemand/cache/offonce/lang/de/pid/4677).

Im Folgenden soll das in der Wirtschaftssprache hochfrequente Wort *Kapital* anhand der Kookkurrenzanalyse[20] untersucht werden. Das Substantiv *Kapital*, das jetzt das Bezugswort ist, hat eine Frequenz von 51.990 Treffern. Wir möchten jetzt sprachliche Informationen zu diesem Bezugswort erfahren und möchten wissen, mit welchen weiteren Lexemen es zusammen vorkommt und mit welchen es zu festen Wortverbindungen und somit usuellen Wortverbindungen wird. Es geht jetzt also um statistische Auffälligkeiten der Wörter, die sich in der Nähe des Bezugswortes befinden. Diese Wörter werden Kookkurrenzpartner genannt. Um den aktuellsten Sprachbestand zu analysieren, beziehen sich die Angaben aus den Zeitungsausschnitten bis einschließlich 2006. Wir können nun überprüfen, ob die Partner der *Kapital*-Verbindungen unseres WB-Korpus als primäre Kookkurrenzpartner im aktuellen Sprachgebrauch zu sehen sind oder nicht. Folgende 43 Verbindungen befinden sich in unserem WB-Korpus aus dem deutsch-türkischen Wörterbuch. Da jedoch 21 von diesen Komposita sind, können nur die restlichen 22 Kapital-Verbindungen durch die Kookkurrenzanalyse überprüft werden:

Kapital abschreiben, Kapital aufzehren, Kapital binden, Kapital festlegen, Kapital nachschießen, aus etw. Kapital schlagen, Kapital verwässern, Kapital zeichnen, arbeitendes Kapital, flüssiges Kapital, freier Kapitalmarkt, fremdes Kapital, gebundenes Kapital, menschliches Kapital, mit Kapital ausstatten, produktives Kapital, totes Kapital, umlaufendes Kapital, verwässertes Kapital, werbendes Kapital, Kapitalabfluss, Kapitalabwanderung, Kapitalaufzehrung, Kapitalbewegung, Kapitalbindung, Kapitaleinschuss, Kapitalexport, Kapitalflucht, Kapitalklemme, Kapitalkraft, Kapitalmarktklima, Kapitalquelle, Kapitalsanierung, Kapitalspritze, Kapitalstrom, Kapitalverwässerung, Kapitalverzehr, Fluchtkapital, Startkapital, Umlaufkapital, Abwanderung von Kapital, Zufluss des Kapitals, Kapital und Rücklagen.

---

20 © Institut für Deutsche Sprache, Mannheim:**COSMAS II, Version 3.6.1.3**

Datum:	Sonntag, den 28. Oktober 2007, 23:45:57
Korpus:	W-gesamt - alle Korpora des Archivs
WSuchanfrage:	LEM (*Kapital*)
Ergebnis:	51.990 Treffer
Kookkurrenzen	
Anzahl Kookkurrenzen:	473
Analyse-Kontext:	5. Wort links bis 5. Wort rechts
Granularität:	mittel
Zuverlässigkeit:	mittel
Clusterzuordnung:	eindeutig
Auf 1 Satz beschränkt:	ja
Lemmatisierung:	nein
Funktionswörter:	ignorieren
Autofokus:	aus

Bei der Kookkurrenzanalyse im Cosmas II sind zu unserem Bezugswort *Kapital* 473 Kookkurrenzpartner angegeben worden. Um möglichst genaue Angaben zu bekommen, haben wir bei der Suche das fünfte Wort links und das fünfte Wort rechts von *Kapital* angegeben. Diese Clusterstrukturen geben eine Vielzahl von Informationen zum usuellen Sprachgebrauch des Bezugswortes samt ihren Verbindungsstrukturen (Brunner/Steyer 2007: 2). Von insgesamt 473 Kookkurrenzen sollen die statistisch am häufigsten erfassten 150 Kookkurrenzpartner als Beispiele angegeben werden. Im Folgenden werden die entsprechenden binären Kollokationen zum Bezugswort *Kapital* aufgelistet[21].

Bezugswort	Primäre Kookkurrenzpartner		
Kapital	schlagen	totes	viel
	ausländisches	genehmigte	Faktor
	Prozent	&	nachschießen
	frisches	wichtigstes	Höhe
	politisches	Mill.	verfügen
	privates	Industrie	Stiftung
	genehmigtes	Zustrom	Mobilität
	eingesetztes	schlägt	gezeichnetes
	Arbeit	investieren	anlegen
	ausländisch	westliches	neuem
	Verzinsung	notwendige	Hauptversammlung
	stimmberechtigt	Milliarden	fremdes
	Rendite	investiert	Gütern
	investieren	gezeichneten	mobilisieren
	Waren	symbolisches	Frisches
	Dienstleistungen	ausgestattet	Schaffung
	Zinsen	lustig	braucht
	Unternehmen	ausländische	hält
	Millionen	Personen-	anzulocken
	investiertes	gesellschaften	intelektuelles
	Mrd.	Wissen	nominal
	frischen	eingezahlten	Lohnarbeit
	Million	Ausländisches	Kapitalerhöhung

---

21 Zur Beschreibung der Funktionsweise der statistischen Kookkurrenzanalyse: vgl. www.ids-mannheim.de/kt/misc/tutorial.html; vgl. die linguistischen Interpretationsmöglichkeiten und lexikografischen Anwendungsmöglichkeiten bei Steyer u.a. 2000, 2003, 2004b.

How-know	privaten	Technologie
Marx	erhöhen	abgezogen
Aktien	Bank	Anlegern
Börse	Aktionäre	Zwecke
Wert	wichtigste	Produktionsfaktor
Stimmrechte	geschlagen	stockt
Zufluss	verzinst	soziale
erhöht	bzw.	Beteiligung
nötige	Macht	Rückzahlung
zusätzliches	Verfügung	Totalverlust
größtes	parteipolitisches	binden
Investoren	Expansion	Freizügigkeit
beschaffen	angesparten	Abfluß
eingesetztes	soziales	benötigtes
investierte	Börsengang	fließen
eingezahlte	Besteuerung	zuführen
Investitionen	bedingtes	wertvollste
Ausland	lokales	anwesenden
angesparte	Banken	halten
genehmigtem	Überlegenheit	beteiligt
fließt	genügend	verfügt
Akkumulation	dringend	zuschießen
neues	internationales	angelegt
Anleger	investiertes	Zufluss
gezeichnete	Arbeitskraft	Immobilien
kulturelles	verspielt	Hälfte
Produktionsfaktoren	Fonds	Dollar

Tabelle 22: Angaben zu den Wortarten der primären Kookkurrenzpartner für *Kapital*

Wortarten der primären Kookkurrenzpartner für das deutsche Substantiv *Kapital*		
Substantive	61	41 %
Adjektive	32	21,5 %
Partizipien	28	19 %
Verben	27	18 %
Konjunktion	2	1,5 %
insgesamt	150	100 %

„Um die unterschiedliche Qualität der gefundenen Kookkurrenzcluster zu verdeutlichen, greifen wir auf tradierte Kategorien der Linguistik zurück, obwohl wir vermuten, dass sie nicht für alle Kookkurrenzphänomene anwendbar sein werden. [...] Eine zentrale linguistische Qualifizierung bzw. Interpretation eines Clusters ist die ‚Kollokation' im Sinne Hausmanns Basis-Kollokator-Dichotomie. Kollokationsrelationen (z.B. *Kopf – schütteln, Kopf – hochrot, [mit dem] Kopf nicken*) wären als eine – interpretierte – Teilmenge eines Kookkurrenzpotenzials zu verstehen, die im Bereich der Textproduktion vor allem für Fremdsprachenlerner von besonderer Relevanz ist. ‚Kookkurrenz' ist das statistisch erhobene Potenzial, ‚Kollokation' ein interpretiertes Teilphänomen" (Steyer 2004: 99).

Im Folgenden sind einige Beispiele der statistisch ermittelten Cluster[22], einschließlich weiterer spezifizierender Kookkurrenzpartner, vollständig zu sehen, so wie sie von der automatischen Kookkurrenzanalyse im COSMAS II berechnet wurden (vgl. dazu Keibel/Belica 2007, Tutorial).

Beispiel 1

Cluster				Syntagmatische Muster
512	512	**schlagen** politisches	99	politisches [...] Kapital [zu] schlagen
553	41	schlagen parteipolitisches	100	parteipolitisches [...] Kapital [zu] schlagen
633	80	schlagen Überlegenheit	85	aus|der|ihrer ... Überlegenheit [kein] Kapital [zu] schlagen
3191	2558	schlagen	97	Kapital [zu] schlagen

Beispiel 2

Cluster				Syntagmatische Muster
7409	7	**frisches** dringend braucht	71	braucht dringend frisches Kapital
7434	25	frisches dringend	96	dringend [...] frisches Kapital
7462	28	frisches braucht	50	braucht [...] frisches Kapital
7475	13	frisches zuführen	100	Unternehmen ... frisches Kapital zuführen
7997	522	frisches	99	frisches [...] Kapital

Beispiel 3

Cluster				Syntagmatische Muster
24479	2	**internationales** anzulocken	100	internationales Kapital ... anzulocken
24483	4	internationales fließen	100	internationales Kapital in den ... fließen
24486	3	internationales anzuziehen	100	internationales Kapital anzuziehen
24564	78	internationales	100	internationales [...] Kapital

---

22 Die vollständige Liste ist im Anhang zu sehen.

Beispiel 4

Cluster				Syntagmatische Muster
12123	47	**ausländischen** Zufluß	100	den|der Zufluß [...] ausländischen Kapitals
12161	38	ausländischen Zustrom	100	der|den Zustrom [...] ausländischen Kapitals
12170	9	ausländischen Zufluss	100	den Zufluss ausländischen Kapitals
12472	302	ausländischen	69	ausländischen [...] Kapitals

Beispiel 5

Cluster				Syntagmatische Muster
18756	7	**Ausland** fließt	57	fließt ... Kapital ... ins Ausland
18761	5	Ausland verspielt	100	Kulturpolitisches Kapital im Ausland ist leicht verspielt
18766	5	Ausland Abfluß	100	Abfluß von Kapital aus ins|Deutschland ... Ausland
19075	309	Ausland	72	Kapital aus|ins|im dem Ausland

„Ein weiteres Ergebnis der Kollokationssuche sind die KWIC-Übersichten, die die freien, typischen, lexikalisierten, phraseologischen und parömologischen Verbindungen dokumentieren. Man kann die kurzen Minimalkontexte auf das Vorkommen" der festen Wortverbindungen prüfen. Mit dem Bezugswort Kapital bekommen wir jedoch eine lange Liste mit mehr als 40.000 Treffern, allerdings wurden lediglich 50 Zeilen aus den IDS-Korpora exportiert, die jedoch noch manuell durchgesehen werden müssen (Ďurčo 2005: 72 f.). Mit welchen Kookkurrenzpartnern sich das Bezugswort *Kapital* in Verbindung setzen kann, wird an dem Ausschnitt aus den folgenden KWIC-Zeilen deutlich:

T87	Gesellschaften mit ausländischem **Kapital** (Joint Ventures) vereinfacht
T90	Milliarden DM knapp verdreifachen. Das **Kapital** soll um zwölf Milliarden
T90	der Energiewirtschaft. Dazu sei fremdes **Kapital** notwendig. Geplant sei, die
T92	als Gesellschafter brachten sie eigenes **Kapital** ein und sind jetzt Besitzer
T96	trotz intensiver Suche niemand fand, der **Kapital** und Engagement einbringen
T97	Die Bundesbank besitzt reichlich totes **Kapital**. 3.700 Tonnen massive n
T98	das Land für Produkte und vor allem für **Kapital** aus dem Ausland öffnet.1 Aber der
T00	Deutsche Telekom will von den Aktionären **Kapital** für milliardenschwere Zukäufe im
T00	dabei, für dieses Unternehmen neues **Kapital** und Management zu beschaffen
T01	verzichten, sondern auch noch **Kapital** in Milliardenhöhe nachschießen
A97	von Partnerbetrieben, seien mit frischem **Kapital** ausgestattet. Die meisten der 120
A98	dass es unsinnig sein kann, ein grosses **Kapital** in der AG zu binden, das dann im
A00	suchen daraus auch noch politisches **Kapital** zu schlagen. Dies liegt leider in der
A00	Irgendwo sollte das investierte **Kapital** eine gewisse Rendite abwerfen, und
V98	wird in den nächsten zwei Jahren **Kapital** in Höhe von 3 Mrd. S brauchen.
B97	EU sucht **Kapital** für die "transeuropäischen Netze"
B98	die Aktionäre zudem um ein genehmigtes **Kapital** von nominal zehn Millionen Mark
B98	bereits in der Gründungsphase **Kapital** an der Börse beschafft. Die neue
B98	befunden hatte, zunächst **Kapital** schlagen wollen. Die Bank habe die

B98	für junge, innovative Unternehmen, **Kapital** aufzunehmen, damit sie ihr
B99	Geschäftsjahr 2 000 zwingend zusätzliches **Kapital** zuführen, um die Zahlungsfähigkeit
B00	Mit dem Geschäft solle "privates **Kapital** mobilisiert werden" und nicht Geld
B00	Wechsel in den Geregelten Markt Frisches **Kapital** für eine zweite Produktionslinie und
B01	sich außerdem an der Börse mit frischem **Kapital** eindecken. Eine Portion Skepsis ist
F93	je schlechter das in Anlagen gebundene **Kapital** behandelt wird. Das heute auch
F95	zusammengebrochenen Geldinstitut frisches **Kapital** zuführen. Der Zusammenbruch des
I98	zu finden, die Anteile übernehmen und **Kapital** bereitstellen könnten. Das gelang
I00	INNSBRUCK (twp). Frisches **Kapital** dürfte es bald für die Tiroler
N99	Euro Einlagen zu Buche. Das **Kapital** und die Rücklagen sind mit rund
N00	wie aus Entführungen politisches **Kapital** zu schlagen sei. Entführungen
P91	senken und andererseits privates **Kapital** für den Wohnungsbau mobilisieren.
P93	will die Bosporus-Bank anlocken, deren **Kapital** zu 66 Prozent von türkischen
P96	kann etwa über die Börse kein billiges **Kapital** aufnehmen.
P00	aus der niemand parteipolitisches **Kapital** schlagen will. "Persönlich wird das
R98	strebt höher hinaus Aktionäre sollen **Kapital** für neue Raketen einschießen
R98	durch die Ausgabe eigener Wertpapiere **Kapital** an den Finanzmärkten zu besorgen.
M03	darüber, wie sich das eingesetzte **Kapital** verzinst. Aktuell bringen es die 30
M03	aus der zahlenmäßigen Überlegenheit, kaum **Kapital** zu schlagen. Torgelegenheiten
M04	Die Anteilseigner wollen ihr eingesetztes **Kapital** endlich mal wieder "verzinst" sehen,
X96	Geldanlage, wo ich jederzeit über das **Kapital** verfügen kann und kein Kursrisiko
F97	Wettbewerb um das verfügbare **Kapital**. Dies wiederum führe dazu, daß es
F97	in diesen Tagen das gezeichnete **Kapital** um nominal 300 Millionen
F99	von rund 700 Millionen DM erforderliche **Kapital** über vorrangige Bankkredite und
F99	Flexibilität verleihen, nicht benötigtes **Kapital** an die Aktionäre zurückzugeben und
F99	Der Zufluß von **Kapital** zu den Aktienmärkten der
F99	Das dem Unternehmen zufließende **Kapital** soll der Erweiterung des
F99	Währung fruchtlos sind. Internationales **Kapital** strömt in Erwartung einer
F01	Folglich fließt das internationale **Kapital** eher an die Wall Street als an die
F05	und die Türkei für den Zufluß von **Kapital** eine Rolle gespielt. "Wir rechnen
WPD	die Werbetrommel rühren, um das nötige **Kapital** für das nächste Projekt aufzutreiben.

An dieser Liste ist zu erkennen, dass es sich bei den Kookkurrenzpartnern im Verhältnis zum Bezugswort nicht unbedingt um feste Wortverbindungen, sondern auch um freie Wortverbindungen oder ganz einfach um Wortkombinationen handelt. Allerdings sind feste bzw. usuelle Wortverbindungen wie u.a. *ausländisches, fremdes, eigenes, totes, frisches, großes* und *politisches Kapital* sofort erkennbar. Ferner sind jedoch freie Wortverbindung in ihrer syntagmatischen Struktur zu sehen wie z.B. ..., *wo ich jederzeit über das Kapital verfügen kann* oder *das Kapital und die Rücklagen sind mit rund* ... oder *EU sucht Kapital für*....

Diese Listen können sich nach ganz unterschiedlichen Kriterien sortieren. An der Kookkurrenzanalyse sind die statistisch am häufigsten auftretenden Kookkurrenzpartner zu sehen. Wenn wir uns jetzt die Partner zu unserem Bezugswort Kapital hinsichtlich ihrer Wortkombinationen im WB-Korpus ansehen, können wir jetzt an diesen Listen überprüfen, ob die 22 Kapital-Verbindungen als primäre Kookkurrenzpartner im aktuellen Sprachgebrauch zu sehen sind. Von insgesamt 22

Kapital-Partnern konnten durch die Kookkurrenzanalyse lediglich neun im aktuellen Sprachgebrauch als primäre Kookkurrenzpartner zum Bezugswort *Kapital* erfasst werden. Diese sind:

Kapital *binden,* Kapital *nachschießen,* aus etw. Kapital *schlagen,* Kapital *zeichnen, fremdes* Kapital, *gebundenes* Kapital, mit Kapital *ausstatten, totes* Kapital, *Zufluss des* Kapitals.

3.3.1 Abfrage für das Türkische in der Wortschatz-Datenbank[23]

Zur türkischen Sprache bestehen in der Türkei leider keine elektronischen Sprachkorpora. Auch am IDS gibt es folglich nur die Sprachkorpora zur deutschen Sprache. An der Universität Leipzig steht jedoch die Wortschatz-Datenbank unter 23 Sprachen auch für das Türkische zur Verfügung. Allerdings sind für die türkische Sprache nicht so detaillierte Angaben und Rubriken wie für das Deutsche, aber es ist zur Zeit, soweit uns bekannt, die einzige elektronische Datenbank für das Türkische. Darin sind 10 Millionen Sätze aus dem Türkischen gespeichert. Die türkischen Texte stammen leider nicht wie die deutschen aus Zeitungen, sondern aus dem Internet. Das Programm zeigt automatisch die Relationen zu anderen Wörtern und signifikante Kollokationen für das gesuchte Wort, signifikante linke Nachbarn sowie signifikante rechte Nachbarn des gesuchten Wortes (vgl. Ďurčo 2005: 68). Deshalb ist es für die vorliegende Arbeit auch interessant zu sehen, wie die Kookkurrenzpartner der türkischen Bezugswörter sind. In dieser Datenbank suchen wir jetzt die Kookkurrenzpartner für das türkische Substantiv *sermaye,* das die türkische Entsprechung für das deutsche Wort *Kapital* ist.

Wort: *sermaye*

Anzahl[24]: 1747

Signifikante Kookkurrenzpartner[25] für *sermaye*:

Döner (951), Piyasası (777), döner (670), yabancı (702), piyasası (417), Kurulu (159), ve (153), yatırım (151), doları (144), yatırımları (140), menkul (140), Kanunu (128), sermayeye (119), İşletmesi (122), İşletmesince (119), ödenmiş (110),

23 http://corpora.informatik.uni-leipzig.de
24 Die Anzahl setzt sich aus drei Schreibvariationen von *sermaye* zusammen:
   (sermaye 1326 + Sermaye 415 + SERMAYE 6 = 1747).
25 Die Schreibweise der Kookkurrenzpartner sind in ihrer Orginalform aus der Leipziger Wortschatz-Datenbank übernommen worden.

milyon (108), tahsil (104), sermayesi (99), Sermaye (97), ulaşıncaya (94), birikimi (94), iradı (90), kârlar (84), artırımı (82), vadeli (81), tahsis (81), ABD (78), sermayenin (77), hareketleri (73), net (72), milyar (71), piyasaları (70), edilen (70), incelendiğinde (69), hareketleri (68), piyasasının (68), para (67), Saymanlık (67), finansal (66), eklenir (66), araçlarına (66), sermayeli (65), öz (65), birikiminin (65), kârlar (63), döneminde (62), mali (61), Saymanı (61), Fon (60), hisse (58), Kısa (56), Ticaret (56), % (55), belirlenen (54), sabit (54), temettü (54), azalış (53), İşletme (53), toplam (49), tutarına (48), uluslararası (47), işletmesi (46), yerli (45), piyasalarına (44), YILDIRAN (44), Saymanlığı (44), gözlenmiştir (43), TL (43), ücret (42), gelirine (41), Ortaklıklar (40), kıymetler (38), GVK (38), föy (37), Müdürlüğü (36), yılı (36), Umumiye (36), Türkiye (36), Hazinece (36), İştirakler (36), sayılı (36), trilyon (35), işletmesince (35), piyasası (35), ile (35), elde (35), beşeri (35), Takasbank (35), Taahhütü (35), Finansında (35), Fettahoğlu (35), yardımlardan (34), varlıklarının (34), piyasalarında (34), oranında (34), ücreti (33), sayılı (33), portföy (33), piyasalarının (33), banka (33), Yatırım (33), Bakanlığı (33), Abdurahman (33), YADIMER (31), Blokajı (31), hisse (30), Genel (30), HM (28), yatırımdan (27), Risk (27), Menkul (27), İşletmesinin (26), hizmetlerinde 826), edilir (26), hesabında (25), SPK (25), İşletmelerinin (24), göre (24), özetinde (23), kurucunun (23), Yatırımı (23), Sayman (23), Fonu (23), Finansmanı (23), Yönetmeliği (22), Kuruluşu (22), yatırım (21), uyulur (21), senetlerinin (21), fiyatlama (21), artırım (21), Piyasasında (21), Bankası (21), TEBLİĞ (20), Kayıtlı (20), Hazine (20), Ek (20), Bağlı (20), Ayrıca (20), çerçevesinde (19), yönetmekle (19), düzenlemelerine (19), VUK (19).

Signifikante linke Kookkurrenzpartner für *sermaye*:

Döner (1112), döner (910), yabancı (641), Döner (329), Yabancı (206), vadeli (126), Kayıtlı (118), sabit (108), ner (88), menkul (65), büyük (51), yabancı (44), ödenmiş (39), uluslar arası (39), Öz (37), gayrimenkul (32), özetinde (32), beşeri (30), Entelektüel (30), Ödenmiş, Sabit (27), kayıtlı (25), sayılı (25), Ticaret (21), ve (21), Büyük (21), tutarındaki (17), Nakdi (17), TL (16), Sabit (15), öz (15), edilen (15), şirketlerin (14), işlemleri (14), beşeri (12), spekülatif (11), ortaklarından (11), dayalı (11), Küresel (10), Menkul (9), Bankası (9), nakdi (9), firmaların (9), bedelsiz (9), Yabanci (9), Öz (8), yerli (8), tamamının (8), olan (8), lira (8), hakim (8), artan (8), Üyeleri (7), faaliyetleri (7), yapacakları (7), uluslar arası (7), projeleri (7), merkez (7), kamu (7), Bankaların (7), ayni (7), Ayni (7), peşin (7), yapacağı (6), olunan (6), küresel (6), grubun (6), dolarlık (6), Uluslar arası (6), USD (6), Gerçekten (6), öngörülen (5), kısmen (5), kalmış (5), edilmiş (5), asgari (5).

Signifikante rechte Kookkurrenzpartner für *sermaye*:

piyasası (639), İşletmesi (194), İşletmesince (163), yatırımları (151), birikimi (147), hareketleri (117), hareketleri-Yükümlülükler (104), piyasaları (101), birikiminin (101), iradı (100), piyasasının (100), artırımı (65), işletmesi (64), piyasalarına (60), piyasalarının (55), işletmesince (52), artırımı (51), Saymanı (50), girişi 850), şirketi (48), işletmelerinin (47), yatırımlarının (46), gelirlerinden (45), gelirine (45), piyasalarında (64), çevreleri (43), ile (43), yapısı (42), yatırımı (41), girişini (41), hareketleri-yükümlülükler (38), gelirleri (37), hareketlerinin (36), tutarına (34), ücreti (32), piyasasında (64), birikimini (32), tavanı (31), piyasalarından (31), Blokajı (30), uygulamasının (29), tahsis (29), avansı (29), işletmelerine (28), yeterliliği (27), akışı (27), İşletme (27), payları (26), gruplarının (24), İşletmeleri (24), artırım (23), piyasasından (23), iratları (23), artışı (23), yatırımlarına (22), miktarı (22), maliyeti (22), birikimine (22), İştirak (22), Taahhütü (21), Piy (21), Finansında (21), sahiplerinin (21), artırımına (21), artırımı (21), yatırımlarını (20), miktarına (20), girişlerine (20), açısından (20), Genel (19), Artırımı (19), çekebilmek (19), piyasasını (19), iratlarında (19), çevrelerinin (18), ortaklığı (18), grupları (18), bütçelemesi (18), Sayman (18), İşletmesinin (17), İhracı (17), piyasasinda (17), şirketlerinin (17), medyası (17), gerektiren (17), akımlarının (17), piyasasına (16), miktarının (16), hareketlerinde (16), bedeli (16), artışlarında (16), artırımını (16), şirketleri (15), yoğun (15), yerliliğin (15), tutarı (15), işletmelerinin (15) harektlerine (15), birikimi (15), Yatırımı (15), Saymanlığı (15), Piyasaları (15), şirketleri (14), piyasalarına (14), Yasa (14), piyasalarının (13), piyasaları (12), Taban (12), ücreti (12), ücreti (11), Sistemi (11), işletmesi (10), Derneği (10), kapsamındaki (9), gelirleri (9), Dünyası (9), artışı (8), Yasası (8), Raporu (7), yapısı (6), bilgisi (6), adına (5).

Auch in dieser Datenbank sind Beispielsätze aus Texten angegeben, die jedoch nicht aus Zeitungsartikeln entnommen worden sind, sondern aus dem Internet, sodass keine genauen Quellenangaben zu diesen Texten bestehen. Die angegebenen Beispiele werden in ihrer Originalangabe aufgeführt.

- Çin uluslararası tahkimi kabul etmediği gibi yabancı **sermaye** girişinde de yüzde 51 yerli ortaklık arıyor. (source: *Turkish Texts*)
- Kamunun iflası özel **sermaye** açısından nasıl değerlendirilmektedir? (source: *Turkish Texts*)
- Alternatif bir sürü başka pazar da var. Enerjide belki gözde 2-3 ülkeden bir tanesiyiz ama **sermaye** yalnız enerjiye yatırım yapacak diye bir kural yok ki. (source: *Turkish Texts*)
- Sanayileşeceğiz diyoruz, bir taraftan altyapıyı yapacağız diyoruz ve bir yandan da bu yabancı **sermaye** gelsin diyoruz. (source: *Turkish Texts*)

- Bugün dünyada dolaşan, yabancı **sermaye** olarak nitelendirilebilecek yüzlerce milyar dolar para var. Türkiye'ye gelen yabancı sermaye ne kadar? (source: *Turkish Texts*)
- Daha önce kamu sermayeye altyapı yaratırken, şimdi **sermaye** altyapıyı kendisi bir ticari araç olarak kullanmaya çalışıyor. (source: *Turkish Texts*)
- Neden ticarileştiriliyor, çünkü **sermaye** kriz içerisinde. (source: *Turkish Texts*)
- Yatırımlar **sermaye** birikimini oluşturmakta ve işgücü ve enerji girdileri ile birlikte brüt üretimi belirlemektedir. (source: *Turkish Texts*)
- Borç baskısı altında siyasilerin ve iç **sermaye** dinamiklerinin kamuoyunu yanıltıcı politikaları ile, Türkiye'nin bir enerji darboğazına gireceği de yoğunlukla dillendirilince, Batı'lı sermaye çevreleri amaçlarına yaklaşmaktadır. (source: *Turkish Texts*)
- Daha önce kamu sermayeye altyapı yaratırken, şimdi **sermaye** altyapıyı kendisi bir ticari araç olarak kullanmaya çalışıyor. (source: *Turkish Texts*)
- Yatırımlar **sermaye** birikimini oluşturmakta ve işgücü ve enerji girdileri ile birlikte brüt üretimi belirlemektedir. (source: *Turkish Texts*)

Bei der Abfrage in der Leipziger Wortschatz-Datenbank sind zu dem türkischen Bezugswort *sermaye* 1747 Kookkurrenzpartner angegeben worden. Dieses Programm zeigt allerdings nur die signifikanten rechten und linken Kookkurrenzpartner für das gesuchte Wort an. Im Folgenden werden 150 entsprechende binäre Kollokationen zum Bezugswort *sermaye* nach ihrer Häufigkeit aufgelistet.

Bezugswort	Primäre Kookkurrenzpartner		
sermaye	Döner	temettü	yatırımdan
	Piyasası	azalış	Risk
	döner	İşletme	Menkul
	yabancı	toplam	İşletmesinin
	piyasası	tutarına	hizmetlerinde
	Kurulu	uluslararası	edilir
	ve	işletmesi	hesabında
	yatırım	yerli	SPK
	doları	piyasalarına	ödenmiş
	yatırımları	Saymanlığı	uluslararası
	menkul	gözlenmiştir	gayrimenkul
	Kanunu	TL	entelektüel
	İşletmesi	ücret	İşletmelerinin

ödenmiş	gelirine	göre
milyon	Ortaklıklar	özetinde
tahsil	kıymetler	kurucunun
ulaşıncaya	GVK	Yatırımı
birikimi	föy	Sayman
kârlar	Müdürlüğü	Fonu
artırımı	yılı	Finansmanı
vadeli	Umumiye	Yönetmeliği
tahsis	Türkiye	Kuruluşu
ABD	Hazinece	yatırım
Yabancı	İştirakler	uyulur
hareketleri	sayılı	senetlerinin
yükümlülükleri	trilyon	fiyatlama
milyar	işletmesince	artırım
piyasaları	piyasası	Piyasasında
edilen	ile	Bankası
incelendiğinde	elde	TEBLİĞ
hareketleri	beşeri	Kayıtlı
piyasasının	Takasbank	Hazine
para	Taahhütü	Ek
Saymanlık	Finansında	Bağlı
finansal	yardımlardan	Ayrıca
eklenir	varlıklarının	miktarına
araçlarına	piyasalarında	çerçevesinde
sermayeli	oranında	yönetmekle
öz	ücreti	düzenlemelerine
birikiminin	sayılı	girişlerine
kârlar	portföy	şirketlerin
döneminde	piyasalarının	işlemlerin
mali	banka	ortaklarından
Saymanı	Yatırım	spekülatif
Fon	Bakanlığı	küresel
hisse	Abdurahman	sahiplerine
hisse	Blokajı	artırımını
Ticaret	hisse	çekebilmek
belirlenen	Genel	nakdi
sabit	HM	

Von den aufgelisteten 150 binären Kollokationen zum Bezugswort *sermaye* konnten folgende Kookkurrenzpartner nach ihrer Wortart erfasst werden: 113 Substantive, 21 Adjektive, 6 Verben, 6 Partizipien, jeweils 2 Konjunktionen und Adverbien. Da im Türkischen Komposita sowohl getrennt als auch zusammen geschrieben werden, sind unter den Substantiven sehr viele Substantive vorhanden, die Teile eines Kompositums sind wie z. B. *döner sermaye, sermaye piyasası, sermaye kurulu, sermaye artırımı, sermaye birikimi, sermaye tutarı.*

Tabelle 23: Angaben zu den Wortarten der primären Kookkurrenzpartner für *sermaye*

Wortarten der primären Kookkurrenzpartner für das türkische Substantiv *sermaye*		
Substantive	113	75 %
Adjektive	21	14 %
Verben	6	4 %
Partizipien	6	4 %
Konjunktion	2	1,5 %
Adverbien	2	1,5 %
insgesamt	150	100 %

Vergleich der Kookkurrenzpartner des deutschen Bezugsworts *Kapital* und des türkischen Bezugsworts *sermaye*

Primäre Kookkurrenzpartner für das deutsche Bezugswort *Kapital*	Primäre Kookkurrenzpartner für das türkische Bezugswort *sermaye*	Deutsche[26] Wiedergabe der türkischen Kookkurrenzpartner
schlagen	Döner	‚Umlauf'
ausländisches	Piyasası	‚Markt'
Prozent	döner	‚Umlauf'
frisches	yabancı	‚fremd'
politisches	piyasası	‚Markt'
privates	Kurulu	‚Ausschuss'
genehmigtes	ve	‚und'
eingesetztes	yatırım	‚Investition'
Arbeit	doları	‚Dollar'
ausländisch	yatırımları	‚Investitionen'

---

26 Da die türkische Sprache eine agglutierende Sprache ist, konnten die türkischen Kookkurrenzpartner, die sehr oft postpositionale Fügungen hatten, nicht als ein deutsches Wort wiedergegeben werden und hätten in den meisten Fällen etwas ausführlicher umschrieben müssen, was aus Platzmangel nicht möglich war. Deshalb wurde bei den deutschen Entsprechungen in den meisten Fällen nur das Stammwort ohne jegliche Flektion oder Deklination wiedergegeben, was hinsichtlich der Übersetzung Probleme mit sich gebracht hat.

Verzinsung	Menkul	‚beweglich'
stimmberechtigt	Kanunu	‚Gesetz'
Rendite	İşletmesi	‚Unternehmen'
Investieren	ödenmiş	‚bezahlt'
Waren	milyon	‚Million'
Dienstleistungen	tahsil	‚Einziehung'
Zinsen	ulaşıncaya	‚bis zur Erreichung'
Unternehmen	birikimi	‚Akkumulation'
Millionen	kârlar	‚Gewinne'
Investiertes	artırımı	‚Erhöhung'
Mrd.	vadeli	‚auf Raten'
Frischen	tahsis	‚Bereitstellung'
Million	ABD	‚USA'
How-know	Yabancı	‚fremde'
Marx	hareketleri	‚Bewegungen'
Aktien	yükümlülükleri	‚Verpflichtungen'
Börse	milyar	‚Milliarde'
Wert	piyasaları	‚Märkte'
Stimmrechte	edilen	‚machendes'
Zufluss	incelendiğinde	‚bei Forschung'
Erhöht	piyasasının	‚des Marktes'
Nötige	para	‚Geld'
Zusätzliches	Saymanlık	‚Buchhaltung'
Größtes	finansal	‚finanziell'
Investoren	eklenir	‚hinzugeben'
Beschaffen	araçlarına	‚ihren Mitteln'
Eingesetztes	sermayeli	‚mit Kapital'
Investierte	öz	‚Eigen-'
Eingezahlte	birikiminin	‚der Ersparnisse'
Investitionen	kârlar	‚Gewinne'
Ausland	döneminde	‚in der Periode'
Angesparte	mali	‚finanziell'
Genehmigten	Saymanı	‚Buchhalter'
Fließt	Fon	‚Fond'
Akkumulation	hisse	‚Anteil'
Neues	Ticaret	‚Handel'
Anleger	belirlenen	‚festgestellte'
Gezeichneter	sabit	‚fest'
Kulturelles	temettü	‚Dividende'
Produktionsfaktoren	azalış	‚Verminderung'
Totes	İşletme	‚Unternehmen'

Genehmigte	toplam	,insgesamt'
&	tutarına	,zum Betrag'
Wichtigstes	uluslararası	,international'
Mill.	işletmesi	,Unternehmen'
Industrie	yerli	,inländisch'
Zustrom	piyasalarına	,zu den Märkten'
schlägt	Saymanlığı	,Buchhaltung'
investieren	gözlenmiştir	,ist beobachtet'
westliches	TL	,Türkische Lira'
notwendige	ücret	,Lohn'
Milliarden	gelirine	,Einkommen'
investiert	Ortaklar	,Mitteilhaber'
gezeichneten	kıymetler	,Werte'
symbolisches	GVK	,Einkommensteuerge-setz'
ausgestattet	föy	,Blatt'
lustig	Müdürlüğü	,Direktion'
ausländische	yılı	,Jahr'
Personengesellschaften	Umumiyet	,Allgemeinheit'
Wissen	Türkiye	,Türkei'
eingezahlten	Hazinece	,von der Staatskasse'
Ausländisches	İştirakler	,Beteiligungen'
privaten	sayılı	,gezählt'
erhöhen	trilyon	,Trillion'
Bank	işletmesince	,seitens des Unterneh-mens'
Aktionäre	piyasası	,Markt'
wichtigste	ile	,und'
geschlagen	elde	,in Händen'
verzinst	beşeri	,menschlich'
bzw.	Takasbank	,Umtauschbank'
Macht	Taahhütü	,Zusicherung'
Verfügung	Finansında	,in den Finanzen'
parteipolitisches	yardımlardan	,von den Hilfen'
Expansion	varlıklarının	,ihrer Vermögen'
angesparten	piyasalarında	,auf den Märkten'
soziales	oranında	,prozentual'
Börsengang	ücreti	,Lohn'
Besteuerung	sayılı	,gezählt'
bedingtes	portföy	,Portefeuille'
lokales	piyasalarının	,der Märkte'

Banken	banka	‚Bank'
Überlegenheit	Yatırım	‚Investition'
genügend	Bakanlığı	‚Ministerium'
dringend	Blokajı	‚Sperrguthaben'
internationales	Genel	‚allgemein'
investiertes	HM	‚HM'
Arbeitskraft	yatırımdan	‚von der Investition'
verspielt	Risk	‚Risiko'
Fonds	Menkul	‚beweglich'
viel	İşletmesinin	‚des Unternehmens'
Faktor	hizmetlerinde	‚Dienst'
nachschießen	edilir	‚machend'
Höhe	hesabında	‚auf dem Konto'
verfügen	SPK	‚Kapitalmarktausschuss'
Stiftung	ödenmiş	‚eingeschrieben'
Mobilität	uluslararası	‚international'
gezeichnetes	gayrimenkul	‚Immobilien'
anlegen	entelektüel	‚intelektuell'
neuem	İşletmelerinin	‚der Unternehmen'
Hauptversammlung	göre	‚nach'
fremdes	özetinde	‚in der Zusammen-fassung'
Gütern	kurucunun	‚Gründer'
mobilisieren	Yatırımı	‚Investition'
Frisches	Sayman	‚Kassierer'
Schaffung	Fonu	‚Fond von'
braucht	Finansmanı	‚Finanzierung'
hält	Yönetmeliği	‚Verordnung'
anzulocken	Kuruluşu	‚Gründung'
intelektuelles	yatırım	‚Anlage'
nominal	uyulur	‚angepasst'
Lohnarbeit	senetlerinin	‚der Wechsel'
Kapitalerhöhung	fiyatlama	‚Auszeichnung'
Technologie	artırım	‚Erhöhung'
abgezogen	Piyasasında	‚auf dem Markt'
Anlegern	Bankası	‚Bank'
Zwecke	TEBLİĞ	‚Zustellung'
Produktionsfaktor	Kayıtlı	‚registriert'
stockt	Hazine	‚Staatskasse'
soziale	Ek	‚Anlage'
Beteiligung	Bağlı	‚gebunden'

Rückzahlung	ayrıca	‚außerdem'
Totalverlust	miktarına	‚der Summe'
binden	çerçevesinde	‚im Rahmen'
Freizügigkeit	yönetmekle	‚mit Führung
Abfluß	düzenlemelerine	‚der Regelungen'
benötigtes	girişlerine	‚der Eingänge'
fließen	şirketlerin	‚der Betriebe'
zuführen	ortaklarından	‚von den Gesellschaftern'
wertvollste	spekülatif	‚spekulativ'
anwesenden	işlemlerin	‚Abfertigungen'
halten	küresel	‚global'
beteiligt	sahiplerine	‚Eigentümer'
Verfügt	artırımını	‚Erhöhung'
zuschießen	çekebilmek	‚anzuziehen'
angelegt	nakdi	‚bar'
Zufluss	akımlarının	‚des Zuflusses'
Immobilien	yerliliğin	‚des Inländischen'
Hälfte	gelirine	‚des Einkommens'
Dollar	tutarı	‚Betrag'
langfristiges	sistemi	‚System'

Im Folgenden soll auf einige strukturelle Probleme der jeweiligen deutschen und türkischen Wortverbindungen hingewiesen werden, die auch bei der deutschen Wiedergabe der türkischen Kookkurrenzpartner zu Schwierigkeiten geführt haben. Wie schon erwähnt (vgl. S. 47), gibt es bei den türkischen Komposita in der Orthografie keine Einigkeit und die Grenzen sind sehr fließend. So unterscheiden sich die deutschen und türkischen Komposita deutlich in Zusammen- bzw. Getrenntschreibung, sodass viele der aufgelisteten Kookkurrenzpartner des türkischen Bezugswort *sermaye*, zugleich ein getrennt geschriebener Bestandteil eines Kompositums in Verbindung mit *sermaye* ist wie z.B. *sermaye piyasası, sermaye tutarı, sermaye kurulu*. In diesen Beispielen steht *sermaye* im Kompositum an erster Stelle, wobei es Komposita im Türkischen gibt, in denen *sermaye* an zweiter Stelle steht wie z.B. *Döner Sermaye, Ek Sermaye, Menkul Sermaye*.

In den Tabellen 24 und 25 werden die Wortarten der 150 Kookkurrenzpartner zu *Kapital* und *sermaye* angegeben. In beiden Sprachen sind die Substantive an erster Stelle, wobei diese im Türkischen 75% und im Deutschen lediglich 41% ausmachen. Die Adjektive, Partizipien und Verben sind im Deutschen ca. 20%, im Türkischen belegen die Adjektive mit 14% den zweiten Platz, wobei die Partizipien und Verben keine große Bedeutung tragen.

Tabelle 24: Angaben zu den Wortarten der primären Kookkurrenzpartner für *Kapital* und *sermaye*

Wortarten der primären Kookkurrenzpartner für *Kapital* und *sermaye*		
	Kapital	*sermaye*
Substantive	61	113
Adjektive	32	21
Partizipien	28	6
Verben	27	6
Konjunktionen	2	2
Adverbien	-	2
insgesamt	150	150

Tabelle 25: Prozentuale Angaben zu den Wortarten der primären Kookkurrenzpartner für *Kapital* und *sermaye*

Wortarten der primären Kookkurrenzpartner für *Kapital* und *sermaye*		
	Kapital	*sermaye*
Substantive	41 %	75 %
Adjektive	21,5 %	14 %
Partizipien	19 %	4 %
Verben	18 %	4 %
Konjunktionen	1,5 %	1,5 %
Adverbien	-	1,5 %
insgesamt	100 %	100 %

Unter den angegebenen 150 Beispielen, die am häufigsten als Kookkurrenzpartner für das deutsche Bezugswort *Kapital* und für die türkische Wiedergabe *sermaye* auftreten können, konnten 23 Überschneidungen erfasst werden, obwohl diese nicht in jedem Fall wortwörtliche Wiedergaben sind. Beim Vergleich der Kookkurrenzpartner wurde lediglich darauf geachtet, dass die Kookkurrenzpartner in beiden Sprachen etwa die gleiche Bedeutung tragen oder dass die Entsprechung der gleiche Stamm ist, ohne auf die Konjugation bzw. Deklination zu achten wie z. B. bei dem deutschen Substantiv *Investition*, das dem türkischen Substantiv *yatırım* entspricht. Als Kookkurrenzpartner tritt es jedoch im Türkischen in der Form von *yatırımı* auf. Da es in der türkischen Sprache keine Artikel gibt, treten im Deutschen jedoch des Öfteren deklinierte Formen wie z. B. *intelektuelles* oder *internationales* auf. Diese beiden Formen sind auch als Entsprechungen für die türkischen Adjektive ohne Endungen *entelektüel* und *uluslararası* angegeben. In manchen Fällen gab es auch Überschneidungen wie bei den Adjektiven *fremd* und *ausländisch*. Diese können beide ins Türkische mit *yabancı* übertragen werden, deshalb wurde *yabancı* zweimal aufgelistet. Ein weiteres Beispiel ist das türkische Verb *ödenmiş*, das als Wiedergabe von *eingezahlt* auf der Liste ist, als deutsche Wiedergabe jedoch *bezahlt* angegeben ist. Da es in der türkischen Sprache keine Präfigierungen gibt, kann dieses Verb verschiedene Varationen bei der deutschen Wiedergabe vorweisen wie z.B. *bezahlt, gezahlt, eingezahlt* u.a.

Im Folgenden sind die 23 Überschneidungen der Kookkurrenzpartner zu dem deutschen Bezugswort *Kapital* und dem türkischen Bezugswort und *sermaye*:

Auflistung der gleichen Kookkurrenzpartner für *Kapital* und *sermaye*

Deutsche Kookkurrenzpartner	Türkische Kookkurrenzpartner	Deutsche Wiedergabe der türkischen Kookkurrenzpartner
Akkumulation	birikimi	‚Akkumulation'
Dollar	dolar	‚Dollar'
Bank	banka	‚Bank'
Immobilien	gayrimenkul	‚Immobilien'
Intelektuelles	entelektüel	‚intelektuell'
Internationales	uluslararası	‚international'
Fonds	fon	‚Fond'
Investition	Yatırımı	‚Investition'
&	ile	‚und'
&	ve	‚und'
Zufluss	akımlarının	‚Zufluss'
Wert	kıymetler	‚Werte'
fremd	yabancı	‚fremd'
Ausländische	yabancı	‚ausländisch'
Unternehmen	İşletmelerinin	‚der Unternehmen'
Beteiligung	İştirakler	‚Beteiligungen'
Investoren	ortaklar	‚Mitteilhaber'
Million	milyon	‚Million'
Milliarden	milyar	‚Milliarde'
Rendite	gelirine	‚Rendite'
Höhe	tutarına	‚in Höhe von'
eingezahlt	ödenmiş	‚bezahlt'
nachschießen	eklenir	‚hinzufügen'

3.4   Auswertung des 3. Teils

Insgesamt waren nur 116 feste Wortverbindungen von insgesamt 1170 Wortverbindungen nicht in den IDS-Korpora zu finden, sodass die Anzahl der Wortverbindungen in der Frequenzliste 1054 ist. Allerdings gab es bei der Suche Fälle, bei denen zwar die gesuchte Wortverbindung nicht in den Korpora zu finden war, aber in unterschiedlicher syntagmatischer Form zu sehen war.

In Tabelle 21 sind die Zahlenangaben zur Frequenzanalyse aufgeführt. Von den untersuchten 1170 festen Wortverbindungen waren 116 (9,9%) in den elektronischen Sprachkorpora nicht zu finden. Von insgesamt 1170 Verbindungen sind 640 (99 + 425 + 116) unter der Frequenzzahl 100 zu sehen, prozentual gesehen ist das 54, 7%. Lediglich 188 (15 + 31 + 142) Wortverbindungen haben die Trefferzahl über 1000, das sind 16,1% des Gesamtbestands. Diese Untersuchung bestätigt somit frühere Arbeiten, dass der aktuelle Bestand in Wörterbüchern nicht existiert. Denn auch in der vorliegenden Arbeit ist das aktuelle Vorkommen der 1170 usuellen Wortverbindungen nicht sehr stark.

Eine weitere insteressante Gruppe bilden die festen Wortverbindungen aus dem WB-Korpus, die wesentlich geringer im aktuellen Gebrauch sind als ihre sprachlichen Ausdrucksvarianten wie z.B.: *Steigende Nachfrage* ist in der Frequenzanalyse 2.210 Mal anzutreffen und *Nachfrage übersteigen* 215 Mal. Diese beiden festen Wortverbindungen stammen aus dem Korpus, wobei *Nachfrage steigen* nicht im Korpus vorhanden ist, aber 7.032 Mal in den Sprachkorpora des IDS vertreten ist. Ein weiteres Beispiel ist *wachsende Nachfrage*, das 891 Treffer vorzuweisen hat, wobei die Ausdrucksweise *Nachfrage wachsen* wesentlich öfter vertreten ist, 2.267 Mal. Ebenso ist es bei den usuellen Wortverbindungen *aufgenommene Mittel* mit 43 Treffern und *Mittel aufnehmen* mit 836 Treffern in der Frequenzanalyse. Trotz dieser höheren Frequenzzahlen sind diese festen Wortverbindungen nicht im zweisprachigen Wirtschaftswörterbuch, aus dem wir das Korpus zusammengestellt haben, eingetragen, sodass diese Wortverbindungen nicht in den Korpus aufgenommen werden konnten.

Angesichts dieser Tatsache sehen wir, dass auch in diesem Wirtschaftswörterbuch die im aktuellen Sprachgebrauch sehr frequenten festen Wortverbindungen nicht eingetragen sind. Auch die Zahlenangaben über die Häufigkeit der gesuchten Wortverbindungen bestätigen frühere Arbeiten, dass der aktuelle Bestand in Print-Wörterbüchern nicht erfasst worden konnte. Denn 116 (9,9%) Wortverbindungen waren Null-Treffer. 640 usuelle Wortverbindungen waren unter der Frequenzzahl 100 zu beobachten, das ist 54,7 % des Gesamtbestands, wobei ca. 16,1% der Wortverbindungen die Trefferzahl über 1000 haben.

Beim deutsch-türkischen Vergleich zu den Kookkurrenzen zum Nomen „Kapital" wurde im ersten Schritt das in der Wirtschaftssprache hochfrequente Wort *Kapital* im Deutschen anhand der Kookkurrenzanalyse der Sprachkorpora des IDS im Cosmas II untersucht. Bei dieser Analyse geht es um statistische Auffälligkeiten der Wörter, die sich in der Nähe des Bezugswortes *Kapital* befinden. Diese Wörter werden Kookkurrenzpartner genannt. Wir konnten überprüfen, ob die Partner der *Kapital*-Verbindungen unseres WB-Korpus als primäre Kookkurrenzpartner im aktuellen Sprachgebrauch zu sehen waren oder nicht und haben durch die Kookkurrenzanalyse festgestellt, dass von insgesamt 22 *Kapital*-Partnern lediglich neun im aktuellen Sprachgebrauch als primäre Kookkurrenzpartner zum Bezugswort *Kapital* erfasst werden konnten.

Bei der Kookkurrenzanalyse im Cosmas II sind zu unserem Bezugswort *Kapital* 473 Kookkurrenzpartner angegeben worden. Für das Türkische wurde eine Abfrage in der Leipziger Wortschatz-Datenbank durchgeführt, da diese Wortschatz-Datenbank auch für das Türkische elektronische Sprachkorpora zur Verfügung stellt. Zu dem türkischen Bezugswort *sermaye* wurden 1747 Kookkurrenzpartner angegeben. Um die Bezugswörter *Kapital* und *sermaye* vergleichen zu können, wurden von diesen die statistisch am häufigsten erfassten 150 Kookkurrenzpartner als Beispiele angegeben. Diese beiden Bezugswörter wurden hinsichtlich ihrer Wortarten und ihrer Überschneidungen überprüft. Bei den Wortarten sind in beiden Sprachen die Substantive an erster Stelle, wobei diese im Türkischen 75% und im Deutschen lediglich 41% ausmachen. Die Adjektive, Partizipien und Verben sind im Deutschen ca. 20%, im Türkischen belegen die Adjektive mit 14% den zweiten Platz, wobei die Konjunktionen und Adverbien in beiden Sprachen keine große Bedeutung tragen. Unter den angegebenen 150 Beispielen, die am häufigsten als Kookkurrenzpartner für das deutsche Bezugswort *Kapital* und für die türkische Wiedergabe *sermaye* auftreten können, konnten 23 Überschneidungen erfasst werden, obwohl diese nicht in jedem Fall wortwörtliche Wiedergaben sind. Beim Vergleich der Kookkurrenzpartner wurde lediglich darauf geachtet, dass die Kookkurrenzpartner in beiden Sprachen etwa die gleiche Bedeutung tragen oder dass die Entsprechung der gleiche Stamm ist, ohne auf die Konjugation bzw. Deklination zu achten wie z. B. bei dem deutschen Substantiv *Investition*, das dem türkischen Substantiv *yatırım* entspricht. Als Kookkurrenzpartner tritt es jedoch im Türkischen in der Form von *yatırımı* auf. Da es in der türkischen Sprache keine Artikel gibt, treten im Deutschen jedoch des Öfteren deklinierte Formen wie z. B. *intelektuelles* oder *internationales* auf. Diese beiden Formen sind auch als Entsprechungen für die türkischen Adjektive ohne Endungen *entelektüel* und *uluslararası* angegeben. In manchen Fällen gab es auch Überschneidungen wie bei den Adjektiven *fremd* und *ausländisch*. Diese können beide ins Türkische mit *yabancı* übertragen werden, deshalb wurde *yabancı* zweimal aufgelistet.

4. Zusammenfassung und Schlussfolgerungen

In der vorliegenden Arbeit wurden zwei verschiedene Untersuchungen durchgeführt. Im 2. Teil der Arbeit wurden im ersten Schritt 1170 deutsche Wortverbindungen, die als Korpus (WB-Korpus) der vorliegenden Arbeit erstellt wurden, mit ihren türkischen Entsprechungen verschiedenen Äquivalenztypen wie Volläquivalenz, Nulläquivalenz oder partielle Äquivalenz zugeordnet. Bei den Äquivalenztypen mit partieller Äquivalenz wurden auch die wortwörtlichen Inhalte bzw. Wiedergaben der türkischen Entsprechungen angegeben, um die Äquivalenz dem deutschen Leser verständlicher zu machen. Im zweiten Schritt wurde versucht, die usuellen Wortverbindungen der jeweiligen Äquivalenztypen sowohl im Deutschen als auch im Türkischen in Anlehnung an Fleischers morphologisch-syntaktischen Klassifikationsmöglichkeiten zu systematisieren.

4.1 Auswertung der Äquivalenztypen und morphologisch-syntaktischen Klassifikation

4.1.1 Auswertung und Ergebnisse der Äquivalenztypen

Im 2. Teil der vorliegenden Arbeit wurden insgesamt 1170 feste Wortverbindungen im Deutschen mit ihren türkischen Entsprechungen aus der Wirtschaftssprache hinsichtlich ihrer Äquivalenztypen untersucht. Von 1170 usuellen Wortverbindungen konnten 215 (18,4%) als phraseologische Einheiten mit vollständiger Äquivalenz in ihrer Lexik und Semantik erfasst werden. Die größte Gruppe bilden mit 679 (58,0%) Belegen die usuellen Wortverbindungen mit partieller Äquivalenz bzw. Teiläquivalenz. Die Nulläquivalenz ist in 276 usuellen Wortverbindungen zu beobachten. Die meisten türkischen Entsprechungen werden in dieser Gruppe durch Paraphrasierungen ausgedrückt wie z. B. *Marktnähe*, im Türkischen *piyasaya olan yakınlık; verkaufsoffener Sonntag*, im Türkischen *mağazaların açık olduğu Pazar günü; Tochtergesellschaft*, im Türkischen *ana şirkete bağlı şirket*.

Tabelle 26: Äquivalenzytpen und quantitative Verteilung

Äquivalenztyp	Anzahl der Belege	Anteil in %
Volläquivalenz	215	18,4
Teiläquivalenz	679	58,0
Nulläquivalenz	276	23,6
Gesamtbelege	1170	100%

Aus der Tabelle 26 geht hervor, dass von insgesamt 1170 festen Wortverbindungen in 679 Bildungen, das ist 58 % und über die Hälfte des Gesamtbestandes, Teiläquivalenz erfasst werden konnte. Die zweitgrößte Gruppe ist mit 276 Belegen (23,6%) der Typ „Nulläquivalenz". Bei 215 Belegen des WB-Korpus, ca. 18,4 %, konnte Volläquivalenz beobachtet werden. Das bedeutet, dass von 1170 festen Wortverbindungen aus der Wirtschaftssprache in 894 entweder eine Teiläquivalenz oder eine Volläquivalenz erfasst werden konnte. Prozentual ist das 76,4% des Gesamtbestandes, was für zwei Sprachen aus verschiedenen Sprachfamilien ein sehr hoher Satz ist.

4.1.2   Auswertung der morphologisch-syntaktischen Klassifikation

Bei der morphologisch-syntaktischen Klassifikation des WB-Korpus hat sich herausgestellt, dass die Nominalgruppe sowohl im Deutschen als auch im Türkischen weit mehr vertreten ist als die Verbalgruppe. Von insgesamt 1170 usuellen Wortverbindungen sind es im Deutschen 964 substantivische Bildungen, prozentual gesehen ist es 82,4 % des Gesamtbestands. Die Anzahl der Verbalbildungen ist 206, prozentual ist es ca. 17,6 % des gesamten WB-Korpus. Obwohl die türkische Sprache einer völlig anderen Sprachfamilie angehört, ist es erstaunlich, dass die Resultate der türkischen Wortverbindungen mit den deutschen Ergebnissen fast identisch sind. Von insgesamt 1170 usuellen Wortverbindungen konnten im Türkischen 950 als substantivische Bildungen und 220 als verbale Bildungen klassifiziert werden. Prozentual gesehen sind 81,2 % des Gesamtbestands substantivische Bildungen, 18,8 % dagegen verbale Bildungen.

In Tabelle 27 werden die gesamten Ergebnisse der morphologisch-syntaktischen Klassifikation der usuellen Wortverbindungen im Deutschen und Türkischen zahlenmäßig und prozentual angegeben.

Tabelle 27: Gesamtdarstellung der Ergebnisse der morphologisch-syntaktischen Klassifikation im Deutschen und Türkischen

Usuelle Wortverbindungen	im Deutschen		im Türkischen	
substantivisch	**964**	**82,4 %**	**950**	**81,2 %**
verbal	206	17,6 %	220	18,8 %
insgesamt	1170	100 %	1170	100 %

Unter den substantivischen Bildungen nehmen sowohl im Deutschen als auch im Türkischen die phraseologischen Komposita einen besonderen Platz ein und liegen in beiden Sprachen an erster Stelle. Im Deutschen sind von insgesamt 964 substantivischen Bildungen 498 Komposita. Prozentual gesehen ist es 51,7%. Im Türkischen sind es insgesamt 950 Nominalbildungen, 430 davon sind Komposita, prozentual ist es 45,3% des Gesamtbestands. An zweiter Stelle liegen in beiden Sprachen die substantivischen Bildungen mit reinem Adjektiv. Von insgesamt 964 Nominalbildungen im Deutschen weisen 194 Wortverbindungen diese Struktur auf, das ist 20,1% des Gesamtbestands. Im Türkischen ist die Anzahl der Substantivbildungen mit reinem Adjektiv etwas höher. Die Anzahl dieser Struktur beträgt 253, prozentual ist es 26,6% der gesamten Nominalbildungen. Bei der drittstärksten Gruppe ist eine Abweichung zu sehen. An dritter Stelle ist im Deutschen die Gruppe „Strukturvarianten mit Bildung des Partizips in adjektivischer Funktion" mit 150 usuellen Wortverbindungen vertreten, prozentual gesehen ist das 15,6%. Im Türkischen belegt die dritte Stelle mit 108 usuellen Wortverbindungen die Struktur „Substantiv + präpositionales Attribut bzw. präpositionale Entsprechung", prozentual ist das 11,4% des Gesamtbestands. Da die Ausgangssprache des WB-Korpus die deutsche Sprache ist, können einfache Substantive folglich nicht als Wortverbindungen erscheinen, deshalb ist die Gruppe „Substantiv" im Deutschen nicht vertreten. In 43 Fällen werden deutsche usuelle Wortverbindungen als einfache Substantive ins Türkische übertragen. Die Anzahl der Genitiv-Bildungen ist in beiden Sprachen fast gleich. Im Deutschen sind es 46 Bildungen, im Türkischen 42. Die prozentualen Angaben sind jedoch etwas unterschiedlich: im Deutschen sind 7,4% des Gesamtbestands Genitivbildungen, im Türkischen liegt der Prozentsatz dagegen etwas höher: 11,4% der gesamten substantivischen Bildungen sind Genitivbildungen. Substantivische Wortpaare erscheinen in beiden Sprachen nicht sehr häufig. Von insgesamt 964 Wortverbindungen ist diese Gruppe im Deutschen mit 5 Beispielen, im Türkischen dagegen von insgesamt 950 usuellen Wortverbindungen mit 6 Beispielen vertreten.

Tabelle 28: Gesamtdarstellung der Ergebnisse der substantivischen Wortverbindungen im Deutschen und im Türkischen

Substantivische usuelle Wortverbindungen	im Deutschen		im Türkischen	
1. adjektivisches Attribut + Substantiv				
a) mit reinem Adjektiv	194	20,1	253	26,6
b) Strukturvarianten mit Bildung des Partizips in adjektivischer Funktion	150	15,5	68	7,2
2. Substantiv + substantivisches Attribut im Genitiv	46	4,8	42	4,4
3. Substantiv + präpositionales Attribut bzw. präpositionale Entsprechung	71	7,4	108	11,4
4. Kompositum	498	51,7	430	45,3
5. substantivisches Wortpaar	5	0,5	6	0,6
6. einfaches Substantiv	-	-	43	4,5
insgesamt	964	100 %	950	100 %

In Tabelle 29 werden die gesamten Ergebnisse der verbalen usuellen Wortverbindungen im Deutschen und Türkischen angegeben. Die morphologisch-syntaktische Klassifikation hat auch bei der Verbalgruppe gezeigt, dass die Strukturen der deutschen usuellen Wortverbindungen zu ihren türkischen Entsprechungen fast identisch sind. Von insgesamt 206 verbalen Bildungen belegt die Gruppe „Substantiv + Verb" mit 128 Fällen die erste Stelle. Auch bei den türkischen Entsprechungen ist diese Gruppe mit 132 Wortverbindungen von insgesamt 220 an erster Stelle. Prozentual gesehen, ist es im Deutschen 62,2%, im Türkischen 60% des Gesamtbestands. Die zweite Stelle belegt in beiden Sprachen die Gruppe „Substantiv mit Präposition bzw. präpositionaler Entsprechung, zum Teil attributiv erweitert". Von insgesamt 206 verbalen Wortverbindungen im Deutschen sind 69 mit dieser Struktur, das ist 33,5%, und im Türkischen sind es 57 mit dieser Bildungsweise, die etwa 25,9% des Gesamtbestands ausmachen.

Tabelle 29: Gesamtdarstellung der Ergebnisse der verbalen Wortverbindungen im Deutschen und im Türkischen

Verbale usuelle Wortverbindungen	im Deutschen		im Türkischen	
1. Substantiv + Verb	**128**	**62,2**	**132**	**60,0**
2. adjektivisch-attributiv erweitertes Substantiv	5	2,4	6	2,7
3. Erweiterung des Substantivs od. der Verbalkomponente durch attributive Präpositionalgruppe	4	1,9	25	11,4
4. Substantiv mit Präposition bzw. präpositionaler Entsprechung, zum Teil attributiv erweitert	69	33,5	57	25,9
insgesamt	206	100 %	220	100 %

4.2   Auswertung der korpusbasierten Vergleichsanalysen

Nach der klassischen Systematisierung der phraseologischen Einheiten und der Einordnung in die genannten Äquivalenztypen und Klassifikationsmöglichkeiten wurde im 3. Kapitel eine korpusbasierte Vergleichsanalyse durchgeführt, in der die festen Wortverbindungen der vorliegenden Arbeit auf ihr aktuelles Vorkommen und ihre Häufigkeit bzw. Frequenz in der deutschen Sprache durch die korpuslinguistischen Methoden wie Frequenz- und Kookkurrenzanalyse überprüft wurden. Dieses kombinierte Vorgehen schafft die Voraussetzungen, die lexikografierten phraseologischen Einheiten der deutschen Wirtschaftssprache zu erfassen, kontrastiv zu untersuchen und die im deutsch-türkischen Wirtschaftswörterbuch eingetragenen festen Wortverbindungen auf ihre Distribution hin im aktuellen Sprachgebrauch zu untersuchen.

Im ersten Schritt wurde durch Cosmas II eine Frequenzanalyse durchgeführt. Von insgesamt 1170 usuellen Wortverbindungen waren nur 116 Wortverbindungen nicht in den IDS-Korpora zu finden, sodass die Anzahl der Wortverbindungen in der Frequenzliste 1054 ist. Die Angaben zur Frequenzanalyse sehen wie folgt aus: Von den untersuchten 1170 festen Wortverbindungen waren 116 (9,9%) in den elektronischen Sprachkorpora nicht zu finden. 524 waren unter der Frequenzzahl 100 zu sehen, prozentual gesehen ist das 44,8%. Lediglich 188 (142 + 46) Wortverbindungen haben die Trefferzahl über 1000, das sind 16,1% des Gesamtbestands. Diese Untersuchung bestätigt somit frühere Arbeiten, dass der aktuelle Bestand in Wörterbüchern nicht existiert. Denn auch in der vorliegenden Arbeit ist das aktuelle Vorkommen der 1170 usuellen Wortverbindungen nicht sehr stark.

Tabelle 30: Zusammenfassende Angaben zur Frequenzanalyse

Trefferzahl	Vorkommen der usuellen Wortverbindungen im Cosmas II	%
38.000 - 5.001	46	4,0
5.000 - 1.001	142	12,1
1.000 - 101	342	29,2
100 – 1	**524**	**44,8**
0	116	9,9
insgesamt	1170	100,0

Bei manchen Wortverbindungen des WB-Korpus haben sich andere sprachliche Formen als usuell erwiesen. Denn die verbale Ausdrucksform kommt in vielen Fällen weit häufiger vor als die Kombination von Partizip I und Substantiv. Bei manchen Wortverbindungen sind sehr große Unterschiede bei der Usualität zu sehen wie *angeheizte Inflation* mit der Trefferzahl 25, die verbale Aussageform *Inflation anheizen* dagegen mit der Trefferzahl 1.288; die Form *fallende Kurse* kommt in dieser Ausdrucksform 1.818 Mal vor, die verbale Ausdrucksform *Kurse fallen* kommt dagegen 7.128 Mal vor. Für *wachsende Wirtschaft* gibt es 455 Belege, für die verbale Ausdrucksform *Wirtschaft wachsen* dagegen 3.318 Belege. Allerdings sind auch Fälle zu beobachten, die in der partizipialen Ausdrucksweise weit häufiger vertreten sind als die verbale wie z.B. *flankierende Maßnahmen* mit der Trefferzahl 3.869, die verbale Ausdrucksweise *Maßnahmen flankieren* dagegen mit der Trefferzahl 147 sowie *galopierende Inflation* mit 783 Belegen, *Inflation galopieren* dagegen mit 172 Belegen. Auch die partizipiale Ausdrucksweise *durchlaufender Posten* ist mit 196 Belegen häufiger vertreten als die verbale Form *Posten durchlaufen* mit 31 Treffern.

Ferner gab es unter den im Wirtschaftswörterbuch nicht aufgeführten Strukturen sehr hohe Trefferzahlen wie z. B. *Nachfrage steigen* mit 5.348 Treffern, *Nachfrage wachsen* mit 1.384 Treffern und *Wirtschaft wachsen* mit 3.318 Treffern. Es ist ferner festzustellen, dass unter den im Wörterbuch nicht aufgenommenen Strukturen äußerst wirtschaftsspezifische Erscheinungen sind, die ohne Zweifel in einem zweisprachigen Wirtschaftswörterbuch zu finden sein müssten wie z.b. *Inflation galloppieren, Kapital arbeiten, Kredit einfrieren, Mittel aufnehmen, Nachfrage steigen, Nachfrage wachsen, Preise anziehen, Scheck decken, Wirtschaft beleben, Wirtschaft wachsen* u.a.

Ein weiteres Ergebnis durch die Suchmethoden im Cosmas II sind die KWIC-Übersichten, die die freien, festen, typischen phraseologischen Verbindungen dokumentieren. Wir haben die kurzen Minimalkontexte auf das Vorkommen von usuellen Wortverbindungen geprüft, indem wir mit fünf Beispielen aus unserem WB-Korpus gearbeitet haben. Für die fünf Beispiele wurden je fünf KWIC-Übersichten mit ihren Texten (Volltext-Belege) aufgeführt. Danach wurde das in der Wirtschaftssprache hochfrequente Substantiv *Kapital* anhand der Kookkurrenzanalyse untersucht. Das Substantiv *Kapital* mit einer Frequenz von 51.990 Treffern konnte als Bezugswort 473 Partner aufweisen. Bei der Kookkurrenzanalyse geht es um statistische Auffälligkeiten der Wörter, die sich in der Nähe des Bezugswortes befinden. Diese Wörter werden Kookkurrenzpartner genannt. Wir konnten u. a. überprüfen, ob die Partner der *Kapital*-Verbindungen unseres WB-Korpus als primäre Kookkurrenzpartner im aktuellen Sprachgebrauch zu sehen waren oder nicht. In unserem WB-Korpus befinden sich 43 Kapital-Verbindungen aus dem deutsch-türkischen Wörterbuch. Durch die Kookkurrenzanalyse konnten lediglich neun im aktuellen Sprachgebrauch als primäre Kookkurrenzpartner zum Bezugswort *Kapital* erfasst werden, was wieder an der Aktualität des wirtschaftssprachlichen Wörterbuchbestandes zweifeln lässt. Diese sind: Kapital *binden,* Kapital *nachschießen,* aus etw. Kapital *schlagen,* Kapital *zeichnen, fremdes* Kapital, *gebundenes* Kapital, mit Kapital *ausstatten, totes* Kapital, *Zufluss des* Kapitals.

Bei den korpusbasierten Vergleichsanalysen wurde in einem weiteren Schritt das Türkische miteinbezogen. Da zur türkischen Sprache in der Türkei zur Zeit leider keine elektronischen Sprachkorpora zur Verfügung stehen und da es am IDS folglich nur die Sprachkorpora zur deutschen Sprache gibt, wurde die Wortschatz-Datenbank der Universität Leipzig herangezogen, in der unter 23 Sprachen auch das Türkische zur Verfügung steht. In dieser elektronischen Datenbank sind für das Türkische über 10 Millionen Sätze aus dem Türkischen gespeichert. In dieser Datenbank konnten wir 1747 Kookkurrenzpartner für das türkische Substantiv *sermaye,* das die türkische Entsprechung für das deutsche Wort *Kapital* ist, ermitteln. Darauf wurden die ersten 150 primären Kookkurrenzpartner von dem deutschen Substantiv *Kapital* und dem türkischen Substantiv *sermaye* miteinander verglichen. Bei dieser kontrastiven Untersuchung wurde festgestellt, dass die primären Kookkurrenzpartner für beide Bezugswörter in erster Linie Substantive, Adjektive und Partizipien sind. Allerdings ist die Anzahl der substantivischen Kookkurrenzpartner im Türkischen viel höher als die der deutschen. Von 150 Partnern des türkischen Worts *sermaye* sind 113 Substantive, das ist 75% des Gesamtbestandes, wobei für das deutsche Wort *Kapital* nur 61 Substantive, das ist 41%, zu sehen sind. Als Kookkurrenzpartner sind im Deutschen Adjektive, Partizipien und Verben häufiger vertreten.

Tabelle 31: Zusammenfassende Angaben zu den Wortarten der primären Kookkurrenzpartner für *Kapital* und *sermaye*

	Wortarten der primären Kookkurrenzpartner für *Kapital* und *sermaye*			
	Kapital		*Sermaye*	
Substantive	61	41 %	113	75 %
Adjektive	32	21,5 %	21	14 %
Partizipien	28	19 %	6	4 %
Verben	27	18 %	6	4 %
Konjunktionen	2	1,5 %	2	1,5 %
Adverbien	-	-	2	1,5 %
insgesamt	150	100 %	150	100 %

4.3 Schlussfolgerungen

Anhand der in dieser Arbeit durchgeführten Analyse der festen Wortverbindungen im Deutschen und Türkischen lässt sich allgemein Folgendes sagen:

Zu den wirtschaftssprachlichen Unterschieden und Gemeinsamkeiten in der deutschen und türkischen Phraseologie sind kaum Untersuchungen vorhanden.

Sehr schwierig war die Überprüfung und Durchsicht des WB-Korpus in den vorhandenen Wörterbüchern, weil viele der Einträge sowohl in deutschen als auch in türkischen Wörterbüchern fehlen. Weder in allgemeinsprachlichen noch in Wirtschaftswörterbüchern konnten die usuellen Wortverbindungen der vorliegenden Arbeit überprüft werden, sodass des Öfteren auf das eigene Sprachwissen und auf das Internet zurückgegriffen werden musste.

Daraus lässt sich ebenfalls resultieren, dass wirtschaftssprachliche bzw. fachsprachliche Untersuchungen des Wirtschaftswesens auch auf lexikografischer Ebene mit dem Sprachenpaar Deutsch-Türkisch eine große Forschungslücke darstellen.

Wünschenswert wäre auch für die deutsche Sprache, wenn es ein wirtschaftssprachliches Phraseologiewörterbuch gäben würde. Da der Duden-Redewendungen, Band 11, eines der wichtigsten Nachschlagewerke für Phraseologieforscher ist, sollte es in diesem entweder eine fachsprachliche Aufteilung geben oder man sollte vielleicht das Augenmerk mehr auf fachsprachliche Lemmatisierungen geben. Denn viele phraseologische Wortverbindungen waren in diesem Duden nicht zu finden. Als Beispiel könnte man das auch in dieser Arbeit erforschte wirtschaftssprachlich-typische Substantiv *Kapital* geben, mit dem es zahlreiche Verbindungen in der deutschen Sprache gibt, aber im Duden-Redewendungen ist lediglich eine Eintragung zu beobachten: *aus etw. Kapital schlagen*. Vergebens war auch die Suche nach den in der Wirtschaftssprache sehr häufig vorkommenden phraseologischen Wortverbindungen wie *heißes Geld, flüssiges Geld, dunkle Geschäfte, eingefrorener Kredit* u.a. Das einzige phraseologische Wörterbuch in der deutschen Sprache, das in systematischer Anordnung nach Sachgebieten vorbereitet ist und heute noch sehr vielen Arbeiten als Quelle dient, stammt aus dem Jahre 1966: Moderne Deutsche Idiomatik von Wolf Friederich. Von dem gleichen Autor gehört das 1976 erschienene gleichnamige, aber alphabetisch geordnete Wörterbuch ebenfalls zu den meist benutzten Quellen in fachsprachlichen Phraseologieforschungen. Leider existieren bis heute keine fachsprachlich-phraseologischen Wörterbücher und nach wie vor keine einheitlichen Methoden zur phraseologischen Lexikografie zu Fachsprachen. Ferner sind bis heute keine fachsprachlich-phraseologischen Wörterbücher auf türkisch-deutscher bzw. deutsch-türkischer Ebene erstellt worden. Bis heute existieren ebenfalls keine fachsprachlich-phraseologischen Arbeiten auf türkisch-deutscher Ebene, die sich auf elektronische Sprachkorpora stützen, da zur Zeit noch keine elektronischen Sprachkorpora zur türkischen Sprache in der Türkei bestehen. Demzufolge weisen die vorhandenen zweisprachigen Wörterbücher große Defizite hinsichtlich der fachsprachlichen und semantischen Informationen zu usuellen Wortverbindungen auf.

Bei der Wörterbuchbenutzung ist es für den Benutzer, besonders jedoch für den fremdsprachlichen, sehr wichtig, eine möglichst umfassende Information über den Bedeutungsumfang des deutschen Lexems und eine repräsentative Auswahl an deutschen Verwendungsstrukturen zu bieten. Genau wie Steyer/Vachkova für das Sprachenpaar Deutsch-Tschechisch feststellen, lässt sich auch bei dieser Untersuchung für das Sprachenpaar Deutsch-Türkisch sagen, dass die vorliegende Arbeit u.a. das Ziel hatte, „den außerordentlichen Nutzen des Deutschen ‚von außen' [...] zu thematisieren. Ein weiteres Desiderat der kontrastiven Sprachforschung tritt jedoch bei diesem analytischen Vorgehen besonders deutlich hervor: die Notwendigkeit einer parallelen Anwendung solcher statistischen Methoden wie der Kookkurrenzanalyse in den Korpora der beteiligten Sprachen, [...]. Erst dann könnte man wirklich vergleichend ermitteln, wie sich Kookkurrenzprofile einzelner Lexeme oder auch Lexemgruppen zueinander verhalten, welche Überschneidungen und Abweichungen es gibt. Dies würde dann in der Tat eine völlig Neuorientierung in methodischer Hinsicht zur Folge haben" (Steyer/Vachkova 2005: 1, 17).

Die obigen Ausführungen haben gezeigt, dass zwei verschiedene Sprachen wie das Deutsche und das Türkische, die ganz anderen Sprachfamilien angehören, doch Gemeinsamkeiten aufweisen können, obwohl die Aussagen über die Wirtschaftssprache nicht für alle Sprachebenen bzw. Sprachbereiche repräsentativ dargestellt werden können. Denn wie Hessky betont, können wir, unabhängig vom Anteil der totalen bzw. partiellen Äquivalenzbeziehungen, die phraseologischen Subsysteme der Sprachen als prinzipiell ähnlich bezeichnen (Hessky 1995: 297).

Die vorliegende Untersuchung hat ferner gezeigt, dass frühere Feststellungen (vgl. Hoffmann 1985: 107 ff.; Opitz 1990: 257; Schneider 1198: 67) mit dieser Studie, auch für das Türkische, bestätigt werden können. Denn Hoffmann ist der Ansicht, dass das Verb als Wortart insgesamt in den Fachsprachen eine geringe Rolle spielt und in seiner Funktion als Prädikat werde es durch adjektivische und andere nominale Konstruktionen bedrängt. Opitz und Schneider stellen fest, dass Fachwörterbücher im Allgemeinen sehr wenig Verbalausdrücke verzeichnen. Unsere Untersuchung hat gezeigt, dass sowohl in der deutschen als auch in der türkischen Wirtschaftssprache bei den festen Wortverbindungen verbale Strukturen eine sehr geringe Rolle spielen. Lediglich 17,6% der untersuchten Wortverbindungen im Deutschen haben eine verbale Struktur, im Türkischen sind es 18,8%.

Wir können uns auch Duhme anschließen, denn nach Duhme besteht ein charakteristisches Merkmal der wirtschaftsspezifischen Phraseologie in der Kontrastbildung in Form von phraseologischen Antonymen wie z. B. hoher - gesunkener Dollarkurs, Muttergesellschaft - Tochtergesellschaft (Duhme 1991: 134 ff.). Auch in unserem WB-Korpus gab es eine Fülle von Kontrastbildungen wie flüssiges - festes Geld, billiges - teures Geld, offene - geschlossene Fonds, aus erster Hand - aus zweiter Hand, arbeitendes - totes Kapital, kurzer Wechsel - langer Wechsel, rote - schwarze Zahlen schreiben u.a.

Wie wir aus unseren Erfahrungen wissen, sind phraseologische Einheiten, besonders in der Fachsprache für die Übersetzungswissenschaft ein Problem der Entsprechungsbeziehungen, die das zweisprachige Wörterbuch anbietet, und der

Äquivalenzbeziehungen, die gerade der Text durch seine situative Einbettung erfordert. Nach Gläser muss der Fachübersetzer sich im Sachfach auskennen und sollte sogar bei den terminologischen Phraseologismen auf die adäquaten Entsprechungen der Zielsprache bedacht sein und wir wissen ferner, dass die Fachphraseologie eine Brücke zwischen Gewinnung von fachspezifischer Sprachkompetenz und Fachkompetenz ist (Gläser 2007: 503).

In der vorliegenden Arbeit wurde aufs Neue festgestellt, dass zweisprachige Wörterbücher große Defizite hinsichtlich des aktuellen Bestands und der semantischen, morphosyntaktischen und fachsprachlichen Informationen zu festen und fachsprachlichen Wortverbindungen aufweisen.

Die vorliegende Arbeit hat Einblicke in verschiedene Bereiche wie Phraseologie, Lexikologie, kontrastive Linguistik, Wirtschaftssprache und elektronische Sprachkorpora u. a. gegeben, deshalb soll in Anlehnung an Hausmann[27] abschließend folgender Wunsch geäußert werden: Das Deutsche und das Türkische auf der Basis der zweisprachigen Corpora Wörterbücher des Deutschen und des Türkischen für die Sprecher anderer Sprachen bereitzustellen, damit würde man für das Überleben der Sprache in der Welt von Morgen einen großen Dienst erweisen (Hausmann 2004: 322).

---

27 „Das Deutsche auf der Basis der Corpora Wörterbücher (vor allem zweisprachige) des Deutschen für die Sprecher anderer Sprachen bereitzustellen – damit tut man etwas für das Überleben der Sprache in der Welt von Morgen [...]" (Hausmann 2004: 322).

Literaturverzeichnis

Akar, Yaşar (1982): Sprachliche Gegenüberstellung der deutschen und türkischen Redensarten. Fırat Üniversitesi. Elazığ. Dissertation (unveröffentl.).

Akar, Yaşar (1987): Deutsch-Türkische Zwillingsformeln aus semantischer Sicht. Çukurova Üniversitesi. Eğitim Fakültesi Dergisi. Cilt 1/1. Adana. S. 25-31.

Akar, Yaşar (1990): Karşılaştırmalı Dil Bilimi Açısından Türkçe-Almanca Deyimler. Boğaziçi Üniversitesi. IV. Dil Bilimi Sempozyumu Bildirileri. In: Boğaziçi Üniversitesi Yayınları. Istanbul. S. 257-266.

Akar, Yaşar (1991): Die deutschen Zwillingsformeln und ihre semantisch-pragmatischen Funktionen. Akten des VIII. Internationalen Vereinigung für Germanisten (IVG) - Kongress in Tokio. Iudicium Verlag. München. S. 354-362.

Akar, Yaşar (1995): Die Funktionen der Redensarten im Unterricht-DaF. Akten des IX. Internationalen Vereinigung für Germanisten (IVG) Kongresses. Vancouver.

Akar, Yaşar (2000): 1000 Idiome und ihre Anwendung - beispielhaft dargestellt - Deutsch-Türkisch, Türkisch-Deutsch. Hacettepe-Taş Kitapçılık. Ankara.

Aksoy, Ömer Asım (1988): Atasözleri ve Deyimler Sözlüğü. Cilt 1-2. Inkılâp Yayınevi. Istanbul.

Aktaş, Ayfer (2001): Die zunehmende Relevanz von Wirtschaftsdeutsch im universitären Bereich in der Türkei. In: Fremdsprachenunterricht und die Stellung des Deutschen in der Türkei. Mustafa Çakır (Hrsg.). Shaker Verlag. Aachen. S. 75-80.

Aktaş, Ayfer (2004): Übersetzungsprobleme bei Funktionsverbgefügen in deutschen Geschäftsbriefen. In: Internationales Übersetzungssymposium. Ilyas Öztürk (Hrsg.). Sakarya Üniversitesi/TÜBITAK. Sakarya. S. 259-265.

Aktaş, Ayfer (2005): Die Semantik der deutschen Partikelverben sowie die Semantik und Morphologie der von diesen abgeleiteten Substantiva. Peter Lang. Frankfurt/M., Berlin, Bern, Bruxelles, New York, Oxford, Wien.

Aktaş, Ayfer (2006): Textsortenkonventionen und Textbausteine in deutsch-türkischen Geschäftsbriefen. In: Kongressband: IX Internationales Türkisches Germanistensymposium "Wissen - Kultur - Sprache und Europa" – Neue Konstruktionen und neue Tendenzen. Anadolu Üniversitesi. Eskişehir. S. 11-19.

Aktaş, Ayfer (2007a): Übersetzungsprobleme der Phraseologismen in der Fachsprache "Wirtschaft". Kongressband. Selçuk Üniversitesi. Konya. S. 487-494.

Aktaş, Ayfer (2007b): Wirtschaftsdeutsch in der Auslandsgermanistik – aber welches Lehrwerk? In: Sprachreport 2/2007. IDS. Mannheim. S. 15-21.

Aktaş, Ayfer (2007c): Der Stellenwert der deutschen Sprache im türkischen Bildungssystem. Ein Blick auf die deutsch-türkischen kulturellen und wirtschaftlichen Beziehungen. In: GGR-Beiträge zur Germanistik 16. Interkulturelle Grenzgänge. Akten der Wissenschaftlichen Tagung des Bukarester Instituts für Germanistik zum 100. Gründungstag. Verlag der Universität Bukarest. S. 319-328.

Aktaş, Ayfer (2007d): Die Stellung der Germanistik in der Türkei. In: Deutsche Sprache 4/2007. Erich Schmidt Verlag. Berlin. 346-357.

Aktaş, Ayfer (2008): Aus dem Deutschen ins Türkische übernommene Wörter in türkischen Wörterbüchern - eine Bestandsaufnahme. In: Muttersprache 1/2008. GfdS. Wiesbaden. S. 72-80.

Arntz, Reiner (1994): Terminologievergleich und internationale Terminologieangleichung. In: Übersetzungswissenschaft – Eine Neuorientierung. Snell-Hornby, Mary (Hrsg.). 2. Aufl. Francke Verlag. Tübingen, Basel. S. 283-310.

Aygün, Mehmet (2006): Substantivisches Attribut im Präpositionalkasus des Deutschen und ihre Entsprechungen im Türkischen. In: Selçuk Üniversitesi, Sosyal Bilimler Enstitüsü Dergisi/16. Konya. S. 111-123.

Bağoğlu, Necip C. (2007): Außenhandel. In: ODA 41. 7-9. Deutsch-Türkische Industrie- und Handelskammer. Istanbul. S. 9.

Banguoğlu, Tahsin (2007): Türkçenin Grameri. 8. Aufl. Türk Dil Kurumu Yayınları. Ankara.

Barlas, Muhtar (1998): Almanca-Türkçe Deyimler ve Özel Anlatım Birimleri Sözlüğü. ABC Kitabevi. Istanbul.

Başar, Çiğdem (1994): Vergleich deutscher und türkischer Phraseologismen. Uludağ Üniversitesi. Bursa. Magisterarbeit (unveröffentl.).

Başar, Çiğdem (2000): Theorie und Praxis eines onomasiologischen Phraseologiewörterbuchs Deutsch-Türkisch. Uludağ Üniversitesi. Bursa. Dissertation (unveröffentl.).

Bausch, Karl-Richard/Gauger, Hans-Martin (Hrsg.) (1971): Interlinguistica. Sprachvergleich und Übersetzung. Festschrift zum 60. Gerburtstag von Mario Wandruszka. Niemeyer Verlag. Tübingen.

Beckmann, Susanne/König, Peter-Paul (2002): Pragmatische Phraseologismen. In: Lexikologie. Cruse, D.A./Hundsnurscher, F./Job, M./Lutzeier, P.R. (Hrsg.). Walter de Gruyter. Berlin, New York. S. 421-428.

Beier, Rudolf (2000): Kontrast in der Fachsprache: eine Bestandsaufnahme. In: Fachsprachliche Kontraste oder: Die unmögliche Kunst des Übersetzens. Werner Forner (Hrsg.). Peter Lang Verlag. Frankfurt/M., Berlin, Bern u.a. S. 19-35.

Belica, Cyril (1995): Statistische Kollokationsanalyse und Clustering. Korpuslinguistische Analysemethode. Institut für Deutsche Sprache. Mannheim. http://corpora.ids-mannheim.de

Belica, Cyril/Steyer, Kathrin: Korpusanalytische Zugänge zu sprachlichem Usus. In: AUC (Acta Universitatis Carolinae). Germanistica Pragensia XX. Karolinum Verlag. Praha (im Druck).

Brunner, Annelen/Steyer, Kathrin (2007): Phraseologische und phraseographische Aspekte korpusgesteuerter Empirie. In: Jesenšek, Vida/Fabčič, Melanija (Hrsg.): Phraseologie konstrastiv und didaktisch. Neue Ansätze in der Fremdsprachenvermittlung. Slavistično, društvo: Filosofska fakulteta. Maribor. S. 181-194.

Burger, Harald (2001): Von lahmen Enten und schwarzen Schafen. Aspekte nominaler Phraseologie. In: Häcki Buhofer, A./Burger, H./Gautier, L. (Hrsg.): Phraseologiae Amor. Aspekte europäischer Phraseologie. Baltmannsweiler. Essen. S. 33-42.

Burger, Harald (2004): Phraseologie (und Metaphorik) in intertextuellen Prozessen der Massenmedien. In: EUROPHRAS 2000. Internationale Tagung zur Phraseologie 15.-18. Juni 2000 Aske/Schweden. Palm-Meister, Christine (Hrsg.). Stauffenburg Verlag. Tübingen. S. 5-14.

Burger, Harald (2007): Phraseologie. Eine Einführung am Beispiel des Deutschen. Grundlagen der Germanistik. 3. neu bearb. Aufl. Erich Schmidt Verlag. Berlin.

Burger, Harald/Buhofer, Annelies/Sialm, Ambros (1982): Handbuch der Phraseologie. Walter de Gruyter. Berlin, New York.

Burger, H./Dobrovol'skij, D./Kühn, P./Norrick, N. (Hrsg.) (2007): Phraseologie. Ein internationales Handbuch der zeitgenössischen Forschung. Handbücher zur Sprach- und Kommunikationswissenschaft. HSK Bd.1-2. Walter de Gruyter Verlag. Berlin, New York.

Cedillo, Ana Caro (2004): Fachsprachliche Kollokationen. Gunter Narr Verlag. Tübingen .

Chrissou, Marios (2001): Deutsche und neugriechische Phraseologismen mit animalistischer Lexik. Eine kontrastive Analyse auf der Wörterbuch- und der Textebene. In: ELISe: Essener Linguistische Skripte – elektronisch. 1/1/2001. S. 89-121.

Coşan, Leyla (2007): Phraseologismen mit Herz in den Volksmärchen der Brüder Grimm und ihre Übersetzung ins Türkische – eine exemplarische Betrachtung. In: Sprachreport 2/2007. IDS Mannheim. S. 2-8.

Coşkun, Hasan (1998): Mesleki Terimler Sözlüğü (Fachwörterbuch). Türkçe-Almanca, Almanca-Türkçe. Hacettepe Taş Kitapçılık. Ankara.

Delplanque-Tchamittchian, Carine (1995): Wirtschaftsphraseologie: Strukturen des Sachverhalts im Text. In: Von der Einwortmetapher zur Satzmetapher. Bauer, R. S./Chlosta, Chr. (Hrsg.). Universitätsverlag Norbert Brockmeyer. Bochum. S. 39-54.

Delplanque, Carine (1997): Phraseme der Wirtschaft: eine rollensemantische Untersuchung. In: Phraseme in Kontext und Kontrast. Gréciano, Gertrud/ Rothkegel, Annely. Universitätsverlag Norbert Brockmeyer. Bochum. S. 31-44.

Dobrovol'skij, Dmitrij (1999): Kulturelle Spezifik in der Phraseologie: allgemeine Probleme und kontrastive Aspekte. In: Phraseologie und Übersetzen. Sabban, Annette (Hrsg.). Aisthesis Verlag. Bielefeld. S. 41-58.

Dobrovol'skij, Dmitrij/Piirainen, Elisabeth (2002): Symbole in Sprache und Kultur. Studien zur Phraseologie aus kultursemiotischer Perspektive. Unveränderte Neuaufl. d. Ausg. 1997. Brockmeyer Verlag. Bochum [= Studien zur Praseologie und Parömiologie 8].

Dobrovol'skij, Dmitrij (2004): Semantische Teilbarkeit der Idiomstruktur: zu operationalen Kriterien. In: EUROPHRAS 2000. Internationale Tagung zur Phraseologie 15.-18. Juni 2000 Aske/Schweden. Palm-Meister, Christine (Hrsg.). Stauffenburg Verlag. Tübingen. S. 61-68.

Donalies, Elke(2006): Was genau Phraseme sind ... In: Deutsche Sprache 4/05. IDS. Erich Schmidt Verlag. Berlin. S. 338-354.

Dornseiff, Franz (1954): Der deutsche Wortschatz nach Sachgruppen. Walter de Gruyter. Berlin.

Duden (2002): Redewendungen. Wörterbuch der deutschen Idiomatik. 2. neu bearb. u. aktual. Aufl. Bd. 11. Dudenverlag. Mannheim. Leipzig, Wien, Zürich.

Duden (2007): Deutsches Universalwörterbuch. 6. überarbeitete u. erweiterte Aufl. Dudenverlag, Mannheim, Leipzig, Wien, Zürich.

Duffner, Rolf/Näf, Anton (2006): Digitale Textdatenbanken im Vergleich. In: Linguistik Online 28/3. S. 7-22. www.linguistik-online.de/28_06.

Duhme, Michael (1991): Phraseologie der deutschen Wirtschaftssprache. Sprache und Theorie in der Blauen Eule. Band 9. Verlag: Die Blaue Eule. Essen.

Ďurčo, Peter (1994): Probleme der allgemeinen und kontrastiven Phraseologie. Julius Groos Verlag. Heidelberg.

Ďurčo, Peter (2005): Sprichwörter in der Gegenwartssprache. Trnava.

Ďurčo, Peter (2006): Methoden der Sprichwortanalysen oder Auf dem Weg zum Sprichwörter-Optimum. In: Phraseology in Motion I. Häcki Buhofer, Annelies; Burger, Harald (Hrsg.). Schneider Verlag Hohengehren GmbH. Essen [= Phraseologie und Parömiologie. Band 19]. S. 3-20.

Eckert, Rainer (1979): Aspekte der konfrontativen Phraseologie. In: Linguistische Studien. Reihe A, Arbeitsberichte 57, Akademie der Wissenschaften der DDR, Zentralinstitut für Sprachwissenschaft. Berlin. S. 74-80.

Feilke, Helmuth (1996): Sprache als soziale Gestalt. Ausdruck, Prägung und die Ordnung der sprachlichen Typik. Suhrkamp Verlag. Frankfurt/M.

Feilke, Helmuth (2004): Kontext – Zeichen – Kompetenz. Wortverbindungen unter sprachtheoretischem Aspekt. In: Wortverbindungen – mehr oder weiniger fest. Kathrin Steyer (Hrsg.). De Gruyter Verlag. Berlin, New York. S. 41-64. [= Jahrbuch des Instituts für Deutsche Sprache 2003].

Fleischer, Wolfgang (1997): Phraseologie der deutschen Gegenwartssprache. 2. durchges. und erg. Aufl. Niemeyer Verlag. Tübingen.

Földes, Csaba (1996): Deutsche Phraseologie kontrastiv. IDS Mannheim. Julius Groos Verlag. Heidelberg [= Deutsch im Kontrast 15].

Földes, Csaba (1997): Idiomatik/Phraseologie. M.W. Hellmann (Hrsg.). IDS Mannheim. Julius Groos Verlag. Heidelberg [= Studienbibliographien Sprachwissenschaft. Bd. 18].

Földes, Csaba (2007): Phraseme mit spezifischer Struktur. In: Phraseologie. Ein internationales Handbuch der zeitgenössischen Forschung. Handbücher zur Sprach- und Kommunikationswissenschaft. HSK Bd.1-2. Hrsg. Burger, H./Dobrovol'skij, D./Kühn, P./Norrick, N. Walter de Gruyter Verlag. Berlin. New York. S. 424-435.

Földes, Csaba/Kühnert, Helmut (1990): Hand- und Übungsbuch zur deutschen Phraseologie. Tankönyvkiadó. Budapest.

Forgács, Tamás (2004): Grammatikalisierung und Lexikalisierung in phraseologischen Einheiten. In: EUROPHRAS 2000. Internationale Tagung zur Phraseologie 15.-18. Juni 2000 Aske/Schweden. Palm-Meister, Christine (Hrsg.). Stauffenburg Verlag. Tübingen. S. 137-150.

Forner, Werner (Hrsg.) (2000): Fachsprachliche Kontraste oder: Die unmögliche Kunst des Übersetzens. Akten des SISIB-Kolloquiums vom 11.-12. Juni 1999. Peter Lang. Frankfurt/M., Berlin, Bern, Bruxelles, New York, Paris, Wien [= Theorie und Vermittlung der Sprache].

Friederich, Wolf (1966): Moderne Deutsche Idiomatik. Systematisches Wörterbuch mit Definitionen und Beispielen. Hueber Verlag. München.

Friederich, Wolf (1976): Moderne Deutsche Idiomatik. Alphabetisches Wörterbuch mit Definitionen und Beispielen. Hueber Verlag. München.

Genç, Ayten (2003): Türkiye'de Gemişten Günümüze Almanca Öğretimi. Seçkin Yayıncılık. Ankara.

Gläser, Rosemarie (1990): Phraseologie der englischen Sprache. 2. Aufl. Leipzig.

Gläser, Rosemarie (2007): Fachphraseologie. In: Phraseologie. Ein internationales Handbuch der zeitgenössischen Forschung. Handbücher zur Sprach- und Kommunikationswissenschaft. HSK Bd.1-2. Hrsg. Burger, H./Dobrovol'skij, D./Kühn, P./Norrick, N. Walter de Gruyter Verlag. Berlin, New York. S. 482-505.

Gréciano, Gertrud (1995): Fachphraseologie. In: Métrich, Réne/Vuillaume, Marcel (Hrsg.): Rand und Band: Abgrenzung und Verknüpfung als Grundtendenzen des Deutschen. Gunter Narr Verlag. Tübingen. S. 183-196.

Gréciano, Gertrud (1998): Europaphraseologie im Vergleich. In: EUROPHRAS 95. Europäische Phraseologie im Vergleich: Gemeinsames Erbe und kulturelle Vielfalt. Hrsg. W. Eismann. Universitätsverlag Dr. N. Brockmeyer. Bochum. S. 247-262 [= Studien zur Phraseologie und Parömiologie].

Gréciano, Gertrud (1999): Phraseologisches Minimum als Berufschance. Zur mündlichen Übersetzung (Deutsch-Französisch) in der Agrégation. In: Sabban, Annette (Hrsg.). Phraseologie und Übersetzen. Aisthesis Verlag. Bielefeld. S. 131-146.

Grüske, Karl-Dieter/Schneider, Friedrich (2003): Wörterbuch der Wirtschaft. 13. völlig neu bearbeitete Aufl. Alfred Kröner Verlag. Stuttgart.

Gustafsson, Ulla/Piirainen, Ilpo Tapani (1985): Untersuchungen zur Phraseologie in Zeitungstexten der deutschsprachigen Länder. Vaasan Korkeakoulu. Vaasa.

Häcki Buhofer, Annelies (2004): Spielräume des Sprachverstehens. In: IDS-Jahrbuch 2003. Wortverbindungen – mehr oder weniger fest. Kathrin Steyer (Hrsg.). De Gruyter Verlag. Berlin, New York. S. 144-164 [= Jahrbuch des Instituts für deutsche Sprache 2003].

Häusermann, Jürg (1977): Phraseologie. Hauptprobleme der deutschen Phraseologie auf der Basis sowjetischer Forschungsergebnisse. Max Niemeyer Verlag. Tübingen.

Hausmann, Franz Josef (2004): Was sind eigentlich Kollokationen? In: Wortverbindungen – mehr oder weniger fest. Kathrin Steyer (Hrsg.). De Gruyter
Verlag. Berlin, New York. S. 309-334 [= Jahrbuch des Instituts für Deutsche Sprache 2003].

Heid, Ulrich/Freibott, Gerhard (1991): Collocations dans une base de données
terminologique et lexicale. In: Meta 36: 1. S. 77-91.

Heringer, Hans-Jürgen (1999): Das höchste der Gefühle: Empirische Studien zur
distributiven Semantik. Stauffenburg Verlag. Tübingen.

Hessky, Regina (1987): Phraseologie. Linguistische Grundfragen und kontrastives
Modell deutsch-ungarisch. Niemeyer Verlag. Tübingen.

Hessky, Regina/Ettinger, Stefan (1997): Deutsche Redewendungen. Ein Wörter-
und Übungsbuch für Fortgeschrittene. Gunter Narr Verlag. Tübingen.

Hoffmann, Lothar (1984): Kommunikationsmittel Fachsprache. Eine Einführung.
Akademie. Berlin.

Hoffmann, Lothar (1985): Kommunikationsmittel Fachsprache. Eine Einführung.
Gunter Narr Verlag. Tübingen.

Hoffmann, Lothar (Hrsg.) (1991): Fachsprachenlinguistik zwischen Praxisdruck
und Theoriebedarf. In: Deutsch als Fremdsprache 3/1991. Langenscheidt.
Herder Institut. Leipzig. S. 131-139.

Höppnerová, Vera (1991): Phraseologismen in der Fachsprache der Außenwirtschaft. Technische Universität Dresden. Dissertation (unveröffentl.).

http://corpora.informatik.uni-leipzig.de

http://de.wikipedia.org/wiki/ Gelbe_Gewerkschaft.

http://germazope.uni-trier.de/Projects/WBB/woerterbuecher/rhwb.

http://www.ids-mannheim.de/pub/laufend/jahrbuch/jb2003.html.

http://www. ids-mannheim.de/kl/projekte/methoden/

http://www. ids-mannheim.de/kl/projekte/dereko_I/

http://www.koinae.de/Schulden4.htm.

http://www.uni-essen.de/yaziwerkstatt/praeposition/praeposition.htm.

Itoh, Makoto (2005): Deutsche und japanische Phraseologismen im Vergleich.
IDS. Julius Groos Verlag Tübingen [= Deutsch im Kontrast 22].

Kammer, Gerlinde (1985): Probleme bei der Übersetzung von phraseologischen
Einheiten aus dem Russischen ins Deutsche. Sagner Verlag. München.

Kappert, Petra (1996): Geschichte der traditionellen deutsch-türkischen Freund-
schaft. In: Kulturkontakte: Deutsch-Türkisches Symposium 1995. Körber-
Stiftung. Hamburg. S. 25-34.

Kahramantürk, Kuthan (1999): Nominale Wortbildungen und Nominalisierungen im Deutschen und im Türkischen. Julius Groos. Heidelberg [= Deutsch im Kontrast 19].

Kahramantürk, Kuthan (2001): Interlinguale und interkulturelle Aspekte der deutschen und türkischen Phraseologismen - dargestellt anhand von Somatismen und Zoosemismen. In: I.Ü. Edebiyat Fakültesi Yayınlarından. Alman Dili ve Edebiyatı. Studien zur deutschen Sprache und Literatur XIII. Istanbul. S. 56-71.

Keibel, Holger/Belica, Cyril (2007): CCDB: A Corpus-Linguistic Research and Development Workbench. In: Proceedings of Corpus Linguistics 2007. Birmingham. http://corpus.bham.ac.uk/corplingproceedings07/paper/134_Paper.pdf.

Kenny, Dorothy (2004): Die Übersetzung von usuellen und nicht usuellen Wortverbindungen. In: Wortverbindungen – mehr oder weiniger fest. Kathrin Steyer (Hrsg.). De Gruyter Verlag. Berlin, New York. S. 335-347 [= Jahrbuch des Instituts für Deutsche Sprache 2003.].

Kıygı, Osman Nazım (1995): Wirtschaftswörterbuch. Band I, II. Zentrum für Türkeistudien (Hrsg.). Universität GH Essen. Verlag Franz Vahlen. München.

Kıygı, Osman Nazım (1999): Wörterbuch der Rechts- und Wirtschaftssprache. Band I (1997), II. Beck Verlag. München.

Klappenbach, Ruth (1961): Feste Verbindungen in der deutschen Gegenwartssprache. In: Beiträge (H). Sonderband. E. Karg-Gasterstädt zum 75. Geburtstag am 9. 2. 1961 gewidmet. S. 443-457.

Koller, Werner (2007): Probleme der Übersetzung von Phrasemen. In: Phraseologie. Ein internationales Handbuch der zeitgenössischen Forschung. Handbücher zur Sprach- und Kommunikationswissenschaft. HSK Bd.1-2. Hrsg. Burger, H./Dobrovol'skij, D./Kühn, P./Norrick, N. Walter de Gruyter Verlag. Berlin, New York. S. 605-613.

Korhonen, Jarmo (1993): Zur Entwicklung der kontrastiven Phraseologie von 1982-1992. In: Földes, Csaba (Hrsg.): Germanistik und Deutschlehrerausbildung. Festschrift zum hundertsten Jahrestag der Gründung des Lehrstuhls für deutsche Sprache und Literatur an der Pädagogischen Hochschule Szeged. Wien. S. 97-116.

Korhonen, Jarmo (2002): Typologien der Phraseologismen. Ein Überblick. In: Cruse, D.A./Hundsnurscher, F./Job, M./Lutzeier, P.R. (Hrsg.): Lexikologie. Berlin. S. 402-407.

Korhonen, Jarmo (2007): Probleme der kontrastiven Phraseologie. In: Phraseologie. Ein internationales Handbuch der zeitgenössischen Forschung. Handbücher zur Sprach- und Kommunikationswissenschaft. HSK Bd.1-2. Burger, H./Dobrovol'skij, D./Kühn, P./Norrick, N. (Hrsg.). Walter de Gruyter Verlag. Berlin, New York. S. 574-589.

Korhonen, Jarmo/Wotjak, Barbara (2001). Kontrastivität in der Phraseologie. In: Deutsch als Fremdsprache. Ein internationales Handbuch. Helbig, G. u.a (Hrsg.). de Gruyter Verlag. Berlin, New York. S. 224-235.

Korkmaz, Zeynep (2008): Gramer Terimleri Sözlüğü. TDK. Ankara.

Krohn, Karin (1994): Hand und Fuß. Eine kontrastive Analyse von Phraseologismen im Deutschen und Schwedischen. Acta Univesität Gothoburgensis. Göteborg [= Göteborger germanistische Forschungen 36].

Kunkel-Razum, Kathrin (2007): Phraseme in populärwissenschaftlichen Texten. In: Phraseologie. Ein internationales Handbuch der zeitgenössischen Forschung. Handbücher zur Sprach- und Kommunikationswissenschaft. HSK Bd.1-2. Burger, H./Dobrovol'skij, D./Kühn, P./Norrick, N. (Hrsg.). Walter de Gruyter Verlag. Berlin, New York. S. 312-315.

Landau, Marc (2002): Deutsche Investitutionen in der Türkei. In: Das Deutsch-Türkische Verhältnis. Universität Bremen Jean Monnet Lehrstuhl für Europarecht. S. 199-208.

Lehr, Andrea (1996): Kollokationen und maschinenlesbare Korpora. Ein operationales Analysemodell zum Aufbau lexikalischer Netze. Niemeyer Verlag. Tübingen.

Lenk, Hartmut (2006): Merkmale von Phraseolexemen (Idiomen). Lexikologie-Vorlesung. http://www.helsinki.fi/-lenk/phraseolexeme.html

Lüger, Heinz-Helmut (2007): Pragmatische Phraseme: Routineformeln. In: Phraseologie. Ein internationales Handbuch der zeitgenössischen Forschung. Handbücher zur Sprach- und Kommunikationswissenschaft. HSK Bd.1-2. Hrsg. Burger, H./Dobrovol'skij, D./Kühn, P./Norrick, N. Walter de Gruyter Verlag. Berlin. New York. S. 444-459.

Malá, Jiřina (2004): http://www.phil.muni.cz/stylistika/studie/stilmittel.pdf

Näf, Anton. www2.unine.ch/Jahia/site/allemand/cache/offonce/lang/de/pid/4677

Nehir, Mehmet Emin (1995): „Vergleichende Idiomatik. Deutsch-Türkisch. Deutsche und Türkische Redewendungen mit Tiernamen und ihre jeweilige Wiedergabe. Katholische Universität Eichstätt. Magisterarbeit (unveröffentl.)

ODA (2005): Wirtschaftsmagazin der Deutsch-Türkischen Industrie- und Handelskammer (AHK). 33. 7-9. Istanbul.

ODA (2007): Wirtschaftsmagazin der Deutsch-Türkischen Industrie- und Handelskammer (AHK). 39. 1-3. Istanbul.

Ohnacker, Klaus (1992): Die Syntax der Fachsprache Wirtschaft im Unterricht Deutsch als Fremdsprache. Peter Lang. Frankfurt/M., Berlin, Bern. New York, Paris, Wien.

Palm, Christine (1997): Phraseologie. Eine Einführung. Gunter Narr Verlag. Tübingen.

Palm-Meister, Christine (Hrsg.) (2004): EUROPHRAS 2000. Internationale Tagung zur Phraseologie 15.-18. Juni 2000 Aske/Schweden. Stauffenburg Verlag. Tübingen.

Parianou, Anastasia (1999): Routineformeln und ihre kulturelle Einbettung – unter besonderer Berücksichtigung des Sprachenpaares Deutsch - Griechisch. In: Phraseologie und Übersetzen. Sabban, Annette (Hrsg.). Aisthesis Verlag. Bielefeld. S. 175-186.

Pena, Jesus Irsula (1994): Substantiv-Verb-Kollokationen: Kontrastive Untersuchungen Deutsch-Spanisch. Peter Lang. Frankfurt/M., Berlin, Bern, Bruxelles, New York, Oxford, Wien.

Perkuhn, R./Belica, C./Al-Wadi, D./ Lauer, M./ Steyer, K./Weiss, Ch. (2005): Korpustechnologie am Institut für Deutsche Sprache. In: Korpuslinguistik deutsch: synchron – diachron – kontrastiv. Schwitalla, Johannes/ Wegstein, Werner. Würzburger Kolloquium 2003. Universität Würzburg. Niemeyer Verlag. Tübingen. S. 57-70.

Perkuhn, Rainer (2007): http://www.ids-mannheim.de/kl/misc/tutorial.html.

Picht, Heribert (1987): Fachsprachliche Phraseologie. Die terminologische Funktion von Verben. In: Czap, Hans/Christian Galinski (Hrsg.): Terminology and Knowledge Engineering. INDEKS. Frankfurt. S. 21-34.

Picht, Heribert (1988): Fachsprachliche Phraseologie. In: Textlinguistik und Fachsprache. Reiner Arntz (Hrsg.). AILA-Symposion. Hildesheim 4/1987. Studien zu Sprache und Technik. Hildesheim. Zürich. New York. Georg Olms Verlag. S. 187-196.

Piirainen, Elisabeth (1999): Falsche Freunde in der Phraseologie des Sprachenpaares Deutsch-Niederländisch. In: Phraseologie und Übersetzen. Sabban, Annette (Hrsg.). Aisthesis Verlag. Bielefeld. S. 187-202.

Pilz, Klaus Dieter (1981): Phraseologie. Metzler Verlag. Stuttgart.

Ptashnyk, Stefaniya (2004): Neue Methoden und Publikationsformen in der Lexikologie/Lexikografie. In: Wortverbindungen – mehr oder weniger fest. Kathrin Steyer (Hrsg.). De Gruyter Verlag. Berlin, New York. S. 439-443 [= Jahrbuch des Instituts für Deutsche Sprache 2003.].

Püsküllüoğlu, Ali (1995): Türkçe Deyimler Sözlüğü. Arkadaş Yayınevi. Ankara.

Rajchštejn, A. D. (1979): O mež-jazykovom sopostavlenii frazeologičeskich edinic. In: Inostrannye jazyki v škole 4. S. 3-8.

Reckermann, Silvia (1997): Wirtschaftsdeutsch in Germanistik und Lehrerausbildung: Ziele, Inhalten, Methoden. In: 6. Germanistik Sempozyumu. Açılımlar, Olanaklar ve Erekler. Tagungsbeiträge zu dem VI. Germanistik-Symposium. Mersin Üniversitesi. Mersin. S. 412-419.

Reder, Anna (2006): Kollokationsforschung und Kollokationsdidaktik. In: Linguistik online 28, 3/06. http://www.linguistik-online.de/28_06/reder.html

Reinhardt/Köhler/Neubert (1992): Deutsche Fachsprache der Technik. Georg Olms Verlag. Hildesheim.

Rossenbeck, Klaus (1989): Lexikologische und lexikographische Probleme fachsprachlicher Phraseologie aus kontrastiver Sicht. In: Snell-Hornby, Mary/Esther Pöhl (Hrsg.): Translation and Lexicography. Benjamins. Amsterdam. S. 197-210.

Rossenbeck, Klaus (1991): Zwei und mehrsprachige Fachwörterbücher – Prolegomena zur Theorie und Praxis der Fachlexikographie. In: Hermes. Journal of Linguistics 7. Aarhus. S. 29-52.

Rossenbeck, Klaus (1999): Die Fachlexikographie des Wirtschaftswesens: eine Übersicht. In: Fachsprachen. Languages for Special Purposes. Ein internationales Handbuch für Fachsprachenforschung und Terminologiewissenschaft. Hoffmann, L./Kalverkämper, H./Wiegand, H. E. und Galinski, C./Hüllen, W. (Hrsg.). Walter de Gruyter. Berlin, New York. S. 1975-1995.

Sabban, Annette (Hrsg.) (1999): Phraseologie und Übersetzen. Aisthesis Verlag. Bielefeld.

Sabban, Annette (2004): Wege zu einer Bestimmung der Kulturspezifik sprachlicher Formeln. In: EUROPHRAS 2000. Internationale Tagung zur Phraseologie 15.-18. Juni 2000 Aske/Schweden. Palm-Meister, Christine (Hrsg.). Stauffenburg Verlag. Tübingen. S. 401-416.

Sağlam, Musa Yaşar (1995): Deutsche und türkische Sprichwörter und Redensarten, deren semantische Akzeptabilität umstritten ist. Hacettepe Üniversitesi. Ankara. Dissertation (unveröffentl.).

Sağlam, Musa Yaşar (2001): Atasözleri ve Deyimlerde İmgelem. In: Hacettepe Üniversitesi Edebiyat Fakültesi Dergisi 1/2001. Hacettepe Üniversitesi. Ankara. S. 45-51.

Schippan, Thea (1992): Lexikologie der deutschen Gegenwartssprache. Max Niemeyer Verlag. Tübingen.

Schmidt, Hartmut (1991): Sprachgeschichte zwischen Wort und Text. Über die Notwendigkeit einer historischen Wortkombinationsforschung. In: Sprachwissenschaft in der DDR – Oktober 1989. Vorträge einer Tagung des Zentralinstituts für Sprachwissenschaft am 31.10. und 1.11.1989. Berlin. S. 170-186 [= Linguistische Studien, Reihe A, Arbeitsberichte; 209].

Schmidt, Hartmut (1995): Wörter im Kontakt. Plädoyer für historische Kollokationsuntersuchungen. In: Gardt, A./Mattheier, K.J./Reichmann, O. (Hrsg.): Sprachgeschichte des Neuhochdeutschen. Gegenstände, Methoden, Theorien. Niemeyer Verlag. Tübingen. S. 127-143 [= Reihe Germanistische Linguistik. 156].

Schneider, Franz (1998): Studien zur konzeptuellen Fachlexikographie. Das deutsch-französische Wörterbuch der Rechnungslegung. Max Niemeyer Verlag. Tübingen.

Skod-Södersved, Mariann (2007): Phraseme in einzelnen Text- und Gesprächssorten. In: Phraseologie. Ein internationales Handbuch der zeitgenössischen Forschung. Handbücher zur Sprach- und Kommunikationswissenschaft. HSK Bd.1-2. Burger, H./Dobrovol'skij, D./Kühn, P./Norrick, N. (Hrsg.). Walter de Gruyter Verlag. Berlin, New York. S. 269-274.

Steinhauer, Anja (2000): Sprachökonomie durch Kurzwörter. Gunter Narr Verlag. Tübingen.

Steyer, Kathrin (2000): Usuelle Wortverbindungen des Deutschen. In: Deutsche Sprache 2/00. Erich Schmidt Verlag. Berlin. S. 101-125.

Steyer, Kathrin (2002): Wenn der Schwanz mit dem Hund wedelt. Zum Linguistischen Erklärungspotential der korpusbasierten Kookkurrenzanalyse. In: Ansichten der deutschen Sprache. Hass-Zumkehr, U./Kallmeyer, W./Zifonun, G. (Hrsg.).Gunter Narr Verlag. Tübingen. S. 215-236 [= Studien zur Deutschen Sprache. IDS. Bd. 25].

Steyer, Kathrin (2003): Korpus, Statistik, Kookkurrenz. Lässt sich Idiomatisches „berechnen"? In: Burger, Harald/Häcki Buhofer, Annelies/Gréciano, Gertrud (Hrsg.): Flut von Texten – Vielfalt der Kulturen. Ascona 2001 zur Methodologie und Kulturspezifik der Phraseologie. Baltmannsweiler. S. 33-46 [= Phraseologie und Parömiologie. 14].

Steyer, Kathrin (2004a): Wortverbindungen – mehr oder weniger fest. Kathrin Steyer (Hrsg.). De Gruyter Verlag. Berlin, New York [= Jahrbuch des Instituts für Deutsche Sprache 2003].

Steyer, Kathrin (2004b): Kookkurrenz. Korpusmethodik, linguistisches Modell, lexikografische Perspektiven. In: Wortverbindungen – mehr oder weniger fest. Kathrin Steyer (Hrsg.). De Gruyter Verlag. Berlin, New York. S. 87-116 [= Jahrbuch des Instituts für Deutsche Sprache 2003]..

Steyer, Kathrin (2004c): Idiomatik hypermedial. Zur Repräsentation von Wortverbindungen im Informationssystem Wissen über Wörter. In: EUROPHRAS 2000. Internationale Tagung zur Phraseologie 15.-18. Juni 2000 Aske/Schweden. Palm-Meister, Christine (Hrsg.). Stauffenburg Verlag. Tübingen. S. 465-479.

Steyer, Kathrin (2004d): www.ids-mannheim.de/pub/laufend/jahrbuch/jb2003. html.

Steyer, Kathrin/Vachková, Marie (2005): Kookkurrenzanalyse Kontrastiv. Zum Nutzen von Korpusanalysemethoden für die bilinguale lexikographische Praxis - am Beispiel des GDTAW. In: AUC (Acta Universitatis Carolinae) GERMANISTICA PRAGENSIA XX. Karolinum Verlag. Praha (im Druck).

Steyer, Kathrin (2007): Zwischen theoretischer Modellierung und praxisnaher Anwendung. Zur korpusgesteuerten Beschreibung usueller Wortverbindungen. In: Mellado Blanco, Carmen (Hrsg.). Studien zur Phraseologie aus lexikologischer Sicht. Theorie und Praxis der Erstellung von idiomatischen Wörterbüchern. Tübingen (im Druck).

Steyer, Kathrin/Lauer, Meike (2007): „Corpus driven": Linguistische Interpretation von Kookkurrenzbeziehungen. In: Eichinger, L. M./Kämper, H. (Hrsg.). Sprach- Perspektiven. Germanistische Linguistik und das Institut für deutsche Sprache. Narr Verlag. Tübingen [= Studien zur deutschen Sprache 40].

Stubbs, Michael (1997): Eine Sprache idiomatisch sprechen: Computer, Korpora, Kommunikative Kompetenz und Kultur. In: Mattheier, Klaus J. (Hrsg.): Norm und Variation. Peter Lang. Frankfurt a.M., Berlin u.a.. S. 151-167 [= Forum Angewandte Linguistik 32].

Stubbs, Michael (2001): Words and Phrases: corpus studies of lexical semantics. Oxford. Blackwell.

Şahin, Erdal (2003): Tarihi Ve Çağdaş Türk Yazı Dillerinde Hal Ekleri Ve İşlevleri. Marmara Üniversitesi. Istanbul. Dissertation (unveröffentl.).

Şahin, Erdal (2006): Söz Dizimi. In: Türk Dili Kitabı. Sağol Yüksekkaya, Gülden. Duyap. Istanbul. S. 133-154.

Taniş, Nilgün (2001): Phraseologie im Rahmen der Interkulturalität. In: Eröffnungsreden und Tagungsbeiträge: VII Türkischer Germanistikkongress Hacettepe Üniversitesi. Ankara. S. 338-347.

Taşan, Zeki (1988): Zur Frequenz und Distribution einiger Tierbezeichnungen in den deutschen, englischen, französischen und türkischen Sprichwörtern, Redewendungen, Redensarten und Ausdrücken. Hacettepe Üniversitesi. Ankara. Dissertation (unveröffentl.).

Tekinay, Alev (1984): Wörterbuch der idiomatischen Redensarten. Deutsch-Türkisch. Türkisch-Deutsch. Pons. Klett Verlag. Stuttgart.

Tognini-Bonelli, Elena (2001): Corpus Linguistics at Work. Amsterdam [= Studien in Corpus Linguistics 6].

Toklu, Osman (1988): Ein Überblick über die idiomatischen Redewendungen im Deutschen und Türkischen. In: Ankaraner Beiträge zur Germanistik. Ankara. S. 84-87.

Toklu, Osman (1994): Ein Blick auf drei phraseologische Erscheinungen des Deutschen und des Türkischen. In: Prof. Dr. Wilfried Buch'un Anısına. Mersin Üniversitesi Rektörlüğü Yayını. Mersin. S. 139-145.

Toklu, Osman (1998a): Der Begriff Kopf und seine Metaphorik im Deutschen und Türkischen. In: DTCF Batı Dilleri ve Edebiyatları Araştırma Enstitüsü Dergisi. Sayı 3. Ankara. S. 111-122.

Toklu, Osman (1998b): Andere phraseologische Erscheinungen des Deutschen und des Türkischen, die nicht so bekannt wie Idiome und Sprichwörter sind. In: DTCF Batı Dilleri ve Edebiyatları Araştırma Enstitüsü Dergisi. Sayı 3. Ankara. S. 101-110.

Tröndle, Aybars (2007): Deutsch-Türkische Wirtschaftskorrespondenz - eine Analyse der interkulturellen Unterschiede und der Höflichkeit. Marmara Üniversitesi. Istanbul. Dissertation (unveröffentl.).

Türk Dil Kurumu (TDK) (2005): Türkçe Sözlük. Ankara.

Ullmann, Alexander (1997): Umgangssprachliche Ausdrucksroutinen im Deutschunterricht mit Aussiedlern. In: Deutsch lernen 22. S. 152-170.

Ülken, Funda (2004): Zur Verwendung der Fachsprache innerhalb der Wirtschaftsbeziehungen zwischen Deutschland und der Türkei. Ege Üniversitesi. Izmir. Dissertation (unveröffentl.).

Van Bernem, Theodor (1994): Wirtschaftsenglisch-Wörterbuch. Englisch-Deutsch. Deutsch-Englisch. 3. überarb. und erg. Aufl. Oldenbourg. Wien.

Vesalainen, Marjo (2007): Phraseme in der Werbung. In: Phraseologie. Ein internationales Handbuch der zeitgenössischen Forschung. Burger, H./ Dobrovol'skij, D./ Kühn, P./ Norrick, N. (Hrsg.). Handbücher zur Sprach- und Kommunikationswissenschaft. HSK Bd.1-2. Walter de Gruyter Verlag. Berlin. New York. S. 292-302.

Wagner, Horst (1986): Les dictionnaires du français langue de spécialité/langue économique. In: Kremer, Dieter (Hrsg.): Actes du XVIIIe Congrès International de Linguistique et the Philologie Romanes, Trier 1986. Niemeyer. Tübingen. S. 209-219.

Wahrig, Gerhard (2000). Deutsches Wörterbuch. Neuausgabe. Wahrig-Burfeind, Renate (Hrsg.). Bertelsmann Lexikon Institut. Gütersloh/München.

Warner, Alfred (1966): Internationale Angleichung fachsprachlicher Wendungen der Elektrotechnik. Versuch einer Aufstellung phraseologischer Grundsätze für die Technik. VDE-Verlag. Berlin.

Worbs, Erika (1994): Theorie und Praxis der slawisch-deutschen Phraseographie. Liber Verlag. Mainz.

Wotjak, Barbara (1992): Verbale Phraseolexeme in System und Text. Niemeyer. Tübingen.

Wotjak, Barbara (1994): Fuchs, du hast die Gans gestohlen. Zu auffälligen Vernetzungen von Phraseologismen in der Textsorte Anekdote. In: Sandig, B. (Hrsg.). Studien zur Phraseologie und Parömiologie. EUROPHRAS 92. Bochum. S. 619-650.

Wüster, Eugen (1931): Internationale Sprachnormung in der Technik, besonders in der Elektrotechnik (Die nationale Sprachnormung und ihre Verallgemeinerung). H. Bouvier u. Co. Bonn.

Yolasığmazoğlu, Hülya (1997): Türkçe'de ve Almanca'da köpek kavramına dayanan atasözleri ve deyimlerin anlambilimsel açıdan karşılaştırılması. Hacettepe Üniversitesi. Ankara. Magisterarbeit (unveröffentl.).

Yuan, Jianhua (2004): Über das Germanistikstudium an der Fremdsprachenuniversität Beijing. In: Japanische Gesellschaft für Germanistik (Hrsg.): Neue Beiträge zur Germanistik. Bd. 3/4. Iudicium. München. S. 47-56.

Yurtbaşı, Metin (2000): Türkische Redewendungen - mit deutschen Entsprechungen. Bahar Yayınevi. Istanbul.

Zülfikar, Hamza (1991): Terim Sorunları ve Terim Yapma Yolları. TDK Yayınları. Ankara.

Anhang

Anlage 1: Liste der Nulltreffer in der Frequenzanalyse

abbröckelnde Kurse	0
Abrollkosten	0
Absatzbarometer	0
Aktienkapital verwässern	0
an die tote Hand veräußern	0
Anschwärzung der Konkurrenz	0
ausgeschüttete Dividende	0
Bardurchfluss	0
bevorzugte Befriedigung	0
bezahlt Papier (Börse)	0
Bilanz der unsichtbaren Leistungen	0
billige Geldsätze	0
Bis aufs Messer bekämpfen	0
bis über beide Ohren Schulden haben	0
Börse leichter eröffnen	0
Delkredere stehen	0
Drahtantwort	0
Drahtüberweisung	0
Erlebensalter	0
Festkapital	0
flüssige Guthaben	0
Flüssigkeitsgrad	0
Fracht nachnehmen	0
franko Fracht	0
freibleibender Auftrag	0
gedeckte Gefahren	0
geknickte Nachfragekurve	0
Geld vorschießen	0
Geldakkord	0
Geld-Brief-Schlusskurs	0
geschäftsfreier Nachmittag	0
gesonderte Befriedigung	0
gewogene Auswahl	0
gleitender Zoll	0
Griffzeit	0
gutes Geld wird von schlechtem Geld verdrängt	0
halsabschneiderische Konkurrenz	0
Handkauf	0

Hausseengagement	0
Hausseverkauf	0
Inflationsventil	0
inflatorisches Klima	0
Jagd nach Führungspersonal	0
Kapitalverzehr	0
Kauf gegen Kasse	0
Kauf in Bausch und Bogen	0
Kauf wie es steht und liegt	0
kleingestückelte Obligation	0
Konjunktursturz	0
Kopffiliale	0
Kreislaufmaterial	0
Kreuzelastizität des Angebots	0
Kreuzwechselkurs	0
Leerbestellung	0
letzte Ausgabe	0
logistische Kurve	0
Löschgeld (Schifff.)	0
Löschung durch Leichter	0
Mantelpolice	0
Manteltarifabkommen	0
Marktenge	0
Marktpapier	0
Marktschwemme	0
Material beistellen	0
mit allen Mängeln und sonstigen Fehlern	0
mündelsichere Effekten	0
Nachfragebeweglichkeit	0
Nachfrageweckung	0
Nachmittagsbörse	0
Normalstreuung	0
Offenmarkttitel	0
offenstehendes Konto	0
Organgewinn	0
Organkonto	0
Organträger	0
Pariplatz	0
Platzkauf	0
Platzkurs	0
Platzspesen	0

Portfolioverkehr	0
Primärgeld	0
Primawechsel	0
reine Tratte	0
Rücklage für laufende Risiken	0
sauberes Floaten	0
Schattenpreis	0
Scheinwechsel	0
schwebende Belastung	0
schwebende Schuld	0
schwebende Schulden	0
schwebender Schaden	0
Schwebeposten	0
Sparen am falschen Ende	0
stillschweigend zugesicherte Gewähre	0
stillschweigende Garantie	0
stillschweigende Mängelhaftung	0
Stoßbedarf	0
Stoßproduktion	0
Stückdepot	0
Stückgeld	0
Totalperiode	0
Umlaufmarkt	0
Umlaufmaterial	0
ungebrochene Fracht	0
unsichtbare Ausfuhr	0
unsichtbare Einfuhr	0
Vermögensaufzehrung	0
Vermögensverzehr	0
verwässertes Grundkapital	0
verwässertes Kapital	0
Verwässerung des Aktien- und Eigenkapitals	0
werbende Geldanlagen	0
werbendes Kapital	0
Windprotest	0
zahlende Fracht	0
Zeitverkauf	0

Anlage 2: Gesamte Kookkurrenzliste zu *Kapital*

Total	An-zahl	Kookkurrenzen	%	syntagmatische Muster
512	512	**schlagen** politisches	99	politisches [...] Kapital [zu] schlagen
553	41	schlagen parteipolitisches	100	parteipolitisches Kapital [zu] schlagen
633	80	Schlagen Überlegenheit	85	Überlegenheit [...] Kapital [zu] schlagen
3191	2558	schlagen	97	Kapital [zu] schlagen
3210	19	**ausländisches** anzulocken	100	Um ausländisches Kapital anzulocken
3223	13	ausländisches anzuziehen	100	und ausländisches Kapital [...] anzuziehen
3232	9	ausländisches anlocken	100	ausländisches Kapital [...] anlocken
3901	669	ausländisches	99	ausländisches [...] Kapital
3909	8	**Prozent** stimmberechtigten hält	62	Prozent des stimmberechtigten Kapitals [...] hält
4052	143	Prozent stimmberechtigten	70	Prozent des stimmberechtigten Kapitals
4066	14	Prozent Stimmrechte hält	78	hält noch ... Prozent des Kapitals
4161	95	Prozent Stimmrechte	53	Prozent des Kapitals und ... Prozent der Stimmrechte
4338	177	Prozent hält	50	Prozent des Kapitals [...] hält
7402	3064	Prozent	65	Prozent des Kapitals
7409	7	**frisches** dringend braucht	71	braucht dringend frisches Kapital
7434	25	frisches dringend	96	dringend [...] frisches Kapital
7462	28	frisches braucht	50	braucht [...] frisches Kapital
7475	13	frisches zuführen	100	Unternehmen ... frisches Kapital zuführen
7997	522	Frisches	99	frisches [...] Kapital
8021	24	**politisches** geschlagen	100	politisches Kapital [...]geschlagen werden
8036	15	politisches verspielt	93	viel politisches Kapital [...] verspielt hat
8276	240	Politisches	98	politisches [...] Kapital
8325	49	**privates** mobilisieren	100	privates [...] Kapital [für zu] mobilisieren
8335	10	privates fließen	100	viel privates Kapital [in nach|die ...] fließen
8340	5	privates anlocken	100	privates Kapital [...] anlocken
8800	460	privates	98	privates [...] Kapital
8812	12	**genehmigtes** Millionen Hauptversammlung	100	die Hauptversammlung ... ein neues genehmigtes Kapital von ... Millionen DM ..
8911	99	genehmigtes Millionen	86	ein genehmigtes Kapital von ... Millionen
8918	7	genehmigtes Mill. Hauptversammlung	100	der Hauptversammlung soll daher|ein genehmigtes Kapital im von|Nominale 50 Mill
8974	56	genehmigtes Mill	100	über ein genehmigtes Kapital von ... Mill
8984	10	genehmigtes Hauptversammlung	100	die Hauptversammlung ... ein genehmigtes Kapital von ...
9106	122	genehmigtes	99	ein genehmigtes [...] Kapital von ...
9180	74	**eingesetzte** Rendite	94	Die Rendite auf das eingesetzte Kapital
9191	11	eingesetzte verzinst	100	das eingesetzte Kapital [...] verzinst werden
9196	5	eingesetzte verzinsen	100	das eingesetzte Kapital [... zu] verzinsen

9431	235	eingesetzte	99	auf das eingesetzte [...] Kapital
9432	1	**Arbeit** Produktionsfaktoren Faktor	100	Produktionsfaktoren ... Arbeit Kapital ... Faktor
9487	55	Arbeit Produktionsfaktoren	70	der Produktionsfaktoren [...] Arbeit [und] Kapital und
9517	30	Arbeit Faktor	26	Arbeit ... auch dem|den Faktor Kapital
9529	12	Arbeit Produktionsfaktor	33	Arbeit und Kapital ... als auf vierten den Produktionsfaktor
10842	1313	Arbeit	58	von|zwischen Kapital [und] Arbeit
10940	98	**eingesetzten** Verzinsung	98	die Verzinsung des eingesetzten Kapitals
10958	18	eingesetzten Rückzahlung	100	Rückzahlung des eingesetzten Kapitals ... Ende
10976	18	eingesetzten Totalverlust	88	der Totalverlust des eingesetzten Kapitals
11199	223	eingesetzten	79	des eingesetzten Kapitals
11213	14	**ausländischem** Zufluß	100	den Zufluß von|an ausländischem Kapital
11222	9	ausländischem Zustrom	100	Der|der Zustrom von|an ausländischem Kapital in die
11227	5	ausländischem Zufluss	100	den Zufluss von ausländischem Kapital
11484	257	ausländischem	99	mit|von ausländischem [...] Kapital
11490	6	**Verzinsung** investierten	100	Verzinsung des in diese investierten Kapitals
11619	129	Verzinsung	68	eine|die Verzinsung des|ihres Kapitals
11620	1	**stimmberechtigten** beteiligt	100	stimmberechtigten Kapital ... beteiligt
11628	8	stimmberechtigten Anteil	87	Anteil der am stimmberechtigten Kapital
11684	56	stimmberechtigten	67	des stimmberechtigten [...] Kapitals der
11745	61	**genehmigten** Schaffung	98	die Schaffung [...] genehmigten Kapitals
11747	2	genehmigten Kapitalerhöhung Ausnutzung	50	Kapitalerhöhung ... Ausnutzung ... genehmigten Kapitals
11755	8	genehmigten Kapitalerhöhung	50	Kapitalerhöhung aus dem genehmigten Kapital
11782	27	genehmigten Ausnutzung	100	durch Ausnutzung des genehmigten Kapitals von ...
11946	164	Genehmigten	50	aus dem genehmigten [...] Kapital von ...
11959	13	**Rendite** investierten	46	Rendite auf dem investierten Kapital
11973	14	Rendite investierte	71	Die Rendite auf das investierte Kapital
12076	103	Rendite	45	Rendite [auf ihr|das ...] Kapital
12123	47	**ausländischen** Zufluß	100	den|der Zufluß ausländischen Kapitals
12161	38	ausländischen Zustrom	100	der|den Zustrom ausländischen Kapitals
12170	9	ausländischen Zufluss	100	den Zufluss ausländischen Kapitals
12472	302	ausländischen	69	ausländischen [...] Kapitals
12476	4	**privatem** Zustrom	100	Zustrom von privatem Kapital
12481	5	privatem Mobilisierung	100	Mobilisierung von privatem Kapital
12485	4	privatem Zugang	75	Zugang zu privatem Kapital
12666	181	Privatem	99	von|mit privatem [...] Kapital
12690	24	**Waren** Dienstleistungen freien	50	freien Verkehr von|für Waren Dienstleistungen Kapital und Personen
12886	196	Waren Dienstleistungen	70	von Personen Waren [...] Dienstleistungen [und] Kapital

12889	3	Waren Dienstleistungs- verkehr freien	100	freien [...] Waren Kapital und Dienstleis- tungsverkehr
12902	13	Waren Dienstleistungs- verkehr	92	Personen Waren [...] Kapital und Dienst- leistungsverkehr
12923	21	Waren freien	71	des freien [... von] Waren [und] Kapital und
13029	106	Waren	66	von Waren [und] Kapital und ...
13058	29	**Dienstleistungen** Gütern	62	Austausch von Gütern [...] Dienstleistun- gen [und] Kapital und ...
13080	22	Dienstleistungen Güter	36	für Güter Dienstleistungen [und] Kapital
13122	42	Dienstleistungen	47	von Dienstleistungen [und] Kapital
13129	7	**Zinsen** Rückzahlung	28	Rückzahlung ... Kapital und Zinsen
13132	3	Zinsen langfristiges	66	Zinsen für langfristiges Kapital
13455	323	Zinsen	46	das Kapital [und ...] Zinsen
13487	32	**Unternehmen** neues	68	das Unternehmen [...] neues Kapital
13493	6	Unternehmen benötigen	66	Unternehmen [...] Kapital [...] benötigen
13498	5	Unternehmen zufließende	60	zufließende Kapital solle in Unternehmen
14213	715	Unternehmen	52	Unternehmen [...] Kapital
14214	1	**Millionen** gezeichnete nominal	100	gezeichnete Kapital ... nominal ... Millio- nen
14217	3	Millionen gezeichnete Euro	100	das gezeichnete Kapital von ... Millionen Euro
14266	49	Millionen gezeichnete	91	Das gezeichnete [...] Kapital von ... Milli- onen DM
14284	18	Millionen nominal	94	das Kapital [um] nominal ... Millionen
14419	135	Millionen Euro	45	mit einem Kapital von ... Millionen Euro
15209	790	Millionen	62	mit einem Kapital von ... Millionen Mark
15212	3	**investierten** Erträge	66	Erträge aus dem investierten Kapital
15327	115	investierten	63	des investierten [...] Kapitals
15332	5	**Mrd** investierte	100	Fonds investierte Kapital mit 514,1 Mrd
15336	4	Mrd Höhe	75	Kapital in Höhe von ... Mrd
15475	139	Mrd	85	einem|ein Kapital von ... Mrd
15479	4	**frischem** Milliarden Euro	100	Milliarden Euro [an] frischem Kapital
15489	10	frischem Milliarden	100	Milliarden [Mark an] frischem Kapital in
15496	7	frischem ausgestattet	100	mit frischem Kapital ausgestattet
15500	4	frischem Euro	100	Euro an frischem Kapital
15631	131	frischem	100	mit|an frischem Kapital
15645	14	**Mio** Euro	64	Kapital von|um ... Mio Euro
15796	151	Mio	60	das Kapital von|um ... Mio Fr
15805	9	**Know-how** westliches	66	westliches Kapital und Know-how ... die
15810	5	Know-how westlichem	40	westlichem Kapital ... Know-how
15818	8	Know-how fehlt	62	fehlt es an Kapital ... und| an ... Know- how
15977	159	Know-how	69	Kapital [und] Know-how
16215	238	**Marx**	54	Karl Marx [... Das] Kapital
16222	7	**Aktien** genehmigtem	85	Aktien aus genehmigtem Kapital
16226	4	Aktien anlegen	75	Kapital ... in Aktien [...] anlegen
16457	231	Aktien	44	das Kapital [... in ...] Aktien
16473	16	**Börse** beschaffen	56	an die Börse [um sich ...] Kapital [zu]

				beschaffen
16480	7	Börse Expansion	85	an die|der Börse [um sich] Kapital für die|eine weitere Expansion
16486	6	Börse gestreut	83	Viertel des Kapitals ist über die Börse gestreut
16712	226	Börse	47	an die|der Börse [...] Kapital
16718	6	**Wert & Lustig** Vermögensverwaltung	100	Francis Lustig [...] Chef der börsenotierten] Kapital & Wert Vermögensverwaltung AG
16758	40	Wert & Lustig	52	Francis Lustig Chef der ... Kapital & Wert
16778	20	Wert & Vermögensverwaltung	75	Die börsenotierte Kapital & Wert Vermögensverwaltung AG ...
17032	254	Wert &	98	Kapital & Wert
17111	79	Wert	49	Kapital [im|und ...] Wert von ...
17114	3	**Stimmrechte** hält	66	Kapitals ... der Stimmrechte hält
17116	2	Stimmrechte Beteiligung	100	Beteiligung ... des Kapitals und ... der Stimmrechte
17133	17	Stimmrechte	58	des Kapitals und ... der Stimmrechte
17140	7	**Zufluß** privaten	100	den Zufluß privaten Kapitals
17177	37	Zufluß	67	den Zufluß von Kapital aus ...
17193	16	**erhöht** Mill	100	AG erhöht [ihr] Kapital von ... auf ... Mill
17198	5	erhöht Holding	40	erhöht Kapital ... Holding
17448	250	Erhöht	63	erhöht [... das] Kapital
17455	7	**nötige** aufbringen	100	das nötige Kapital [nicht] aufbringen
17470	15	nötige fehlt	46	fehlt ... das nötige Kapital
17477	7	nötige aufzutreiben	100	das nötige Kapital [für den ...] aufzutreiben
17672	195	Nötige	98	das nötige [...] Kapital
17679	7	**zusätzliches** braucht	71	braucht [...] zusätzliches Kapital
17683	4	zusätzliches benötigen	75	zusätzliches Kapital [...] benötigen
17687	4	zusätzliches benötigt	100	zusätzliches Kapital [...] benötigt
17809	122	Zusätzliches	97	zusätzliches [...] Kapital
17974	165	**Größtes**	100	sein|unser größtes [...] Kapital
17996	22	**Investoren** ausländische	68	ausländische Investoren [... ihr] Kapital in
18001	5	Investoren abziehen	100	Investoren [ihr] Kapital [aus ...] abziehen
18008	7	Investoren privat	28	Kapital ... private Investoren
18186	178	Investoren	56	Investoren [... ihr] Kapital
18199	13	**beschaffen** neues	100	der Möglichkeit neues Kapital [am zu|Aktienmarkt ...] beschaffen
18285	86	Beschaffen	97	Kapital [... zu] beschaffen
18289	4	**eingesetztes** Aktionäre	100	Aktionäre für|ihr eingesetztes Kapital
18293	4	eingesetztes verzinst	100	ihr eingesetztes Kapital angemessen verzinst
18351	58	Eingesetztes	98	ihr|sein eingesetztes Kapital
18355	4	**investierte** verzinst	100	das investierte Kapital [...] verzinst
18358	3	investierte verzinsen	100	das investierte Kapital [...] verzinsen
18460	102	Investierte	94	das investierte [...] Kapital
18516	56	**Eingezahlte**	100	das eingezahlte Kapital

18517	1	**Investitionen** notwendige fehlt	100	fehlt ... notwendige Kapital ... Investitionen
18530	13	Investitionen notwendige	53	Kapital für notwendige Investitionen
18531	1	Investitionen mobilisieren	100	Kapital ... Investitionen mobilisieren
18537	6	Investitionen fehlt	50	fehlt [... das] Kapital für ... Investitionen
18749	212	Investitionen	68	Kapital [für ...] Investitionen
18756	7	**Ausland** fließt	57	fließt ... Kapital ... ins Ausland
18761	5	Ausland verspielt	100	Kulturpolitisches Kapital im Ausland ist leicht verspielt
18766	5	Ausland Abfluß	100	Abfluß von Kapital aus ins|Deutschland ... Ausland
19075	309	Ausland	72	Kapital aus|ins|im dem Ausland
19143	68	**Angesparte**	98	das angesparte Kapital
19153	10	**genehmigtem** Kapitalerhöhung	90	eine Kapitalerhöhung aus genehmigtem Kapital
19177	24	Genehmigtem	100	aus genehmigtem [...] Kapital
19186	9	**fließt mehr**	55	fließt [immer] mehr Kapital aus ...
19311	125	Fließt	72	Das Kapital [...] fließt
19391	80	**Akkumulation**	63	die Akkumulation des Kapitals
19400	9	**neues** zuzuführen	100	neues Kapital zuzuführen
19668	268	Neues	96	neues [...] Kapital
19672	4	**Anleger** investiertes	75	Anleger ihr ... investiertes Kapital
19674	2	Anleger nachschießen	100	Anleger ... Kapital nachschießen
19684	10	Anleger abziehen	100	daß ... Anleger [... ihr] Kapital [aus ...] abziehen
19850	166	Anleger	65	die Anleger [... ihr] Kapital
19852	2	**gezeichnete** bedingtes	100	gezeichnete Kapital als bedingtes
19854	2	gezeichnete Unternehmens	100	gezeichnete Kapital des Unternehmens
19886	32	Gezeichnete	96	Das gezeichnete [...] Kapital der ...
19891	5	**kulturelles** symbolisches soziales ökonomisches	40	ökonomisches Kapital soziales Kapital symbolisches Kapital und kulturelles
19892	1	kulturelles symbolisches soziales	100	kulturelles ... soziales Kapital ... symbolisches
19895	3	kulturelles symbolisches	66	symbolisches Kapital und kulturelles Kapital
19902	7	kulturelles soziales ökonomisches	28	ökonomisches Kapital kulturelles Kapital ... soziales
19909	7	kulturelles soziales	57	soziales [und] kulturelles [...] Kapital
19916	7	kulturelles ökonomisches	57	kulturelles und ökonomisches Kapital
20000	84	Kulturelles	97	kulturelles [...] Kapital
20001	1	**Produktionsfaktoren** Wissen Ressourcen	100	Wissen ... Produktionsfaktoren ... Kapital ... Ressourcen
20002	1	Produktionsfaktoren Wissen	100	Produktionsfaktoren Wissen Kapital
20003	1	Produktionsfaktoren Ressourcen	100	Produktionsfaktoren ... Kapital ... Ressourcen
20015	12	Produktionsfaktoren	83	der Produktionsfaktoren [- ...] Kapital und Energie
20104	89	**Totes**	98	totes [...] Kapital

20106	2	**genehmigte** Mill. Haupt-versammlung	100	Hauptversammlung [...] genehmigte Kapital ... Mill
20126	20	Genehmigte Mill	100	das genehmigte Kapital von ... Mill
20130	4	genehmigte Hauptver-sammlung	75	Hauptversammlung [...] genehmigte Kapital
20195	65	Genehmigte	96	das|Das genehmigte [...] Kapital
20222	27	**& Lustig** Francis	96	Kapital & Wert-Chef Francis Lustig der
20225	3	**& Lustig**	66	Lustig ... Kapital &
20294	69	**&**	59	der Kapital [...] & Wert-Gruppe ...
20403	109	**Wichtigstes**	100	ihr|unser wichtigstes [...] Kapital
20599	196	**Mill**	90	ein|das Kapital von ... Mill
20649	50	**Industrie**	100	Industrie Kapital
20657	8	**Zustrom** privaten	100	Der Zustrom privaten Kapitals in
20690	33	Zustrom	66	den|der Zustrom von|an Kapital
20919	229	**Schlägt**	55	und erotisch Kapital [...] schlägt
20923	4	**Investieren** Fonds	75	Fonds ... ihr Kapital [...] investieren
21053	130	Investieren	75	Kapital [in zu] investieren
21055	2	**westliches** dringend	100	dringend westliches Kapital
21060	5	westliches viel	80	viel westliches Kapital in
21115	55	Westliches	98	westliches Kapital
21120	5	**Notwendige** Expansion	60	notwendige Kapital für die Expansion
21126	6	Notwendige aufbringen	100	das notwendige Kapital [...] aufbringen
21255	129	Notwendige	92	das notwendige [...] Kapital
21256	1	**Milliarden** Höhe Dollar	100	Dollar ... Kapital ... Höhe ... Milliarden
21267	11	Milliarden Höhe	81	Kapital in Höhe von ... Milliarden
21342	75	Milliarden Dollar	48	ein Kapital von ... Milliarden Dollar
21380	38	Milliarden Euro	68	Milliarden Euro [...] Kapital
21579	199	Milliarden	54	einem Kapital von ... Milliarden
21590	11	**investiert** viel	90	viel [...] Kapital [... in ...] investiert
21594	4	investiert Immobilien	50	Kapital in Immobilien investiert
21699	105	Investiert	67	Kapital [... in ...] investiert
21722	23	**Gezeichneten**	56	am|Am|dem gezeichneten Kapital von|der
21724	2	**symbolisches** soziales ökonomisches	100	ökonomisches Kapital soziales Kapital symbolisches
21726	2	symbolisches soziales	50	Kapital ... soziales symbolisches
21727	1	symbolisches ... ökono-misches	100	ökonomisches ... symbolisches Kapital
21776	49	symbolisches	97	Symbolisches [...] Kapital
21782	6	**ausgestattet** ausreichend	100	ausreichend [mit] Kapital ausgestattet
21865	83	ausgestattet	96	mit Kapital [...] ausgestattet werden
21868	3	**Lustig** Francis	100	Kapital ... Francis Lustig
21871	3	**ausländische** benötigte	100	dringend benötigte ausländische Kapital
21986	115	Ausländische	85	das ausländische [...] Kapital
21996	10	**Personengesellschaften** Besteuerung	100	bei unterschiedliche|der Besteuerung von Kapital und Personengesellschaften OHG
22003	7	Personengesellschaften Beteiligungen	100	Tätigkeiten und Beteiligungen an Kapital und Personengesellschaften im Bundes-tagshandbuch
22051	48	Personengesellschaften	97	von Kapital und Personengesellschaften

22056	5	**Wissen** intellektuelles	100	Wissen als |tatsächlich intellektuelles Kapital
22211	155	Wissen	50	von Kapital [und] Wissen
22216	5	**eingezahlten** Rückzahlung	100	Rückzahlung des eingezahlten Kapitals
22221	5	eingezahlten Hälfte	100	nur die Hälfte des eingezahlten Kapitals
22251	30	Eingezahlten	63	Erhalt des eingezahlten Kapitals
22389	138	**Erhöhen**	87	das|ihr Kapital [... zu] erhöhen
22392	3	**Ausländisches** strömt	100	Ausländisches Kapital strömt
22432	40	Ausländisches	100	Ausländisches Kapital
22434	2	**privaten** Anlegern	50	Kapital ... privaten Anlegern
22457	23	privaten Mobilisierung	95	die|zur Mobilisierung privaten Kapitals
22611	154	privaten	62	die ... privaten [...] Kapitals
22797	186	**Bank**	48	das Kapital der die Bank
22801	4	**Aktionäre** Rückzahlung	75	die Rückzahlung von Kapital an die Aktionäre
22866	65	Aktionäre	38	das Kapital der|an die Aktionäre
22878	12	**wichtigste** Unternehmens	100	das wichtigste Kapital des|eines Unternehmens
22882	4	wichtigste verspielt	100	das wichtigste Kapital [...] verspielt
23031	149	wichtigste	96	das wichtigste [...] Kapital der ...
23034	3	**geschlagen** parteipolitisches	100	kein parteipolitisches Kapital geschlagen
23038	4	geschlagen Überlegenheit	50	Kapital aus Überlegenheit geschlagen
23202	164	geschlagen	96	Kapital [...] geschlagen
23243	41	**verzinst**	85	das Kapital [...] verzinst
23277	34	**Bzw**	58	Kapital [...] bzw.
23282	5	**Macht** internationalen	60	Macht des ... internationalen Kapitals
23288	6	Macht globalen	33	Macht des globalen Kapitals
23538	250	Macht	58	der|die Macht des Kapitals
23545	7	**Verfügung** genügend	85	genügend Kapital zur Verfügung ... um
23553	8	Verfügung weiteres	100	weiteres Kapital zur Verfügung zu stellen
23756	203	Verfügung	79	Kapital ... zur Verfügung stellen
23766	10	**parteipolitisches**	100	billiges parteipolitisches Kapital aus ...
23770	4	**Expansion** Frisches	100	Frisches Kapital ... Expansion
23828	58	Expansion	77	Kapital für die Expansion
23861	33	**angesparten**	63	Auszahlung des angesparten Kapitals
23863	2	**soziales** ökonomisches	50	ökonomisches Kapital ... soziales
23924	61	soziales	95	soziales [...] Kapital
23929	5	**Börsengang** frischen	60	dem frischen Kapital aus dem Börsengang
23930	1	Börsengang zufließende	100	Börsengang zufließende Kapital
23982	52	Börsengang	53	Das|dem Kapital aus dem Börsengang
23985	3	**Besteuerung** Faktors	33	Faktors Kapital ... Besteuerung
24048	63	Besteuerung	47	die Besteuerung von ... Kapital und ...
24063	15	**bedingtes**	100	ein bedingtes Kapital
24120	57	**Lokales** Zwecke soziale	100	LOS Lokales Kapital für soziale Zwecke
24127	7	Lokales Zwecke	100	Lokales Kapital für Soziale Zwecke
24131	4	Lokales	100	Lokales [...] Kapital

24140	9	**Banken** beteiligt	88	schon|bisher am Kapital beider|zweier Banken beteiligt ist
24274	134	Banken	52	Banken [...] Kapital
24278	4	**Überlegenheit** schlugen	50	schlugen aus ihrer Überlegenheit kein Kapital
24292	14	Überlegenheit	50	Kapital aus der deutlichen Überlegenheit
24299	7	**genügend** verfügt	42	über genügend Kapital [...] verfügt
24310	11	genügend vorhanden	81	genügend [...] Kapital [...] vorhanden ist
24399	89	genügend	96	genügend [...] Kapital ... um
24412	13	**dringend** benötigtes	100	dem ... dringend benötigtes [...] Kapital
24419	7	dringend benötigte	100	das dringend benötigte [frische] Kapital
24427	8	dringend benötigt	50	benötigt [...] dringend Kapital
24477	50	Dringend	74	dringend [...] Kapital
24479	2	**Internationales** anzulocken	100	Internationales Kapital ... anzulocken
24483	4	internationales fließen	100	Internationales Kapital in den ... fließen
24486	3	Internationales anzuziehen	100	Internationales Kapital anzuziehen
24564	78	Internationales	100	Internationales [...] Kapital
24590	26	**Investiertes**	100	sein investiertes Kapital
24652	62	**Arbeitskraft**	43	von Kapital [und ...] Arbeitskraft
24655	3	**Unternehmens** wertvollste	100	das wertvollste Kapital des Unternehmens
24658	3	Unternehmens beteiligen	100	am Kapital ... des Unternehmens beteiligen
24760	102	Unternehmens	79	das Kapital [des|eines] Unternehmens
24767	7	**verspielt** viel	85	viel [...] Kapital [...] verspielt
24815	48	Verspielt	79	Kapital [...] verspielt
24884	69	**Fonds**	59	das Kapital [...] Fonds
24895	11	**viel** binden	63	zu viel Kapital [...] binden
25289	394	Viel	84	viel [...] Kapital
25340	51	**Faktor**	82	den|der Faktor [...] Kapital
25363	23	**Nachschießen**	100	Kapital [...] nachschießen
25463	100	**Höhe**	60	Kapital ... in Höhe von ...
25468	5	**verfügen** ausreichend	100	über ausreichend [...] Kapital zu ... verfügen
25473	5	verfügen eigenes	60	eigenes Kapital [...] verfügen
25543	70	Verfügen	72	über|das Kapital [...] verfügen
25545	2	**Stiftung** verfügt	100	Stiftung verfügt über ein Kapital
25548	3	Stiftung einbringen	100	Kapital in die neue Stiftung einbringen
25647	99	Stiftung	49	die Stiftung ... Kapital von ...
25650	3	**Mobilität** globalen	66	globalen Mobilität des Kapitals
25713	63	Mobilität	77	der|die Mobilität des Kapitals
25714	1	**gezeichnetes** Euro	100	Euro gezeichnetes Kapital
25720	6	Gezeichnetes	100	gezeichnetes [...] Kapital
25725	5	**anlegen** Immobilien	100	Kapital in vermieteten Immobilien anlegen
25780	55	Anlegen	85	die ihr Kapital [...] anlegen
25781	1	**neuem** zuschießen	100	neuem Kapital zuschießen

25846	65	neuem	100	mit|an neuem [...] Kapital
25863	17	**Hauptversammlung**	52	auf der Hauptversammlung vertretenen ... des neuen Kapitals
25866	3	**fremdes** eigenes	66	eigenes und fremdes Kapital
25912	46	fremdes	95	fremdes [...] Kapital
25915	3	**Gütern** freien	66	freien ... von Gütern und Kapital
25932	17	Gütern	70	Fluss von|mit Gütern und Kapital
25946	14	**Mobilisieren**	100	Kapital [für zu] mobilisieren und
25980	34	**Frisches**	100	Frisches Kapital für
26011	31	**Schaffung**	35	den Arbeits Kapital und Produktmärkten die|der Schaffung eines|von ...
26033	22	**501-603**	100	das ersparte Kapital ausgegeben wird §LP 09009/41 501-603
26136	103	**braucht**	63	braucht [...] Kapital
26235	99	**hält**	34	des Kapitals [...] hält
26251	16	**anzulocken**	87	um Kapital [...] anzulocken
26282	31	**intellektuelles**	90	intellektuelles [...] Kapital
26290	8	**nominal**	87	das|ihr Kapital [... um] nominal
26327	37	**Lohnarbeit**	78	von|zwischen Lohnarbeit und Kapital
26342	15	**Kapitalerhöhung**	40	Kapital aus der Kapitalerhöhung
26409	67	**Technologie**	62	von Kapital [und] Technologie
26451	42	**Abgezogen**	92	Kapital [aus ...] abgezogen und
26483	32	**Anlegern**	40	von Anlegern [... das] Kapital ... und
26489	6	**Zwecke** soziale	100	Kapital für soziale Zwecke
26503	14	Zwecke	42	Kapital ... für andere Zwecke
26522	19	**Produktionsfaktor**	63	der Produktionsfaktor [...] Kapital
26555	33	**Stockt**	100	stockt [... das] Kapital auf ...
26559	4	**soziale** Gesellschaft	100	das soziale [...] Kapital der Gesellschaft
26643	84	Soziale	69	das soziale [...] Kapital
26718	75	**Beteiligung**	65	eine|die Beteiligung der am Kapital der ...
26739	21	**Rückzahlung**	85	die Rückzahlung des Kapitals
26748	9	**Totalverlust**	88	Totalverlust des|ihres Kapitals
26799	51	**Binden**	76	Kapital [... zu] binden
26817	18	**Freizügigkeit**	66	die Freizügigkeit des Kapitals
26840	23	**Abfluß**	78	den Abfluß von Kapital
26843	3	**Benötigtes**	100	benötigtes Kapital
26850	7	**fließen** mehr	100	[...] Kapital [in Deutschland|nach ...] fließen
26890	40	Fließen	82	das Kapital [in ...] fließen
26901	11	**Zuführen**	90	der Kapital [...] zuführen
26933	32	**Wertvollste**	100	das wertvollste [...] Kapital
26953	20	**Anwesenden**	100	Drittel des anwesenden [...] Kapitals ... eine
26963	10	**halten** Hälfte	40	die Hälfte des Kapitals [...] halten
27056	93	Halten	43	des Kapitals [...] halten
27120	64	**Beteiligt**	79	am Kapital [...] beteiligt
27168	48	**Verfügt**	58	über|das ... Kapital [...] verfügt
27169	1	**zuschießen** Euro	100	Euro ... Kapital zuschießen
27191	22	Zuschießen	95	S Kapital [...] zuschießen

27194	3	**angelegt** Immobilien	33	Kapital ... Immobilien angelegt
27247	53	Angelegt	79	das Kapital [in ...] angelegt
27258	11	**Zufluss**	81	den Zufluss von Kapital
27260	2	**Immobilien** gebundene	100	Immobilien gebundene Kapital
27302	42	Immobilien	38	Kapital [in] Immobilien
27306	4	**fließe** mehr	75	fließe [...] mehr Kapital
27325	19	Fließe	52	fließe [...] Kapital aus den
27327	2	**frischen** Beschaffung	100	Beschaffung frischen Kapitals
27373	46	Frischen	52	die des|Zuführung frischen Kapitals
27498	125	**Hälfte**	73	die Hälfte des Kapitals
27565	67	**Dollar**	47	Dollar [...] Kapital
27588	23	**Langfristiges**	91	für langfristiges [...] Kapital
27619	31	**Aufgezehrt**	90	das Kapital [...] aufgezehrt
27629	10	**ausreichend** vorhanden	70	Kapital sei ist ausreichend vorhanden
27683	54	Ausreichend	85	ausreichend [...] Kapital
27709	26	**Verspielen**	92	das ... Kapital [... zu nicht] verspielen
27723	14	**Verwertungs-bedingungen**	64	Verwertungsbedingungen des Kapitals
27728	5	**benötigte** private	60	benötigte [...] private Kapital
27760	32	Benötigte	93	das benötigte [...] Kapital
27794	34	**Kulturellem**	100	kulturellem [und sozialem] Kapital
27827	33	**Beteiligungen**	63	Kapital [für und ...] Beteiligungen
27828	1	**Güter** freien Markt	100	freien Markt ... Güter ... Kapital
27830	2	**Güter** freien	100	freien Kapital Güter
27867	37	Güter	67	für Güter [und] Kapital und ...
27869	2	**Mobilisierung** Ressour-cen	100	Ressourcen schnellere Mobilisierung von Kapital
27883	14	Mobilisierung	50	die Mobilisierung von Kapital
27913	30	**Abziehen**	93	ihr Kapital [...] abziehen
28049	136	**Gesellschaft**	50	das Kapital der ... Gesellschaft
28061	12	**Anzuziehen**	91	um Kapital [...] anzuziehen
28092	31	**Privates**	100	Privates [...] Kapital für ...
28155	63	**Beteiligen**	85	mit|am Kapital [der|zu] beteiligen
28177	22	**Gebundenes**	100	und ... gebundenes [...] Kapital
28179	2	**Dienstleistungsverkehr** freien	50	freien ... Kapital ... Dienstleistungsver-kehr
28183	4	Dienstleistungsverkehr	100	Kapital und Dienstleistungsverkehr
28185	2	**westlichem** Zugang	100	Zugang zu westlichem Kapital
28206	21	**westlichem**	100	von|mit westlichem [...] Kapital
28220	14	**angespartes**	100	sein angespartes Kapital
28251	31	**Holding**	51	Am Kapital der ... Holding
28267	16	**Weltinnenraum**	100	Im Weltinnenraum des Kapitals
28316	49	**deutsches**	95	deutsches [...] Kapital
28344	28	**Aufstockung**	89	eine Aufstockung des Kapitals
28364	20	**scheues** Reh	100	Das Kapital ist|sei ein scheues Reh
28366	2	Scheues	100	Kapital ist ... ein scheues
28440	74	**Eigenes**	97	eigenes [...] Kapital
28478	38	**Ertrag**	57	nach Ertrag und ... Kapital
28496	18	**touristisches**	100	auch ... touristisches Kapital

28542	46	einbringen	95	Kapital [...] einbringen
28550	8	Weiteres mehr	62	nicht mehr ohne| bereit weiteres Kapital
28607	57	Weiteres	80	weiteres [...] Kapital
28624	17	Gestreut	64	das| sein Kapital ist breit gestreut und| ist
28634	10	eingezahltes	100	Ihr eingezahltes Kapital
28663	29	besteuert	72	Kapital [...] besteuert werden
28701	38	anzulegen	92	Ihr Kapital [... in ...] anzulegen
28703	2	strömt mehr	50	mehr Kapital ... strömt
28723	20	Strömt	85	Kapital [...] strömt in ...
28745	22	gebundene	90	das gebundene Kapital
28779	34	Beschaffung	73	bei die|der Beschaffung von Kapital
28816	37	Erträge	37	das Kapital ... auf die Erträge
28822	6	Mindestverzinsung	50	Mindestverzinsung ... das Kapital
28892	70	Anteil	60	Anteil ... am Kapital der ...
28909	17	akkumuliert	70	Kapital [...] akkumuliert
28919	10	zufließen	100	Kapital [...] zufließen würde
28969	50	Mobil	84	das Kapital [ist ...] mobil
28986	17	angesammelte	100	das angesammelte [...] Kapital
28992	6	ökonomisches	100	ökonomisches Kapital
29095	103	Euro	51	mit ein|einem Kapital von ... 000 Euro
29107	12	Ersparte	100	sobald das ersparte Kapital ausgegeben wird
29112	5	Vermögensverwaltung	60	Vermögensverwaltung ... Kapital
29241	129	internationale	89	das internationale [...] Kapital
29273	32	benötigen	65	Kapital [...] benötigen
29281	8	anlagesuchendes	100	für anlagesuchendes Kapital
29282	1	größte private	100	größte ... Kapital ... private
29439	157	Größte	94	Das|das größte [...] Kapital der ...
29528	89	Firmen	56	Firmen [... mit ...] Kapital
29533	5	internationalen Markt	40	internationalen Kapital ... Markt
29681	148	internationalen	41	dem internationalen [...] Kapital und ...
29700	19	angelegtes	100	angelegtes [...] Kapital
29730	30	aufbringen	93	das Kapital [für ...] aufbringen
29760	30	Benötigt	63	das Kapital [...] benötigt wird
29768	8	zuzuführen	100	Kapital zuzuführen
29839	71	schlugen	56	schlugen [daraus ... kein] Kapital aus
29885	46	Freien	56	den|des freien [... von] Kapital und ...
29892	7	einzuschießen	100	Kapital [...] einzuschießen
30000	108	fehlt	73	fehlt [... das] Kapital
30016	16	Know how	81	mit Kapital und Know how
30076	60	Globalisierung	45	die|der Globalisierung ... des Kapitals
30180	104	Markt	60	Kapital [... am den] Markt
30192	12	investiertem	100	von investiertem Kapital
30212	20	Aktionären	50	das Kapital von den Aktionären
30266	54	vorhanden	90	Kapital [...] vorhanden ist
30270	4	gebunden mehr	50	Kapital nicht mehr ... gebunden
30316	46	gebunden	89	Kapital [...] gebunden
30324	8	nachrangiges	100	in nachrangiges Kapital
30329	5	zufließende	100	zufließende Kapital

30347	18	**wertvollstes**	100	ist als|unser wertvollstes Kapital
30356	9	**Streubesitz**	55	des Kapitals ... in|im Streubesitz
30368	12	**verzinsen**	91	das|ihr Kapital [... zu] verzinsen
30910	542	**mehr**	59	mehr [...] Kapital
30941	31	**vernichtet**	87	Kapital [...] vernichtet
30984	43	**globalen**	60	des|der globalen [... des] Kapitals
31014	30	**aufstocken**	100	will|ihr|das Kapital [...] aufstocken
31026	12	**Faktors**	100	des Faktors Kapital
31040	14	**angesammelten**	42	des angesammelten Kapitals
31052	12	**spekulatives**	100	auf spekulatives Kapital
31056	4	**Ausnutzung**	100	die Ausnutzung des verfügbaren Kapitals
31121	65	**private**	86	das private [...] Kapital
31232	111	**Staat**	59	von Staat [und] Kapital
31257	25	**Aktiengesellschaft**	56	als Aktiengesellschaft mit ... Kapital von
31278	21	**aufgebracht**	80	das Kapital [...] aufgebracht werden
31349	71	**Zugang**	83	den Zugang zu ... Kapital
31362	13	**bereitstellen**	92	und Kapital [...] bereitstellen
31377	15	**aufzutreiben**	100	das Kapital [für ...] aufzutreiben
31388	11	**Reh**	63	scheue|scheuen Reh [...] Kapital
31402	14	**Anlagemöglichkeiten**	71	Kapital [... nach] Anlagemöglichkeiten
31412	10	**anlocken**	90	Kapital [...] anlocken
31441	29	**Ressourcen**	62	Ressourcen [... und ...] Kapital und ...

Sevgi Dereli

Anrede im Deutschen und im Türkischen

Eine funktional-pragmatische Analyse institutioneller Beratungsdiskurse

Frankfurt am Main, Berlin, Bern, Bruxelles, New York, Oxford, Wien, 2007.
477 S., zahlr. Abb., Tab. und Graf.
Arbeiten zur Sprachanalyse. Herausgegeben von Konrad Ehlich. Bd. 49
ISBN 978-3-631-55765-5 · br. € 77.70*

Die Arbeit befasst sich mit deiktischer und nominaler Anrede im Deutschen und Türkischen. Neben aktuellen Tendenzen berücksichtigt sie auch die sprachgeschichtlichen, etymologischen und lexikalischen Aspekte des Untersuchungsgegenstandes und bietet ein Inventar von Anredeformen im Türkischen und in den (anderen) Balkansprachen. An Beispielen wird gezeigt, wie sprachliche Phänomene sich aus gesellschaftlichen Bedürfnissen entwickeln und welchem Wandel sie aufgrund von sozialen Veränderungen unterliegen. Diese Wechselbeziehung zwischen der Gesellschaftsformation und der Anrede wird in beiden Sprachen anhand der nominalen Anrede (z.B. Verwandtschaftsbezeichnungen oder *Herr/Frau*-Ausdrücke) und den Anrededeixeis beschrieben. Im Hauptteil der Arbeit werden auf der Grundlage von transkribierten inter- und intrakulturellen Diskursen in deutsch- und türkischsprachigen Beratungen unterschiedliche Qualitäten deiktischer und nominaler Anredeformen funktional-pragmatisch herausgearbeitet. Im Mittelpunkt steht neben formalen Gesichtspunkten die Frage, an welcher Position im Muster von *Ratsuchen* und *Beratenwerden* Anreden wie *mein Onkel* oder *mein Kind* im sprachlichen Handeln vorkommen und welche Divergenzen und Konvergenzen sich im Vergleich der deutsch- und türkischsprachigen Beratungen und somit in verschiedenen Kulturen beim Gebrauch der Anrede zeigen. Außer der Verwendung von Anredeelementen erwies sich bei der Transkriptanalyse die Vermeidung der Anrede als wichtiges kommunikatives Verfahren. Die Arbeit bietet nicht nur neue Einsichten zur Anrede- und Höflichkeitsforschung, sondern leistet zugleich einen Beitrag zum besseren Verständnis interkultureller Kommunikation.

Frankfurt am Main · Berlin · Bern · Bruxelles · New York · Oxford · Wien
Auslieferung: Verlag Peter Lang AG
Moosstr. 1, CH-2542 Pieterlen
Telefax 0041 (0)32/376 17 27

*inklusive der in Deutschland gültigen Mehrwertsteuer
Preisänderungen vorbehalten

Homepage http://www.peterlang.de